Lukas Janczik

# Von der Assoziation zur Komposition

# Empirische Forschung zur Musikpädagogik

herausgegeben von

Prof. Dr. Andreas Lehmann-Wermser
(Hochschule für Musik, Theater und Medien Hannover)

Band 17

LIT

Lukas Janczik

# Von der Assoziation zur Komposition

## Empirische und didaktische Perspektiven auf individuelle Kompositionsprozesse von Schüler*innen

LIT

Die Arbeit wurde 2023 von der Fakultät für Linguistik und Literaturwissenschaft der Universität Bielefeld als Dissertation angenommen.

Gedruckt auf alterungsbeständigem Werkdruckpapier entsprechend
ANSI Z3948 DIN ISO 9706

**Bibliografische Information der Deutschen Nationalbibliothek**
Die Deutsche Nationalbibliothek verzeichnet diese Publikation in der Deutschen Nationalbibliografie; detaillierte bibliografische Daten sind im Internet über https://dnb.dnb.de abrufbar.

ISBN 978-3-643-15633-4 (br.)
ISBN 978-3-643-35633-8 (PDF)
Zugl.: Bielefeld, Univ., Diss., 2023



Verlagskontakt:
Fresnostr. 2 D-48159 Münster
Tel. +49 (0) 2 51-62 03 20
E-Mail: lit@lit-verlag.de https://www.lit-verlag.de

**Auslieferung:**
Deutschland: LIT Verlag, Fresnostr. 2, D-48159 Münster
Tel. +49 (0) 2 51-620 32 22, E-Mail: vertrieb@lit-verlag.de

## Vorwort

Seit einigen Jahren rückt auch in der Musikdidaktik die Unterrichtsforschung in den Vordergrund. Dabei ist ein Weg seit langem u. a. in den naturwissenschaftlichen und mathematischen Fächern beschritten worden, nämlich die Zusammenschau von Unterrichtsergebnissen (dem „output“) und strukturellen Merkmalen des Unterrichtsverlaufs selbst und des schulischen Kontextes. Die TIMSS-Videostudie etwa, die bereits 1994/95 in drei Ländern in über 200 Schulklassen Daten erhob, brachte hochinteressante Ergebnisse, nicht nur im interkulturellen Vergleich, sondern auch hinsichtlich zentraler Merkmale guten Unterrichts und erfolgreichen Lernens. Problemlösen beispielsweise wird in diesen Studien als zentrale Fähigkeit definiert, die auch insbesondere in der angelsächsischen Forschung zu musikalischer Komposition wieder aufgegriffen wird und auch in der vorliegenden Arbeit berücksichtigt wird.

Nun sind diese Studien und ihre methodische Umsetzung nicht einfach auf Musikunterricht zu übertragen. Zu unterschiedlich sind die Strukturen: Beginnend bei grundlegenden didaktischen Überlegungen zu Bildungs- und Lernprozessen über abweichende Arbeitsformen bis zu grundsätzlich anderen Lern- und Arbeitswegen stellt das Fach Musik besondere Anforderungen. Umso wichtiger ist es, dass ein zentraler (wenn auch in Deutschland unterbewerteter) Bereich dabei in den Fokus gerät: der Bereich der Komposition. Neben einer Reihe von Studien zu Gruppenkompositionsprozessen fokussiert Lukas Janczik in der vorliegenden Arbeit individuelle Gestaltungen von Musik.

Interessant ist dabei, wie verschiedene (und auf den ersten Blick nicht immer naheliegende) Domänen zusammengebracht werden. Da wird der nur scheinbar überholte musikdidaktische Topos zur Grundlage der Kompositionsaufgaben gemacht, es werden wie selbstverständlich die in einer anderen Forschungstradition entstandenen Assoziationslisten herangezogen; didaktische Ansätze wie die Topos-Didaktik oder die auditive Wahrnehmungserziehung werden ebenso aufgegriffen wie jüngere kompositionspädagogische Ideen. All das bildet die Grundlage für eine kleine Unterrichtsreihe, die durchaus normativ nach einer Verbesserung des Unterrichts unter den Bedingungen gegenwärtigen Musikunterrichts fragt – und gleichzeitig deskriptiv die tatsächlichen Lernprozesse der Schülerinnen und Schüler zu erfassen sucht. Konsequent wird deshalb ein Lehr-Lern-

Arrangement entwickelt, das als Grundlage für die dann folgende empirische Untersuchung dient.

Diese vielfältigen Perspektiven prägen die gesamte empirische Untersuchung: Ansätze der pädagogisch-psychologischen Forschung werden ebenso berücksichtigt wie solche eines rekonstruktiven Paradigmas, Analysen von Portfolio-Texten stehen neben solchen der Interviews, die Kontextbedingungen werden ebenso untersucht wie intraindividuelle Verarbeitungsmechanismen. Ausgeklammert bleibt in der Analyse allein das Handwerkliche, Kompositionstechnische, das etwa in der britischen musikpädagogischen Tradition zur Kompositionslehre eine größere Rolle spielt. Insgesamt changiert die Darstellung zwischen Darstellung eines best-practice-Modells und analytischer Unterrichtsforschung. Das dabei entstehende reiche Bild ist nicht nur anregend, sondern könnte auch Ausgangspunkt für Unterrichtsentwicklung sein. Denn es bedarf sicher der Umsetzung solcher Modelle im größeren Maßstab, wenn der Musikunterricht ernsthafter und bunter, kreativer und zeitgemäßer werden soll.

*Salzburg, im August 2024* *Andreas Lehmann-Wermser*

## Danksagung

Zu Beginn möchte ich mich bei allen bedanken, die mich im Rahmen dieser Arbeit auf vielfältige Weise unterstützt haben. Ein besonderer Dank gilt meinem Kollegen und Freund Andreas Heye, der mir jederzeit mit seinem fachlichen Rat zur Seite stand und mir geholfen hat, die Hürden, die diese Arbeit mit sich brachte, zu meistern. Außerdem möchte ich Verena Vogt danken, die in allen Phasen der Dissertation an meiner Seite war, mir Geduld und Zeit entgegenbrachte und mich fortlaufend bestärkt hat. Ein besonderer Dank geht zudem an meinen Erstbetreuer Johannes Voit, von dem ich viel lernen durfte und der mich stetig unterstützte, mir aber auch den Freiraum gab, den ich brauchte. Des Weiteren danke ich Thade Buchborn für die kritisch-konstruktiven Gespräche, die diese Arbeit bereicherten. Außerdem möchte ich Barbara Hesselmann danken, ohne die die Erhebung nicht möglich gewesen wäre. Ein inniger Dank gilt auch meinen Eltern Sabine und Michael Janczik, die durch ihre Wertschätzung und stetige Bestärkung den Grundstein für diese Arbeit gelegt haben. Zudem geht ein Dank an Roman Helzle, Joshua Schippling und Nora Schefler für ihre Unterstützung. Auch möchte ich Birgit Fahlbusch für ihre Korrekturen und Anmerkungen danken. Zu guter Letzt danke ich von ganzem Herzen den Kolleg*innen des Fachbereichs Kunst- und Musikpädagogik der Universität Bielefeld für ihre stets offenen Ohren, ihren fachlichen Rat und ihre Freundschaft. Sie haben diese Zeit geprägt und für mich zu einer unvergesslichen gemacht.

Bielefeld, im Juli 2023

Lukas Janczik

## Zusammenfassung

Das individuelle Komponieren im Musikunterricht stellt sowohl in der unterrichtlichen Praxis als auch in Forschungskontexten im deutschsprachigen Raum ein wenig beachtetes Feld dar. Wesentlich prominenter vertreten ist das Komponieren in Gruppen. In dieser Sozialform profitieren allerdings nicht alle Schüler*innen von den didaktischen Potentialen des Komponierens. Deshalb gilt es, individuelle Kompositionsprozesse als Alternative zu Gruppenkompositionsprozessen mehr in den Fokus zu setzen. Die vorliegende Arbeit nimmt sich diesem Vorhaben sowohl aus empirischer als auch aus didaktischer Perspektive an. Im Mittelpunkt steht dabei das individuelle Komponieren zum Topos *Kälte*, da dieser Ausgangspunkt als besonders differenzsensibel erachtet wird und Anknüpfungspunkte für jede*n Schüler*in bietet.

Der erste Teil der Arbeit beinhaltet eine Auseinandersetzung mit der Bedeutung, verschiedenen Ausgangspunkten und Umsetzungsmöglichkeiten des (individuellen) Komponierens. Daraus resultiert eine konkrete Unterrichtsreihe zum individuellen Komponieren zum Topos *Kälte*. Diese diente als Grundlage für eine Untersuchung zur Erforschung individueller Kompositionsprozesse von Schüler*innen, welche den Kern der Arbeit darstellt und im zweiten Teil geschildert wird. Im Zentrum der Untersuchung steht die Umwandlung von – zum Topos *Kälte* – assoziierten Inhalten in musikalisches Material. Als Erhebungsinstrumente fungierten von den Schüler*innen prozessbegleitend geführte Portfolios und Portfolio-Stimulated Recall-Interviews, in denen die Lernenden über ihre Umwandlungsprozesse retrospektiv berichteten. Im Rahmen der Auswertung konnten merkmalsheterogene natürliche Typen gebildet werden, durch die die Umwandlungsstrategien der Schüler*innen gruppiert werden konnten. Der dritte Teil der Arbeit thematisiert aus der Untersuchung resultierende didaktische Implikationen für die unterrichtliche Praxis zum individuellen Komponieren.

## Inhaltsverzeichnis

## 1. Einleitung

Komponieren im Musikunterricht rückte in den letzten Jahren immer mehr in Forschungsprojekten, aber auch – oder gerade deshalb – in der unterrichtlichen Praxis in den Fokus. So konstatiert Sachsse (2020): „Wer sich derzeit des komplexen Feldes des Musik-Erfindens in schulischen Kontexten annimmt, befindet sich in guter Gesellschaft" (S. 11). Aufgrund der Vielzahl von Auseinandersetzungen mit der Thematik gestalten sich auch die Begründungsfiguren facettenreich (vgl. hierzu auch Sachsse, 2020). So wird Komponieren im Unterricht unter anderem als kreativitätsfördernd, als besonders fruchtbar für die Inszenierung ästhetischer Erfahrungsräume oder als Möglichkeit des individuellen (ästhetischen) Ausdrucks gesehen – um nur einige Schlaglichter zu nennen (s. Kapitel 2). In der unterrichtlichen Praxis im deutschsprachigen Raum werden Kompositionsprozesse sehr häufig in Gruppen vollzogen (Theisohn & Buchborn, 2020, S. 67). Gründe dafür liegen unter anderem in dem größeren Ideenpotenzial der Gruppe im Vergleich zum Einzelnen (Reitinger, 2018, S. 7) sowie der Möglichkeiten des Austauschs zur Diskussion und Konkretisierung von Ideen (vgl. u. a. Diskurse um den ‚ästhetischen Streit' [u. a. Rolle & Wallbaum, 2011]). Folglich beziehen sich auch Untersuchungen von Kompositionsprozessen im unterrichtlichen Kontext zumeist auf das Komponieren in Gruppen (u. a. Kranefeld, 2008a; 2008b; 2008c; Duve, 2020; Mause, 2020; Theisohn & Buchborn, 2020). Allerdings werden neben den oben genannten Vorzügen dieser Sozialform auch einige Problematiken deutlich, die das Komponieren in Gruppen mit sich bringt. So zeigt die Studie von Theisohn und Buchborn (2020) unter anderem, dass die Vielfalt der Ideen der einzelnen Gruppenmitglieder teilweise im Prozess für die Schüler*innen nicht handhabbar sind und entgegengesetzte Meinungen nicht automatisch eine konstruktive Diskussion hervorrufen. Um dies zu verdeutlichen, wird im Folgenden die Untersuchung näher dargestellt:

Die Schüler*innen einer 7. Klasse eines Gymnasiums erhielten die Aufgabe eine Gruppenkomposition zu erstellen, in der ein Klopfmotiv fokussiert werden sollte. Im Rahmen der Darstellungen wird die Interaktion einer Gruppe genauer analysiert. Nach einer Exploration von Klopfmotiven spezifiziert die Gruppe ihren Kompositionsprozess und einigt sich auf eine Komposition zum Thema *Fluss*. Daraus resultieren mehrere Ideen der Gruppenteilnehmer*innen:

> *Bert schlägt vor, das Stück aus der Perspektive eines Papierbootes zu entwickeln, was die beiden Mädchen despektierlich und lachend ablehnen. Sie hingegen entwickeln und erproben gemeinsam die Spielidee eines auskomponierten Crescendos von einer Quelle bis zu einem Wasserfall, woraufhin Achim hinterfragt, was das von ihnen verwendete Motiv mit Wasser zu tun habe. (Theisohn & Buchborn, 2020, S. 71)*

Theisohn und Buchborn (2020) rekonstruierten in dieser Phase des Kompositionsprozesses ein intensives Ringen der Schüler*innen um Ideen. Entscheidend dabei ist, dass jede einzelne individuelle Umsetzungsidee als durchaus überzeugend angesehen werden kann und somit eine konstruktive Weiterarbeit im Kompositionsprozess ermöglichen würde. Da die Zielvorgabe für den Gruppenprozess jedoch ein gemeinsames Kompositionsprodukt beinhaltet, müssen die Schüler*innen sich zwangsweise für einen Weg entscheiden. Dies stellt sich jedoch als problematisch dar, da zwischen den Schüler*innen keine inhaltlich konstruktive Diskussion aufkommt, sondern Ideen anderer Gruppenmitglieder*innen „zumeist kritisiert und durch verbale Argumente oder Gegenbeispiele abgelehnt werden" (Theisohn & Buchborn, 2020, S. 72). Theisohn und Buchborn (2020, S. 72) machen dafür die unterschiedlichen Handlungslogiken der einzelnen Schüler*innen verantwortlich, die auch das Verfolgen unterschiedlicher kompositorischer Vorgehensweisen beinhalten. In der Konsequenz verwerfen die Schüler*innen im Beispiel ihre Arbeit zum Thema *Fluss* und die Gruppe einigt sich auf eine Gruppenkomposition zum Thema *Waschmaschine*, da ihre Erfahrungen bei dieser Thematik eine größere Schnittmenge zu haben scheinen und sie deshalb ähnliche Klänge assoziieren, aus denen in der Folge eine Komposition entsteht. Theisohn und Buchborn (2020) schlussfolgern, dass sich „durch die Orientierung an geteilten Wissensbeständen […] alle Mitglieder mit ihren individuellen kompositorischen Strategien und Vorstellungen konstruktiv in den Kompositionsprozess einbringen können" (Theisohn & Buchborn, 2020, S. 78). Allerdings musste dafür ein Bezugspunkt gefunden werden, der den Erfahrungsraum aller Gruppenmitglieder betrifft (Waschmaschine). In diesem Zusammenhang wird eine weitere Problematik von Gruppenkompositionsprozessen deutlich: Die gemeinsamen Ergebnisse resultieren nicht aus den primären Wünschen und Vorstellungen der Individuen, sondern können als eine Art ‚kleinster gemeinsamer Nenner' betrachtet werden. In die Entscheidung und Festlegung des Kompositionsthemas waren bei dem vorliegenden

Fallbeispiel zumindest alle Gruppenmitglieder involviert. Dass dies jedoch nicht die Regel bei Gruppenarbeiten ist, machen Pauli und Reusser (2000) deutlich. Die Pädagog*innen fassen Ergebnisse empirischer Untersuchungen über das Interaktionsgeschehen in Gruppenarbeiten zusammen und konstatieren unter anderem, dass „schwächere Teilnehmer/innen sich nicht aktiv am Dialog beteiligen" (S. 426). Erschwerend kommt hinzu, dass nach einer Studie von Heberle (2018) nicht alle Schüler*innen an Entscheidungsprozessen in der Gruppe beteiligt werden, auch wenn diese Initiative ergreifen und sich an der Gruppenarbeit beteiligen wollen. Die Musikpädagogin untersuchte durch eine videografierte Gruppenarbeit im Musikunterricht, in der eine Choreografie erfunden werden sollte, Anerkennungsprozesse innerhalb einer Gruppe. In dem skizzierten Fallbeispiel wird deutlich, dass sich zwei Gruppenmitglieder „wechselseitig als Ideengeberin anerkennen" (Heberle, 2018, S. 120) und somit alleinigen Anteil am Endprodukt haben. Obwohl die anderen beiden Gruppenmitglieder auch ihre Ideen mit einbringen, erlangen diese im weiteren Prozess keine weitere Berücksichtigung. Heberle (2018, S. 123) macht zwar deutlich, dass dadurch noch keine Rückschlüsse auf Lern- bzw. Bildungsprozesse gezogen werden können. Die Erkenntnisse werfen bezüglich des didaktischen Nutzens von Gruppenkompositionsprozessen allerdings eine entscheidende Frage auf: *Inwiefern können Schüler*innen, die nicht an der Erstellung des Endprodukts beteiligt sind, überhaupt von den genannten Potenzialen von Kompositionsprozessen profitieren?* Eine Gestaltung des Kompositionsprozesses im Sinne des zuvor angeführten individuellen Ausdrucks scheint in diesen Fällen jedenfalls ausgeschlossen. Damit in Zusammenhang steht unter anderem auch, dass diese Schüler*innen nicht die Möglichkeit haben, sich im Rahmen des Gruppenkompositionsprozesses als „kreativ handelnde Person" (Wienicke, 2019, S. 2) zu erfahren. Dieses Erleben von Selbstwirksamkeit im künstlerischen Prozess birgt allerdings enorme Potenziale sowohl für die künstlerische als auch die persönliche Entwicklung (Heisig, Scharf & Schönfeld, 2020, S. 35–37) und sollte deshalb nicht nur manchen Schüler*innen ermöglicht werden. Das Komponieren in Gruppen erscheint aufgrund der vorangegangenen Darstellungen in Bezug auf diese didaktischen Anliegen nicht für alle Beteiligten zielführend. Besonders unter Berücksichtigung der heterogenen Schülerschaft und der Forderung, ihren individuellen Bedürfnissen zu begegnen (Scholz, 2016), gilt es dahin gehend Alternativen zu erproben.

Dementsprechend erscheint es sinnvoll, neben dem Komponieren in Gruppen auch individuelle Kompositionsprozesse im Musikunterricht sowohl didaktisch als auch empirisch in den Blick zu nehmen, da in dieser Form jede*r Schüler*in eigenständig die Möglichkeit hat, ihre*seine Ideen verfolgen zu können und von den Potenzialen des Komponierens im Musikunterricht zu profitieren. Besonders in den Fokus nimmt diese Arbeit dabei die Zieldimension, den Schüler*innen eine individuelle Ausdrucksmöglichkeit zu bieten, da dies offensichtlich nur in geringem Maße durch Gruppenkompositionsprozesse verfolgt werden kann und dementsprechend hierbei eine besondere Relevanz und ein besonderes Potenzial der individuellen Kompositionsprozesse gesehen wird. Die Arbeit verfolgt aber keineswegs das Ziel, Gruppenkompositionsprozesse im Musikunterricht zu ersetzen, da hierbei – besonders durch die Kollaboration – andere Zieldimensionen (besser) angestrebt werden können, die durch das individuelle Komponieren nicht abgedeckt werden. Sie soll lediglich eine ergänzende Alternative schaffen und für die aufgezeigte Problematik sensibilisieren. Diesbezüglich stehen zwei Anliegen im Zentrum:

1. Die Konzeption einer Unterrichtsreihe, in deren Mittelpunkt das individuelle Komponieren mit dem Ziel des individuellen Ausdrucks der Schüler*innen steht.
2. Die empirische Untersuchung der initiierten individuellen Kompositionsprozesse, um aus den gewonnenen Erkenntnissen wiederum didaktische Schlüsse zu ziehen.

Untersuchungen zu Einzelkompositionen im schulischen Kontext lassen sich vereinzelt im englischsprachigen Raum (u. a. Burnard, 1995; Younker, 2000; Kennedy, 2002) finden. Bezogen auf das deutsche Schulsystem sind allerdings keine Studien bekannt, die sich mit diesen auseinandersetzen – mitunter auch, da es in der unterrichtlichen Praxis bisher als unüblich gilt (s. o.). Durch die vorliegende Arbeit soll dahin gehend ein Beitrag geleistet werden, indem individuelle Kompositionsprozesse auch im Kontext des deutschen Schulsystems erforscht und anhand der Ergebnisse der Untersuchung didaktische Überlegungen angestellt werden. Ziel ist es, dass allen Schüler*innen die Möglichkeit gegeben wird, ihre eigenen Ideen zu verfolgen und dementsprechend von den genannten Potenzialen des Komponierens im Unterricht zu profitieren.

Für diese Zielvorstellung besonders geeignet erscheint das Komponieren zu einem Topos, da dieser für die Schüler*innen eine große Zugangsvarianz zulässt und unterschiedliche Assoziationen auslöst, welche eine individuelle Grundlage für die Komposition darstellt (Schneider, 1995). Richter (1993) sieht durch Topoi, die an konkrete lebensweltliche Erfahrungen der Schüler*innen anknüpfen, die Möglichkeit eine Beziehung zwischen Musikunterricht und Lebenswelt zu schaffen. Er argumentiert, dass diese „Erfahrungsbegriffe" (S. 25), „konkrete lebensweltliche Erfahrungen einfangen und sie zugleich in einer großen Breite von Varianten, Alternativen, Individuierungen entfalten" (S. 25). Dies impliziert, dass diese Begriffe relativ leicht zugänglich sind und somit auch für eine heterogene Schülerschaft Anknüpfungspunkte bieten. Wie diese ausgelegt werden bzw. was mit dem jeweiligen Topos assoziiert wird, ist individuell und nach Richter abhängig von den „lebensweltliche[n] Erfahrungen" (S. 25). Dementsprechend rücken Kompositionsprozesse zu einem Topos als spezifische individuelle Kompositionsprozesse in den Mittelpunkt der Arbeit und ihrer didaktischen und empirischen Auseinandersetzung.

Die individuellen Assoziationen der Schüler*innen nehmen dabei einen zentralen Stellenwert ein. Diese fungieren in Kompositionsprozessen zu einem Topos als „Bindeglied zwischen der Inspirationsquelle und dem musikalischen Material" (Janczik, 2022, S. 109) und sind somit ein entscheidender Faktor für das resultierende Kompositionsprodukt. Die Umwandlung assoziierter Inhalte in eine Komposition ist bereits in Ansätzen bei professionellen Komponist*innen erforscht (Katz, 2009; Katz & Gardner, 2012), in Bezug auf Schüler*innen sind diese Prozesse allerdings noch weitgehend unerforscht. Zwar lassen sich aus Darstellungen zu Gruppenkompositionsprozessen (u. a. Kranefeld, 2008a; 2008b; 2008c) einige Indizien zu Aspekten der Umwandlungen ableiten, allerdings sind diese dabei nicht der Kern der Untersuchungen bzw. des Forschungsinteresses. Dementsprechend stellt die Umwandlung assoziierter Inhalte in musikalisches Material von Schüler*innen – besonders in individuellen Kompositionsprozessen – ein Desiderat dar.

Diesem soll im Rahmen der Arbeit in Form einer Untersuchung zu individuellen Kompositionsprozessen von Schüler*innen, bei der die Umwandlung assoziierter Inhalte in musikalisches Material im Zentrum des Forschungsinteresses steht, begegnet werden. Leitend dabei ist die folgende übergeordnete Forschungsfrage:

*Welche Strategien wenden Schüler*innen in individuellen Kompositionsprozessen zu einem Topos bei der Umwandlung ihrer assoziierten Inhalte in musikalisches Material an?*

Die Grundlage der Untersuchung bildet die im Rahmen dieser Arbeit selbst konzipierte Unterrichtsreihe, in welcher das Komponieren zum Topos *Kälte* im Mittelpunkt steht. Die Unterrichtsreihe wurde in einer 8. Klasse einer Gesamtschule durchgeführt. Begleitend zum Kompositionsprozess führten die Schüler*innen individuelle Portfolios, um ihren Prozess zu dokumentieren und zu reflektieren. Die Aufzeichnungen wurden nachfolgend als Grundlage für leitfadengestützte Interviews – im Sinne eines Portfolio-Stimulated Recall-Interviews (Janczik & Voit, 2020) – genutzt. Ziel der Untersuchung war die Bildung von merkmalsheterogenen natürlichen Typen (Kuckartz, 2008, S. 150–151), um Strategiemuster bei den Umwandlungsprozessen zusammenzufassen und zu kontrastieren. Die Merkmale, anhand derer die Typen verglichen werden, und deren Ausprägung innerhalb der Stichprobe wurden im Zuge der Analyse der Interview-Transkripte und der Portfolios herausgearbeitet und somit der Merkmalsraum, in welchem sich die Typen bewegen, bestimmt. Die Analyse der Interview-Transkripte erfolgte in Anlehnung an die inhaltlich strukturierende, qualitative Inhaltsanalyse nach Kuckartz (2018), während sich die Auswertung der Portfolios an den Analyseebenen von Kinderzeichnungen nach Neuß (1999) orientiert.

Aufgrund des empirischen und didaktischen Interesses ist die vorliegende Arbeit in drei Teile strukturiert. *Teil I* behandelt den theoretischen Hintergrund. Im Zuge dessen wird der dieser Arbeit zugrunde liegende Kompositionsbegriff näher definiert. Zudem werden verschiedene Begründungsfiguren des Komponierens im Musikunterricht und verschiedene Ausgangspunkte für schulische Kompositionsprozesse dargelegt (Kap. 2). Nachfolgend werden im Sinne des Anliegens der Arbeit bereits vollzogene Untersuchungen zu Kompositionsprozessen aufgearbeitet (Kap. 3). Dabei liegt der Schwerpunkt auf Studien zu individuellen Kompositionsprozessen. Anschließend wird das Komponieren zu einem Topos als konkrete Möglichkeit für individuelle Kompositionsprozesse näher behandelt. Im Zuge dessen erfolgt eine kritische Betrachtung des Topos als Ausgangspunkt für individuelle Kompositionsprozesse unter Einbezug verschiedener Ausführungen zur Topos-Didaktik (Kap. 4) und des damit verbundenen Begriffs der „Lebenswelt“ (Kap. 4.1). Die folgenden Unterkapitel behandeln Assoziationen als zentralen Bestandteil von Kompositionsprozessen zu einem Topos. In diesem Zusammenhang werden unter anderem die Entstehung von Assoziationen (Kap. 4.2.1) und die Modalität der assoziierten Inhalte (Kap. 4.2.2), die die Bezugspunkte für entstehende Kompositionsprodukte darstellen, näher betrachtet. Um diese Beziehungen besser nachvollziehen zu können, wird im Anschluss der Prozess von assoziierten Inhalten zum musikalischen Material beleuchtet (Kap. 4.2.3). Die vorangegangenen Darstellungen werden in Kapitel 5 zusammengefasst und das Forschungsdesiderat wird präzisiert. Die Zusammenfassung bietet im Anschluss außerdem eine Grundlage für die Konzeption der Unterrichtsreihe, deren konkrete Darstellung in Kapitel 6 erfolgt.

*Teil II* der Arbeit behandelt die empirische Untersuchung. Nach der Formulierung der Forschungsfragen (Kap. 7) erfolgt die Darstellung der Stichprobe (Kap. 8). In Kapitel 9 wird der methodische Zugang diskutiert und begründet. Die Auseinandersetzungen beinhalten mitunter die Probleme bei der Erforschung von intrasubjektiven Prozessen und die Möglichkeit der verbalen Berichte als Zugangsweise (Kap. 9.1). Infolgedessen stehen in Kapitel 9.2 die Erhebungsinstrumente im Fokus. Kapitel 10 beschreibt folgend die Durchführung der Untersuchung. Anschließend werden die Auswertungsmethoden und das Verfahren zur Bildung der merkmalsheterogenen Typen dargestellt (Kap. 11). Kapitel 12 beinhaltet nachfolgend die Ergebnisse der Arbeit, welche im ersten Teil aus der Analyse der Interview-Transkripte und der Portfolios zusammengefasst werden, um die vergleichenden Merkmale und den Merkmalsraum für die Typenbildung zu skizzieren. Anschließend werden die einzelnen Typen der Umwandlungsstrategien dargestellt. In Kapitel 13 werden anschließend die Ergebnisse unter Berücksichtigung verschiedener Aspekte diskutiert. Unter anderem erfolgt eine Einordnung in zeichentheoretische Erkenntnisse und die Reflexion des Einflusses der Unterrichtsreihe.

*Teil III* der Arbeit beinhaltet die aus den Ergebnissen der empirischen Untersuchung resultierenden didaktischen Implikationen. Besonders im Fokus stehen dabei die gezielte Vermittlung verschiedener Strategien, die die Schüler*innen bei der Umwandlung assoziierter Inhalte in musikalisches Material verfolgen können, und Überlegungen hinsichtlich des Aufbrechens schulischer Routinen, um den individuellen Ausdruck in individuellen Kompositionsprozessen von Schüler*innen zu unterstützen.

# I. Theoretischer Hintergrund und Entwicklung einer Unterrichtsreihe zum individuellen Komponieren

## 2. Komponieren im Musikunterricht – Definition, Ausgangspunkte, Begründungsfiguren

Prozesse des Musik-Erfindens haben in den letzten Jahren im Kontext des Musikunterrichts immer mehr Popularität erlangt (Sachsse, 2019, S. 866). Im Zuge dieser Entwicklung – wobei nicht klar ist, in welche Richtung der Kausalzusammenhang besteht – wurde das Musik-Erfinden Gegenstand mehrerer Forschungsprojekte wie beispielsweise KOMPÄD, Future Songwriting und ModusM oder auch didaktischer Empfehlungen (Sachsse, 2020, S. 11). So wurde auch dem Komponieren im Musikunterricht als Praxis des Musik-Erfindens[1] immer mehr Aufmerksamkeit gewidmet (Sachsse, 2019, S. 866f.). Auch wenn aufgrund der vielen (wissenschaftlichen) Auseinandersetzungen unzählige *Definitionen* des Kompositionsbegriffs kursieren, lassen sich einige weitreichende Übereinstimmungen erkennen, die als zentrale Aspekte des Komponierens bzw. von Kompositionsprozessen festgehalten werden können. Im Gegensatz zum Improvisieren, welches ebenfalls als Musik-Erfindungs-Prozess verstanden werden kann, haben kompositorische Tätigkeiten Momente der Überarbeitung und münden in einem wiederholbaren musikalischen Produkt (Grow, 2018, S. 26). So definiert Rosenbrock (2006) Komposition – im Sinne des Prozesses – genauer als „absichtsvolle Erfindung/Produktion eines Musikstückes, welches in einer mehr oder weniger festen Form so geplant ist, dass es eine einmalige Aufführung überdauern kann und somit einen gewissen ‚Werk'-Charakter erhält" (S. 20). Diesen ‚Werk'-Charakter sieht auch Schlothfeldt (2018, S. 328) bei einigen Definitionsversuchen als gemeinsame Schnittmenge. Nach Zembylas und Niederauer (2016) repräsentiert „das kompositorische Werk […] das Ergebnis einer fokussierten Arbeit, deren Verlauf wir aber nicht als linear oder zweckrational beschreiben" (S. 76) können, da das Werk nicht von vorneherein bekannt ist, sondern sich erst in einem rekursiven Prozess entwickelt.

Um das Werk im Prozess einer Überarbeitung zugänglich zu machen oder eine Wiederholbarkeit zu garantieren, ist es in der Regel nötig, dieses zu

---

[1] Kranefeld und Voit (2020) verstehen unter dem Begriff des Musik-Erfindens „das gesamte Möglichkeitsfeld generativer Prozesse […], das Dankmar Venus in seiner Systematisierung von fünf ‚Verhaltensweisen gegenüber Musik' unter ‚Produktion von Musik' (Venus, 1969, S. 21) zu fassen suchte und das über die Reproduktion bereits vorhandener Musik hinausgeht" (S. 8).

konservieren. In einigen Definitionen von Komposition wird hierbei auf eine schriftliche Fixierung verwiesen (u. a. Dahlhaus & Eggebrecht, 1979). Diese kann in Form einer traditionellen Notation oder durch andere grafische Notationssysteme erfolgen. Roszak (2014) präferiert hierbei eine Fixierung, die „kein kompliziertes, konventionalisiertes und mühsam zu erlernendes Regelsystem voraussetzt, sondern eine simple, sich weitgehend intuitiv vermittelnde Notationsmethode darstellt, mit der eigene Kompositionsversuche nicht nur ermöglicht, sondern auch angeregt werden können" (S. 16). Durch die vermehrte Arbeit mit digitalen Medien wie beispielsweise DAWs[2] oder Apps (Ahner, Hertsch, Heitinger & Flad, 2019) geraten auditive Dokumentationen, welche in der Regel mit einer grafischen Darstellung einhergehen, mehr in den Fokus. Durch diese ist eine externe schriftliche Fixierung für eine Überarbeitung bzw. Konservierung nicht mehr zwangsweise nötig.

Im Rahmen dieser Arbeit wird das Verständnis eines weiten Kompositionsbegriffs verwendet. Dieses beinhaltet das elementare Komponieren, das wenige Voraussetzungen benötigt, sowie das Komponieren, das sich „vor dem Hintergrund umfassender musiktheoretischer und satztechnischer Kenntnisse ereignet" (Schlothfeldt, 2018, S. 329). Dementsprechend sind als kompositorische Tätigkeiten sowohl das Zusammenführen (lat. componere) von einzelnen Klängen als auch zum Beispiel Songwriting oder das Erstellen einer Sinfonie zu bezeichnen. Aufgrund der Parallelen bezüglich der für diese Arbeit relevanten Schwerpunkte wie beispielsweise der Abläufe und Ausgangspunkte von Kompositionsprozessen von Schüler*innen und professionellen Komponist*innen (u. a. Schlothfeldt, 2009, S. 41; s. auch Kap. 3) werden beide Tätigkeiten im Folgenden unter dem gleichen Begriff (‚Komponieren') subsummiert und auch Erkenntnisse aus beiden Bereichen herangezogen. Deshalb wird bewusst davon abgesehen, alternative Begriffe (vgl. auch Schlothfeldt, 2018, S. 328) wie zum Beispiel „Gestaltungsarbeit" (Nimczik, 1991) oder „Produzieren von Musik" (Schneider, 2012) für das schulische Komponieren zu verwenden, um das schulische Komponieren vom Komponieren als professioneller Tätigkeit zu unterscheiden (Schlothfeldt, 2018, S. 328).

---

[2] Als DAW (Digital Audio Workstation) bezeichnet man Softwares, die für die Aufnahme und Bearbeitung von Audiosequenzen gebraucht werden. Diese werden meist durch Schallwellen in einem zeitbasierten Raster visualisiert und somit der Weiterarbeit (z. B. Schneiden, Abmischen etc.) zugänglich gemacht.

## 2.1 Die Ausgangspunkte für Kompositionsprozesse (im unterrichtlichen Kontext)

Die Ausgangspunkte für die musikalischen Ideen können beim Komponieren vielfältig sein. Katz und Gardner (2012) unterscheiden diesbezüglich zwischen innermusikalischen Inspirationen (within-domain), wie beispielsweise einer Inspiration durch einen einzigen Ton, ein musikalisches Motiv oder gar ein ganzes Werk, und außermusikalischen Inspirationen (beyond-domain), wie zum Beispiel einer Inspiration durch ein Gedicht, ein Gebäude, eine Erinnerung etc. Auch wenn diese unterschiedlichen Inspirationsquellen bei professionellen Komponist*innen ausgemacht wurden, so lassen sich diese auch im Kontext des Musikunterrichts wiederfinden, denn wie oben bereits vermerkt ist „der Vorgang des Komponierens im Musikunterricht […] mit der Arbeit von Komponisten durchaus vergleichbar“ (Schlothfeldt, 2009, S. 41). Dementsprechend verwenden kompositionspädagogische Formate vielfältige, sowohl innermusikalische als auch außermusikalische Ausgangspunkte für Kompositionsprozesse von Schüler*innen. Im Folgenden werden einige mögliche Ausgangspunkte dargestellt und erläutert. Diese Ausführungen sind jedoch keineswegs als vollständige Liste von Ausgangspunkten für Kompositionsprozessen zu verstehen, sondern vielmehr als eine Darstellung verschiedener Schlaglichter, um die Vielfalt der möglichen Inspirationsquellen abzubilden.

Bestehendes innermusikalisches Material kann im Zuge von Kompositionsprozessen sowohl als Inspiration für neue kompositorische Ideen dienen als auch in die Komposition integriert werden. Zweiteres forciert Schmidinger (2020) im Zuge von „Entwicklungsaufgaben“ (S. 200), bei denen er anregt, innermusikalisches Material wie beispielsweise ein musikalisches Motiv mithilfe kompositorischer Techniken weiterzuentwickeln, bis es schlussendlich in einem Kompositionsprodukt mündet. Innermusikalische Inspirationen müssen allerdings nicht zwangsweise durch traditionelle Instrumente erzeugt worden oder aus musikalischen Werken entnommen sein, sondern können ihren Ursprung auch in der Umgebung haben. So stellt Schlothfeldt (2009, S. 46 ff.) auch Umgebungsgeräusche wie beispielsweise Vogelgezwitscher als Ausgangspunkt kompositorischer Tätigkeit im schulischen Kontext dar. Neben dem Nutzen von umgebenden Klängen ist es ebenfalls möglich, Ausgangspunkte durch den Umgang mit Artefakten in der Umgebung selbst zu schaffen. So kann das Artefakt im Sinne eines Musikinstruments (wobei auch traditionelle Musikinstrumente Artefakte darstellen können) in seiner Klangvielfalt erprobt und somit

Inspirationsquelle für ein kompositorisches Produkt sein. Dementsprechend führen Schmeling und Kaul (2011) im Zuge der „Erforschung von Instrumenten" (S. 65) an: „Ein Lineal lässt sich wundervoll streichen und ist sogar zu einem erstaunlichen Tremolo fähig" (S. 65).[3] Allerdings muss die Inspiration durch Umweltklänge nicht auf einzelne Klänge beschränkt sein, sondern auch ein gesamter Ort mit seinen akustischen Ereignissen kann als Ausgangspunkt kompositorischer Tätigkeiten im Unterricht dienen. So können – wie Bailly (2005) es in seinem didaktischen Beitrag schildert – Umweltklänge, auch verfremdet, rhythmisiert etc., zu einer Soundscape zusammengesetzt werden und den Ort auf diese Weise akustisch widerspiegeln.

Der Ort bietet aber nicht nur innermusikalische, sondern auch außermusikalische Ausgangspunkte. So können Artefakte beispielsweise durch ihre Struktur oder Materialität Vorbilder für klangliche Strukturen sein. Darüber hinaus stellen ästhetische Werke ein weiteres Feld für außermusikalische Inspirationsquellen dar. Im Speziellen das Komponieren zu Bildern hat eine lange Tradition und ist sowohl im professionellen Bereich als auch beim Komponieren im Kontext des Musikunterrichts eine verbreitete Inspirationsquelle und gehört nach Voit (2018) „zum üblichen Methodenrepertoire im Musikunterricht" (S. 1). So ist es nicht verwunderlich, dass dahin gehende Kompositionsprozesse auch bereits Gegenstand wissenschaftlicher Auseinandersetzungen sind. Beispielsweise untersuchte Kranefeld (2008a; 2008b; 2008c) Gruppenkompositionsprozesse von Schüler*innen zum Gemälde „Rocca" von Emil Schumacher[4]. Auch Voit (2019) untersuchte Kompositionsprozesse von Schüler*innen zu einem surrealistischen Landschaftsgemälde von Ives Tanguy. Im Zuge der Untersuchung fasste er basierend auf Kranefelds (2008a; 2008b; 2008c) Erkenntnissen „die unterschiedlichen Arten des Bildbezugs und der Verzeitlichung, die in einem ästhetischen Transformationsprozess zum Tragen kommen, in einem Modell" (Voit, 2019, S. 160) zusammen.

Durch die Bezeichnung der Kompositionsprozesse als Transformation lehnen sich mitunter sowohl sich sowohl Voit (2019) als auch Kranefeld (2008a; 2008b; 2008c) im Rahmen ihrer Ausführungen an das Konzept der

[3] Vertiefend zum Musizieren bzw. Komponieren mit Alltagsgegenständen s. Voit (2021).

[4] Eine nähere Darstellung der Studie erfolgt in Kapitel 3.

„ästhetischen Transformation“ (u. a. Brandstätter, 2013; Oberschmidt, 2019) an. Als ästhetische Transformationen werden demnach Umwandlungen eines ästhetischen Mediums in ein anderes ästhetisches Medium bezeichnet. Vermehrt findet dabei ein Medienwechsel statt wie zum Beispiel vom Bild zur Musik, von Bewegung zum Bild etc., selbst wenn Brandstätter (2013, u. a. S. 97f.) unter anderem auch auf intramediale Beispiele verweist. Unter dem Oberbegriff der ästhetischen Transformation ergeben sich folglich eine Fülle von Ausgangspunkten für Kompositionsprozesse wie beispielweise das Komponieren zu Bildern, Lyrik, Bewegung etc. Darüber hinaus kann auch beispielsweise ein Gefühl oder eine Erfahrung Inspiration liefern und somit einen Ausgangspunkt für kompositorische Tätigkeiten im Musikunterricht darstellen[5] (u. a. Schneider, 1995). Vielfältige Inspirationsquellen für Kompositionsprozesse werden mitunter im Musikvermittlungsformat ‚Response‘ verwendet. Hierbei vollzieht sich die kompositorische Arbeit anhand eines Referenzwerks und kann somit eine innermusikalische Inspirationsquelle als Ausgangspunkt haben. Allerdings können auch außermusikalische Aspekte wie das Thema des Werkes, der Titel, der Text oder das Umfeld des Werkes (Voit, 2018, S. 157f.) Grundlage des Kompositionsprozesses sein.

## 2.2 Begründungsfiguren für das Komponieren im Musikunterricht

So verschieden sich die kompositionspädagogischen Formate hinsichtlich der Ausgangspunkte gestalten, so mannigfaltig stellen sich auch unabhängig davon die Zieldimensionen bzw. Legitimationen des Komponierens im Musikunterricht dar. Sachsse (2020) schuf hierzu einen Überblick jüngerer *Begründungsfiguren* in Folge der systematischen Untersuchung produktionsdidaktischer Ansätze durch Wallbaum (2009). Ausgangspunkt seiner Überlegungen bildet hierbei das Musik-Erfinden im Kontext kreativitätskritischer Diskurse – oder wie Sachsse (2020) es mit den Worten Reckwitz’ (2017) beschreibt: Musik-Erfinden zwischen „Kreativitätswunsch und Kreativitätsimperativ“ (Reckwitz, 2017, S. 12). Prozesse des Musik-Erfindens zielen in diesem Kontext „auf die Hervorbringung von Neuem, Originellem, Überraschendem etc.“ (Sachsse, 2020, S. 23) ab. Im Zuge einer Begründungsfigur für Komponieren im Musikunterricht sieht Sachsse

[5] Auf diese Aspekte wird näher in Kapitel 4 eingegangen.

(2020) Kreativität als „eigenständiges menschliches Vermögen" (S. 23), das durch kompositorische Tätigkeit genutzt und gefördert werden kann. Darüber hinaus lassen sich eine Vielzahl an Auffassungen finden, die Komponieren selbst als kreative Tätigkeit ansehen (u. a. Buchborn, Theisohn & Treß, 2019; Granzow, 2022; Grow, 2018; Lothwesen & Lehmann, 2018). Besonders prominent ist diese Zieldimension, welche auch im englischen ‚National Curriculum' (Department for Education, 2013) aufgeführt ist, in der englischsprachigen Literatur. Einige Prozessmodelle des Komponierens (u. a. Amabile, 1996; Hickey, 2003; Webster, 2003) stehen dabei in der Tradition des Phasenmodells des kreativen Prozesses von Wallas (1926). Dieses strukturiert den kreativen Prozess in vier Etappen: Preparation, Incubation, Illumination und Verification. In der Phase der *Preparation* setzt sich das Individuum mit dem zu lösenden Problem auseinander. Im Zuge dessen wird das Problem auf verschiedenen Arten beleuchtet und es werden Informationen gesammelt. Die nachfolgende *Incubation* verläuft unbewusst und kann als eine Art Verarbeitungsphase charakterisiert werden. Das Individuum arbeitet hierbei nicht aktiv an der Lösung des Problems, jedoch arbeitet das Gehirn beiläufig an dieser weiter. Die *Illumination* wird häufig als Aha-Erlebnis bzw. -Moment rezipiert (u. a. Nett, 2019, S. 4). Diese Phase stellt einen entscheidenden Schritt zur Lösung des Problems dar: „The solution may seem to the person in question suddenly to have appeared from nowhere because its emergence into consciousness may come all at once, thus creating the subjective feeling of creativity without perspiration" (Cropley, 2011, S. 365). In der *Verification*-Phase überprüft das Individuum, ob die gefundene Lösung den Anforderungen standhält und somit geeignet für das Lösen des Problems ist.

Das dargestellte Verständnis von Kreativität und somit auch von Kompositionsprozessen ist hierbei eng verknüpft mit dem des Problemlösens. Dementsprechend „wird Komponieren als ein strikt ergebnisorientierter, primär kognitiver, wenngleich nichtlinearer Prozess charakterisiert, dessen spezifische Anforderungsstruktur die erfinderische, verändernde, variierende, durchaus auch destruierende Auseinandersetzung mit musikalischen Aspekten triggert bzw. stimuliert" (Sachsse, 2020, S. 30f.). Webster (2003) sieht im Kompositionsprozess ein Wechselspiel zwischen den kreativen Denkarten divergentem und konvergentem Denken, getrieben von der Suche nach Lösungsansätzen, die final im Kompositionsprodukt verifiziert werden. Divergentes Denken beinhaltet das Finden mehrerer Lösungsmöglichkeiten für ein Problem, während bei konvergentem Denken eine Lösung durch Schlussfolgerung resultiert. Komponieren im Musikunterricht beinhaltet im Zuge dessen nicht nur die Förderung des Problemlösens, sondern ebenfalls die Fähigkeit, Probleme zu erkennen und ein Verständnis, gar einen Habitus, für lösungsorientiertes Handeln aufzubauen, einen forschenden Blick einzunehmen. Es geht darum wahrzunehmen,

> *that the total composing problem comprises interrelated interim problems with multiple potential answers which require them to combine systematic application of designated knowledge of compositional technique with more rhapsodic and opportunistic creativity. Students use skills of hypothesis and verification to explore, predict and test potential solutions as they compose. (Berkley, 2004, S. 257)*

Sachsse (2020) gibt allerdings dahin gehend zu bedenken, dass Komponieren als kreative Tätigkeit auch eine gewisse „Brisanz" (S. 32) mit sich bringt, da das „Unterfangen […] ‚Neues wollen zu sollen'" (S. 32) unter anderem auf persönliche Präferenzen und Bedürfnisse der Schüler*innen trifft. Er hebt daher die Forderung Schlothfeldts (vgl. 2009, S. 111) hervor, dass im Rahmen eines Kompositionsprojekts kompositorische Probleme selbstständig gewählt und eigenverantwortlich bearbeitet werden sollten. Die Problemlösung wäre im Zuge dessen intrinsisch motiviert. In diesem Zusammenhang argumentiert Schlothfeldt (2009) in der Tradition von Guilford (1973), der die Sensibilität für Probleme bzw. das selbstständige Erkennen von Problemen als Merkmal kreativer Persönlichkeiten ansieht (S. 3). Folgt man den Anliegen Schlothfeldts (2009) kann ein kreativer Prozess nur in einem offenen Rahmen vollzogen werden.

Diese Offenheit in Kompositionsprozessen ist auch unabdingbar für die „Inszenierung ästhetischer Erfahrungsräume" (Wallbaum, 2009, S. 287). Das Phänomen der ästhetischen Erfahrung ist aufgrund der Vielzahl an Definitionen und kontrovers diskutierten Merkmale (Heß, 2018) schwer greifbar. Sabisch (2009) bezeichnet den Begriff der ästhetischen Erfahrung dementsprechend als „Chiffre für etwas Unsagbares" (S. 7), Rolle (1999) benennt das Phänomen als „Phantom" (S. 89). Brandstätter (2012) führt an, dass diese Begriffsunschärfe in der „Fülle unterschiedlicher Erfahrungen, die unter dem Begriff der ästhetischen Erfahrung subsumiert werden können" (S. 1f.), begründet ist. Nach Sabisch (2009) umfasst die „Spannweite […] Produktions- ebenso wie Rezeptionsprozesse, sinnliche wie reflektorische Momente, bewusste wie unbewusste, materielle wie imaginäre, produkt- wie prozesshafte Aspekte" (S. 6). Als große Schnittmenge und grundlegend für eine ästhetische Erfahrung wird jedoch die selbstzweckhafte Wahrnehmung gesehen (u. a. Seel, 2007; Brandstätter, 2012; Zill, 2016). Diese Art der Wahrnehmung, welche beinhaltet, „etwas um seines Erscheinens willen in seinem Erscheinen zu vernehmen“ (S. 49), bezeichnet Seel (2016) als ästhetische Wahrnehmung. Eine ästhetische Wahrnehmung, die zudem einen gewissen „Ereignischarakter“ (Seel, 2007, S. 58) hat, ist nach ihm eine ästhetische Erfahrung.

> *Ereignisse in diesem Sinn sind Unterbrechungen des Kontinuums der biografischen und historischen Zeit. Sie sind Vorgänge, die nicht eingeordnet, aber ebenso wenig ignoriert werden können; sie erzeugen Risse in der gedeuteten Welt [...]. Ihr Ausgangspunkt ist nicht nur ein unwahrscheinliches, sondern ein bis dahin für unmöglich gehaltenes Erscheinen. (Seel, 2007, S. 59)*

Bezogen auf den Kontext des Musikunterrichts konnte Zill (2016) Momente ästhetischer Erfahrung in produktionsorientierten Prozessen von Schüler*innen rekonstruieren und dahin gehend fünf Kategorien entwickeln (vgl. S. 175), wovon die Kategorie ‚Selbstzweckhaftigkeit schulischer Produktion‘ das Potenzial von Kompositionsprozessen besonders verdeutlicht. Diese beinhaltet das Arbeiten der Schüler*innen an ihrem Produkt um des Produktes und der Handlung selbst willen und impliziert somit ein Lösen von den vorgegeben schulischen Leistungsanforderungen. Folglich argumentiert Zill (2016) innerhalb dieser Kategorien in der Tradition Wallbaums (2009), welcher ein besonderes Potenzial für ästhetische Erfahrungen in der Erstellung ästhetischer Produkte und deren Aufführung sieht. Da ästhetische Erfahrungen auch als „grundlegend für [ästhetische] Bildungsprozesse“ (Peez, 2022, S. 27) angesehen werden, wäre das Komponieren im Unterricht somit selbstzweckhaft. Ähnlich argumentiert auch Rolle (1999) nach dem sich musikalische Bildung dann vollzieht, „wenn Menschen in musikalischer Praxis ästhetische [...] Erfahrungen machen“ (S. 5).

Eine weitere Begründungsfigur von Komponieren im Kontext des Musikunterrichts beinhaltet die Möglichkeit eines (ästhetischen) Ausdrucks durch Kompositionen. Musik als Ausdrucksmedium hat eine lange Tradition, und es gab und gibt verschiedene Auffassungen darüber, was Musik ausdrücken kann. Sloboda und Juslin (2001) verweisen diesbezüglich auf eine historische Bestandsaufnahme von Gabrielsson und Juslin (1999) und fassen unterschiedliche Betrachtungen zusammen: „(a) Emotionen, (b)

Bewegung, (c) Schönheit, (d) christlicher Glaube, (e) Spannung und Entspannung, (f) Dinge und Ereignisse, (g) menschlicher Charakter und (h) politische und soziale Bedingungen“ (S. 82, Übers. L. J.).

Als Schnittmenge der verschiedenen Bereiche sehen Gabrielsson und Juslin (1999) die menschlichen Emotionen. Diesbezüglich ist es auch nicht verwunderlich, dass in der Forschung ein Fokus auf der Musik als Möglichkeit emotionalen Ausdrucks liegt (Sloboda & Juslin, 2001). Hartogh und Wickel (2004) attestieren der Musik die Rolle als „stärkster emotionaler Kommunikationsträger der menschlichen Kultur“ (Spintge & Droh, 1992, S. 27 zit. nach Hartogh & Wickel, 2004, S. 47). Thünemann (2009) sieht dabei den musikalischen Ausdruck eng verknüpft mit der Lebenswirklichkeit des*der Musizierenden:

> *Musik ist wie jeder andere künstlerische Ausdruck ein Spiegelbild der Lebensgeschichte, des So-geworden-Seins der KünstlerInnen. In der Musik kommt im wahrsten Sinne des Wortes die Persönlichkeit der MusikerInnen zum Klingen; sie erzählt von ihren Lebensgeschichten, von ihren Emotionen und prägenden Erfahrungen. So betrachtet ist Musik eine Selbstäußerung, die über eine technische Perfektion hinaus geht, ihrer jedoch bedarf. (S. 139)*

Auch Brandstätter (2011) charakterisiert „Musik als ein Darstellungs- und Ausdrucksmedium“ (S. 31) und verweist damit unter anderem auf Musik als Zeichensystem und die damit einhergehende Möglichkeit einer Bezugnahme auf die Wirklichkeit. Brandstätter (2014) unterscheidet im Zuge dessen zwischen dem Begriff „‚Darstellung‘ für die abbildende Bezugnahmen auf äußere Wirklichkeiten“ (S. 105), wie beispielsweise die Darstellung eines Gewitters in einer Komposition, und dem „Wort ‚Ausdruck‘ […] [, welches] eher auf ‚innere, emotionale Wirklichkeiten‘ Bezug nimmt (dieses Musikstück bringt Freude und Triumph zum Ausdruck)“ (Brandstätter, 2014, S. 105). Geyer und Bertram (2011) sehen in den Ausdrucksmöglichkeiten durch Musik sogar eine Art menschliches Bedürfnis:

> *Fragen wir uns also, warum der Mensch Musik erfindet, so kann die Antwort nur lauten: weil er diese Art der Selbstäußerung dringend braucht, die es ihm in ihrer potenziellen Komplexität erlaubt, etwas von drinnen nach draußen zu bringen, das seiner ihn als Mensch letztlich ausmachenden Kompliziertheit und Vielschichtigkeit seiner Weisheit aus Körper, Seele und*

> *Geist, oder anders gesagt: aus Material, Emotion und Bewusstsein entspricht. (S. 7)*

Geyer und Bertram (2011) gehen hierbei über das Verständnis hinaus, „der Mensch solle sich selbst musikalisch äußern, weil er es nun einmal kann" (Sachsse, 2020, S. 22)[6]. Folglich wäre der Kompositionsprozess mit dem Ziel des individuellen Ausdrucks intrinsisch motiviert und hätte diesbezüglich eine Legitimation durch sich selbst. Zudem hätte das Kompositionsprodukt zusammenfassend eine enorme individuelle Relevanz und Identifikationspotenzial für die Schüler*innen, denn die dabei ausgedrückten Inhalte stehen in engem Zusammenhang mit diesen selbst.

Auch wenn man dieser Argumentation nicht in Gänze folgt, hat das Kompositionsprodukt allein schon durch den hervorgerufenen Stolz über das fertig gestellte Produkt einen enormen individuellen Stellenwert: „in der Zufriedenheit nicht mit etwas Gegebenem, sondern mit etwas selbst Geschaffenem, im Stolz auf das Gelingen einer ästhetisch relevanten eigenen Arbeit" (Schatt, 2009, S. 206). Diesen Stellenwert sieht Schatt (2009) „für das Gelingen jeder ästhetischen Bildung [als] unverzichtbar" (Schatt, 2009, S. 206) an. Des Weiteren erkennt Grow (2018) dabei auch Potenziale für eine Förderung der Selbstwirksamkeit – also dem Wissen, etwas bewältigen zu können (Schwarzer & Jerusalem, 2002), da das Kompositionsprodukt den erfolgreichen Prozess „verdinglicht" (Grow, 2018, S. 76).

Im Folgenden wird der aktuelle Forschungsstand zu Kompositionsprozessen dargelegt. Dabei liegt der Schwerpunkt aufgrund des Anliegens der Arbeit auf Untersuchungen zu individuellen Kompositionsprozessen. Ziel der Auseinandersetzungen ist es, eine Grundlage für die Konzeption der Unterrichtsreihe und die Beforschung der daraus resultierenden individuellen Kompositionsprozesse zu schaffen.

---

[6] Sachsse (2020) kritisiert in diesem Zusammenhang Aussagen des Verbandes Jeunesses Musicales Deutschland, der im „Neu-Erfinden von eigenen Musik- und Klanggestaltungen […] ein wichtiges Moment für die erweiterte humane Selbstäußerungspalette" (Freyer & Wüster, 2018, S. 7, zit. nach Sachsse, 2020, S. 22) sieht.

# 3. Aktueller Forschungsstand zu Kompositionsprozessen

Um den aktuellen Forschungsstand bezüglich individueller Kompositionsprozesse darzulegen, werden im Rahmen dieses Kapitels sowohl musikpädagogische Untersuchungen als auch Untersuchungen aus dem Feld der Musikwissenschaft herangezogen. In letzterer Disziplin gilt der Fokus des Forschungsinteresses meist dem Vorgehen professioneller Komponist*innen, dennoch können diese Erkenntnisse dazu beitragen, die Kompositionsprozesse von Schüler*innen zu beschreiben. Dies stützt sich auf die Annahme, dass Kompositionsprozesse professioneller Komponist*innen mit denen von Schüler*innen bezüglich der Ausgangspunkte und Verläufe vergleichbar sind (vgl. Kap. 2). Deshalb werden im Folgenden sowohl Untersuchungen mit professionellen Komponist*innen als auch Untersuchungen mit Schüler*innen in den Blick genommen. Darüber hinaus wird in diesem Kapitel auch ein Einblick in ausgewählte Untersuchungen zu Gruppenkompositionsprozessen von Schüler*innen gegeben, da auch diese für die Arbeit relevante Aspekte darlegen. Zum Abschluss des Kapitels liegt der Fokus auf Studien, in denen der Einfluss von Lernbegleitungen und Aufgabenstellungen untersucht wurde. Die daraus resultierenden Erkenntnisse stellen die Grundlage für die Wahl des Topos als Ausgangspunkt der zu untersuchenden individuellen Kompositionsprozesse.

## 3.1 Individuelle Kompositionsprozesse professioneller Komponist*innen

Individuelle Kompositionsprozesse nachzuvollziehen, ist schon seit Langem ein zentrales Interesse musikwissenschaftlicher Forschung. Bahle (u. a. 1930; 1936) untersuchte beispielsweise historische Zeugnisse und lud Komponisten in einen Versuchsraum ein, um unter anderem deren Ausdrucksanliegen zu analysieren. Zudem bat der Musikwissenschaftler und Psychologe verschiedene Komponisten wie zum Beispiel Arnold Schönberg und Richard Strauß in einem – wie er es bezeichnet – ‚Fernexperiment' darum, sich selbst nach genauer Anweisung in ihrem Kompositionsprozess zu beobachten (Bahle, 1936). Als Ausgangspunkt und Inspirationsquellen für die Kompositionen stellte der Musikwissenschaftler den Komponisten unter anderem Gedichte oder verschiedene Topoi zur Verfügung. Bahle (1938) konnte durch seine Untersuchung unter anderem zwei unterschiedliche Kompositionstypen klassifizieren: Den ersten bezeichnet er als *Arbeitstypus*. Dieser handelt zumeist kognitiv geleitet und plant und strukturiert somit die Inhalte der Werke vorweg. Im Gegensatz dazu generiert der zweite Typ, der *Inspirationstypus*, seine Werke emotionsgeleitet und vorwiegend durch improvisatorische und experimentelle Phasen.

Die Merkmale der Typen erkannte auch Holtz (2009) in seiner Interview-Studie mit klassischen Komponist*innen und Jazz-Musiker*innen wieder. Allerdings konnte er diese Typenmerkmale teilweise übergreifend zuordnen, sodass er eine andere Unterteilung vornahm und Prototypen entwickelte. Dabei untersuchte Holtz (2009) sowohl die Vorgehensweise der Komponist*innen als auch deren Haltung gegenüber sich selbst, ihrer Komposition und den Hörer*innen. Aus seinen Überlegungen resultierten schlussendlich drei Kompositionstypen: ‚the avant-gardist' (der Avangardist), ‚the neo-romantic' (der Neo-Romantiker) und ‚the self-disclosing artist' (der selbstdarstellende Künstler). Der *Avangardist* ähnelt in seinen Grundzügen dem Arbeitstypus nach Bahle (1938). Er versucht ein Kunstwerk zu schaffen, bei welchem hauptsächlich formale Aspekte im Vordergrund stehen und das an die musikhistorischen Traditionen andockt. Die Funktion des Werks und dessen Wirkung auf die Hörer*innen sind dabei nebensächlich. Dies unterscheidet den Avangardisten vom Neo-Romantiker. Der *Neo-Romantiker* fokussiert in seiner Musik seinen individuellen Ausdruck unter Berücksichtigung formaler musikalischer Aspekte. Demnach entsteht sein Werk in einem Spannungsfeld: „These musicians often feel a kind of tension between their wish to express something in a comprehensible way and their wish to create noteworthy pieces of art" (Holtz, 2009, S. 221). Zudem ist ihm wichtig, dass der*die Hörer*in auch seine Musik versteht. Im Gegensatz zum Neo-Romantiker legt der Typ des *selbstdarstellenden Künstlers* weder Wert auf formale Aspekte der Musik noch auf die Wirkung seines Werkes bei etwaigen Hörer*innen. Für ihn zählt nur die individuelle Expression: „The musician has to radically express him or herself and nothing else. Hence, there is no room for any considerations of the listeners' reactions." (Holtz, 2009, S. 221)

Die Untersuchung von Sloboda (1985) hingegen bezieht sich nicht auf unterschiedliche Kompositionstypen, sondern hat zum Ziel den Kompositionsprozess einer*s „typischen" Komponist*in zusammenzufassen. Er untersuchte dafür Manuskripte und Skizzen, Schriften der Komponist*innen über ihre eigenen Prozesse und beobachtete diese bei ihrer Arbeit – teils mit Aufforderungen zur verbalen Introspektion.[7] Dabei stellte Sloboda (1985) fest, dass im Zentrum des Prozesses eine Kernidee steht, die im Laufe der Kompositionsarbeit verändert und transformiert wird. Genauer gesagt konnte er im Zuge seiner Studie Aktivitäten der Transposition, Augmentation, rhythmische Abwandlungen und Unterteilung sowie Rekombination von Elementen erfassen. Die Weiterentwicklung der Kernidee ist im Zuge dessen abhängig von Entscheidungen, die der*die Komponist*in treffen muss. Diese vollziehen sich nach Sloboda (1985) sowohl bewusst als auch unbewusst und sind abhängig von Zwängen wie zum Beispiel Formalia und kompositorischen Regeln bzw. Konventionen aber auch eigenen Hörgewohnheiten. So erörtert ein Komponist sein Tun mit: „I'm playing through measure six to try and get my ear attuned to that kind of material" (Sloboda, 1985, S. 124). Die Ergebnisse der Studie bündelt Sloboda (1985) unter anderem in einem Prozessmodell (Abb. 1), welches einen ‚typischen' Kompositionsprozess abbildet. Neben dem Ablauf und zentralen Elementen wie der Idee oder dem Thema, unterteilt er den Prozess in Aspekte, die der*die Komponist*in bewusst (conscious) und Aspekte, die diese*r unbewusst (unconscious) vollzieht. In diesem Zusammenhang macht der Psychologe auch eine Limitierung der Studie deutlich, indem er anführt, dass Aspekte, die unbewusst vollzogen werden, nicht gut rekonstruierbar sind.

[7] Unter anderem bediente sich Sloboda auch am Datenmaterial von Reitman (1965).

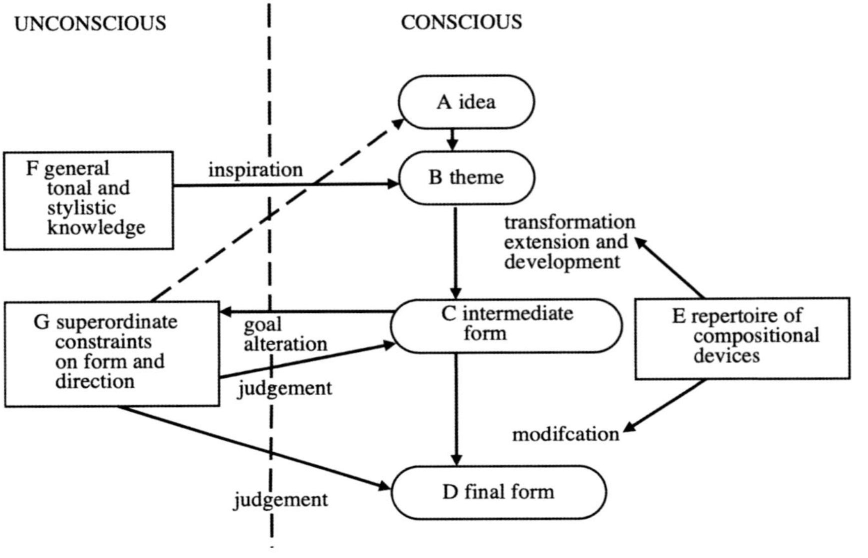


Abbildung 1: Diagram of typical compositional resources and processes (Sloboda, 1985, S. 119)

Die abgerundeten Kästchen beschreiben nach Sloboda (1985) „the transitory materials that constitute successive versions of a composition as it grows in the composer's mind" (S. 119). Der Kompositionsprozess beginnt nach dem Modell mit einer Idee für ein Kompositionsprodukt (A). Diese bezieht sich auf die ‚Art' der zu schaffenden Musik. Der Baustein im Prozess ist nach Sloboda (1985) allerdings optional, da die Vorstellungen des*der Komponisten*in bezüglich musikalischer Gestaltung zu Beginn des Kompositionsprozesses mehr oder weniger konkret seien. Folglich kann es auch sein, dass der Kompositionsprozess mit der Festlegung des thematischen Kerns beginnt (B), ohne dass eine spezifische Vorstellung über die ‚Art' der Musik besteht. Dieser resultiert aus dem thematischen Wissen (F) und wird transformiert und mithilfe kompositorischer Techniken erweitert (E). Das daraus entstehende kompositorische Zwischenprodukt wird so weit modifiziert und mit den übergeordneten Zwängen (G) abgeglichen, bis der*die Komponist*in zufrieden ist und somit eine endgültige Form (D) des Kompositionsprodukts besteht. Auf den ersten Blick wirkt der Kompositionsprozess nach Sloboda (1985) dadurch sehr stringent und gradlinig. Jedoch wird durch den Einbezug von Zieländerungen (goal alteration) deutlich, dass sich Kernthemen verändern können und somit der gesamte Kompositionsprozess nicht vorhersehbar ist: „The pathway ‚goal alteration' acknowledges the fact that discovered properties of intermediate themes can actually overwrite originally held goals, so that the composition can appear to the composer to generate its own momentum or ‚life', almost independently of his will" (Sloboda, 1985, S. 119). Der Psychologe betont zudem, dass das vorangegangene Modell „keine ‚Theorie' oder ‚Erklärung' des Kompositionsprozesses ist, sondern einfach eine ökonomische Art und Weise, einige der Elemente zu beschreiben, die in den Schilderungen der Komponisten über ihre Aktivitäten vorhanden sind, was die möglichen Beziehungen zwischen ihnen verdeutlicht" (Sloboda, 1985, S. 119, Übers. L. J.). Nichtsdestotrotz werden durch die Untersuchung einige Eckpfeiler von Kompositionsprozessen deutlich, die allerdings einer Differenzierung und Ausgestaltung bedürfen. An einigen Stellen in den Ausführungen wird transparent, dass Sloboda (1985) den Kompositionsprozess als eine Art Problemlöseprozess versteht. So orientiert er sich beispielsweise bei der Auswahl der Methoden zur Erforschung von Kompositionsprozessen an Untersuchungen, die Prozesse des Problemlösens in den Blick nahmen (vgl. S. 103). Des Weiteren betrachtet Sloboda (1985) den Kompositionsprozess vor dem Hintergrund der Theorie des Problemlösens nach Newell, Shaw und Simon (1962). Er führt dabei allerdings an, dass es sich bei Kompositionsprozessen um eine „schlecht definierte Problemlösungssituation [...] [handele], bei der es dem Komponisten freisteht, die Art des Problems im Laufe des Komponierens zu ändern" (Sloboda, 1985, S. 117, Übers. L. J.). Den Kompositionsprozess als Problemlöseprozess zu definieren ist, wie bereits angesprochen (vgl. Kap. 1), eine (besonders im englischsprachigen Raum) verbreitete Sichtweise. Folglich nehmen auch Untersuchungen von individuellen Kompositionsprozessen häufig Bezug auf diese (u. a. McAdams, 2004).

So stehen die Prozesse des Problemlösens auch im Mittelpunkt von Collins (2005) Prozessmodell. Er begleitete über drei Jahre einen Komponisten und erhielt dahin gehend Erkenntnisse durch „digitale MIDI-Save-as-Files, analoge Audiodateien, semi-strukturierte Interviews, unmittelbare retrospektive verbale Berichte und Verifizierungssitzungen zwischen Komponist und Forscher" (Collins, 2005, S. 193, Übers. L. J.). Durch die Synthese der Daten mit verschiedenen Kreativitätsprozesstheorien, wie beispielsweise Wallas' (1926) Stufentheorie und deren Erweiterung durch Webster (1987; 2003) in Form seines Modells für kreatives Denkens in der Musik (vgl. auch Kap. 2) oder der Gestalttheorie (u. a. Duncker, 1945) entwickelte Collins (2005) ein Modell, welches einen produktorientierten Prozess darstellt. Dieser ist von mehreren kompositorischen Entscheidungen und nach Collins (2005) von mehreren Momenten des Problemlösens und somit gewissen Lösungsräumen durchzogen. Das Lösen der verschiedenen Unterprobleme bildet die Grundlage für das Lösen des Oberproblems, der Erstellung eines kompositorischen Produkts.

Den Versuch, den kompositorischen Prozess in einem Prozessmodell abzubilden, unternahm unter anderem auch schon Graf (1947), der auch als Grundlage die Phasen Wallas' (1926) heranzog und diese speziell für das Komponieren übertrug. Somit entwickelte er die aufeinander aufbauenden Phasen *productive mood*, *musical conception*, *scetching* und *composition*. Bennett (1976) entwickelte Grafs Modell, mit Schwerpunkt auf das Schreiben und Notieren im Kompositionsprozess, weiter. Er führte halbstrukturierte Interviews mit acht klassischen Komponisten und versuchte durch die Daten den Kompositionsprozess zu rekonstruieren. Bennett (1976) sieht den Kompositionsprozess durch eine ‚Keimidee' beginnen, die durch externe oder interne Ereignisse des*der Komponisten*in hervorgerufen wird. Als internes Ereignis gibt Bennett beispielsweise einen emotionalen Zustand und als externes beispielsweise ein Gespräch oder ein anderes Kunstwerk an. Die ‚Keimidee', so wie sie Bennett (1976) beschreibt, aus welcher nachfolgend eine Skizze, ein erster Entwurf, eine Ausarbeitung und Verfeinerung, ein endgültiger Entwurf und eine mögliche Überarbeitung resultieren, hat schon einen klanglich-auditiven Charakter (Bennett, 1976).

Für Mountain (2001) kann eine solche ‚Keimidee' allerdings auch einen bildlichen Charakter haben. Sie untersuchte Interviews mit und Schriften von Komponist*innen, um Erkenntnisse über die Rolle der ‚Bilder' im Kompositionsprozess zu erlangen. In diesem Zusammenhang versuchte sie unter anderem den Inspirationen der Komponist*innen nachzugehen. Die Überlegungen basieren auf dem Verständnis, dass der*die Komponist*in im Kompositionsprozess auf verschiedene Arten von Bildern zurückgreift. Auf Grundlage der Daten konnte Mountain (2001) diesbezüglich eine Art Klassifikation der Bilder in Kompositionsprozessen aufstellen und somit auch die Inspirationen der Komponist*innen transparenter machen. Nach der Musikwissenschaftlerin müssen Inspirationen nicht zwangsweise eine akustische Form haben, sondern die auditive Darstellungsform kann erst im Laufe des Prozesses entwickelt werden, „um eine abstraktere oder nichtmusikalische Idee, ein Ereignis, einen Prozess oder eine Handlung auszudrücken" (Mountain, 2001, S. 10, Übers. L. J.). In diesem Zusammenhang ist es Aufgabe des*der Komponisten*in, diese Inspirationen durch Analogien und Metaphern in eine musikalische Geste zu überführen. „Wenn ein Bild aus der vertrauten vierdimensionalen Welt entlehnt wird, können Entscheidungen über die Details der klanglichen Manifestationen getroffen werden, indem die bekannten Eigenschaften des Bildes herangezogen werden" (Mountain, 2001, S. 10, Übers. L. J.).

Auch die finnische Forscherin Pohjannoro (2014) stellte fest, dass sich solche Ideen im Kompositionsprozess sowohl auf innermusikalische als auch auf außermusikalische Phänomene beziehen können. Ihr Forschungsinteresse lag auf der Entwicklung kompositorischer Ideen. Für ihren Erkenntnisgewinn analysierte sie Skizzen und Manuskripte eines Komponisten und nutzte diese zudem als Stimulus für ein Stimulated Recall-Interview. Im Zuge ihrer Untersuchung rekonstruierte sie die sogenannten „germinal ideas" (Kerngedanken) des Komponisten und deren Stellenwert und Verlauf im Prozess. Pohjannoro (2014) stellte fest, dass der Komponist die Weiterentwicklung des Kompositionsprodukts in einem Wechselspiel zwischen intuitiven und reflexiven Denkweisen vollzieht. Kompositorische Entscheidungen traf der Komponist dabei mit dem Ziel einer durchgehenden „ästhetischen Kongruenz" (Pohjannoro, 2014, S. 180, Übers. L. J.). Zudem wurde deutlich, dass (deshalb) jede Entscheidung auch eine gewisse Art von Zwängen mit sich brachte, die den weiteren Kompositionsprozess einschränkte.

Während Pohjannoros (2014) Untersuchung im Kompositionsprozess mehrere Kerngedanken eines Komponisten – sowohl außer- als auch innermusikalisch – in den Blick nimmt, fokussiert der Beitrag von Katz und Gardner (2012) eine Grundidee bzw. Inspiration des*der Komponisten*in. Die Ausführungen basieren auf der Studie von Katz (2009), in der diese 24 Komponist*innen der Neuen Musik interviewte, und verfolgen das Ziel grundlegende prototypische Kompositionsstrategien zu identifizieren. Katz und Gardner (2012) konnten drei Typen von Kompositionsprozessen klassifizieren, welche sich grundlegend in der Art ihrer Inspirationsquelle unterscheiden: 1. *Within-Domain-Prozesse*, in denen die Komponist*innen Inspiration durch musikalisches Material erfuhren. 2. *Beyond-Domain-Prozesse*, die durch nichtmusikalische konzeptionelle Rahmenbedingungen beeinflusst wurden. 3. *Hybrid-Prozesse*, die sowohl musikalisch als auch nichtmusikalisch inspiriert wurden. Im Fokus des Beitrags steht zudem die Einordnung der Prozesse in die Phasen des kreativen Prozesses nach Wallas (1926) (vgl. Kap. 2). Folglich fassen Katz und Gardner (2012) *Within-Domain-Prozesse* und *Beyond-Domain-Prozesse* wie folgt zusammen[8]:

| | **Preparation** | **Incubation** | **Illumination** | **Verification** |
|---|---|---|---|---|
| **Within-Domain** | Experimentieren mit musikalischem Material (z. B. Klang, Instrument) in praktischer Form | | Musikstücke fügen sich zu einem zusammenhängenden Werk | Details des Stücks werden ausgearbeitet und notiert |
| **Beyond-Domain** | Anbindung an ein konzeptionelles Modell außerhalb des Musikbereichs | | Die wichtigsten Merkmale des konzeptionellen Modells werden definiert und auf ein Stück abgebildet | Konkretisierung von Modellen mit kleineren Ideen und Assoziationen, die mit dem größeren Rahmen verbunden sind |

Tabelle 1: Within-Domain- und Beyond-Domain-Prozesse übertragen auf die Stage Theory in Anlehnung an Katz & Gardner (2012, S. 111, Übers. L. J.)

## 3.2 Individuelle Kompositionsprozesse von Schüler*innen

Auch in Untersuchungen individueller Kompositionsprozesse von Schüler*innen, welche sich weitgehend auf den englischsprachigen Raum begrenzen, stellen Kreativitätsmodelle einen wichtigen Bezugspunkt dar. Kratus (1989) untersuchte zum Beispiel Kompositionsprozesse von Schüler*innen verschiedener Altersklassen in Bezug auf die Kategorien „exploration" (Exploration), „development" (Entwicklung), „repetition" (Wiederholung), „silence" (Stille) und nutzte Websters (1987) Modell des kreativen Denkens (vgl. Kap. 2) zur Gliederung der Prozesse. Er stellte fest, dass Schüler*innen im Alter von sieben Jahren weitgehend das Kompositionsprodukt durch die Exploration entwickeln. Neunjährige Schüler*in-

[8] Hybrid-Prozesse werden als Mischform nicht explizit aufgeführt.

nen hingegen entwickelten ihre kompositorische Idee zielgerichteter, wodurch die Explorationsphasen kürzer ausfielen. Zudem waren die älteren Schüler*innen in der Lage, das Kompositionsprodukt zu wiederholen. Schüler*innen im Alter von elf Jahren nutzten Phasen der Exploration und Phasen der gezielten Entwicklung gleichermaßen. Auch diese konnten ihr Kompositionsprodukt reproduzieren. Kratus (1989) schlussfolgerte anhand dieser Ergebnisse eine Art musikalische Reifung bei Kompositionsprozessen, die mit dem Lebensalter der Schüler*innen korreliert.

Einen differenzierteren Einblick in die konkreten Kompositionswege von Schüler*innen gibt die Metastudie von Burnard & Younker (2002). Zur Einordnung nahmen die Musikpädagoginnen wiederum das Stufenmodell von Wallas (1926) als Grundlage. Zudem betrachteten sie die Kompositionsprozesse auch in Anlehnung an Webster (1987) als Wechselspiel zwischen konvergentem und divergentem Denken und versuchten passende Aktivitäten in den Kompositionsprozessen der Schüler*innen auszumachen. Die Daten der Studie entstammen aus mehreren vorherigen Projekten aus Großbritannien, Kanada und Australien, die die Erforschung von Strategien von Schüler*innen beim Komponieren gemein haben (vgl. u. a. Burnard, 1995; Younker, 2000). Die einzelnen Studien erfassten ihre Daten auf unterschiedliche Weisen und griffen teils auch auf mehrere Zugänge zurück.

So untersuchte beispielsweise Younker (2000) die Strategien und Gedanken der Schüler*innen während des Komponierens an einem Keyboard über eine Musik-Software durch Anregungen zum Lauten Denken, Auswertung von komponierten Midi-Aufnahmen, Videografie und nachfolgenden Interviews. Im Fokus stand dabei, inwiefern sich die Schüler*innen mit kompositorischen Elementen wie beispielsweise Rhythmus und Klangfarbe auseinandersetzten und inwiefern dies bestimmte Entscheidungsmomente und Verhaltensweisen nach sich zog. Im Rahmen der Untersuchung konnte sie Prozesse wie das „Erkunden, Aufnehmen, Evaluieren, Üben und Bearbeiten“ (Younker, 2000, S. 34, Übers. L. J.) rekonstruieren. Zudem wurde deutlich, dass diese Prozesse nicht linear, sondern dynamisch und rekursiv verliefen. Dementsprechend decken sich die Ergebnisse mit anderen Studien (wie z. B. Wiggins, 1992; Hickey, 1995). Allerdings konnte Younker (2000) die Auffassung Kratus' (1989) (s. o.), dass die Schüler*innen je nach Altersgruppe gewisse Phasen im Kompositionsprozess vorrangig vollziehen, nicht bestätigen. „In fact, differences within age were as great as differences across ages“ (Younker, 2000, S. 34).

Burnard und Younker (2002) konnten aus den unterschiedlichen Daten nun verschiedene Kompositionswege bzw. -strategien der Schüler*innen rekonstruieren und diese kategorisieren: *linear strategies*, *recursive strategies*, *regulated strategies*. Kompositionswege, die der *linearen Strategie* zugeordnet wurden, zeichneten sich – wie der Name schon sagt – durch eine gewisse Linearität aus. Wallas' (1926) Phasen durchlaufen die Schüler*innen dementsprechend weitgehend kontinuierlich. Zu Beginn hatten die Schüler*innen nur eine geringe Vorstellung vom Kompositionsprodukt. Durch die Exploration von beispielsweise rhythmischen und harmonischen Strukturen und die nachfolgende Ausarbeitung von Mustern konkretisierten die Schüler*innen ihre Komposition. Dabei wurden allerdings wenige Möglichkeiten erprobt, reflektiert bzw. verworfen, sodass der Wechsel zwischen konvergentem und divergentem Denken nur minimal war. Damit ging einher, dass die Schüler*innen wenige kompositorische Entscheidungen getroffen haben, die Einschränkungen für den weiteren Kompositionsprozess bedeutet hätten. Die *rekursiven* Wege hingegen waren durch viele Rückschritte und Bewegungen zwischen den Phasen geprägt: „These students displayed significantly more movement across and within the four creative thinking stages, particularly between the incubation and illumination stages" (Burnard & Younker, 2002, S. 254). Bei diesen Kompositionswegen konnte dementsprechend auch eine stärkere Bewegung zwischen divergentem und konvergentem Denken festgestellt werden, sodass die Beschränkungen für den Folgeprozess nach Zwischenlösungen stärker waren. Der dritte mögliche Weg, der von Burnard und Younker (2002) als *regulated strategies* bezeichnet wird, beinhaltet eine sehr klare Vorstellung des Kompositionsprodukts von den Schüler*innen im Voraus. Auch bei dieser Strategie konnte viel Bewegung zwischen den verschiedenen Phasen des kreativen Prozesses festgestellt werden. Im Vergleich zum rekursiven Weg verliefen diese aber strukturierter. Der klaren Vorstellung des Endprodukts folgte ein strukturiertes Sammeln und Notieren von Lösungsmöglichkeiten, anschließend ein Erproben und Verfeinern. Auch hier unterlag der Kompositionsprozess durch jede Entscheidung weiteren Beschränkungen.

In der Zusammenfassung der Ergebnisse betonen Burnard und Younker (2002) nochmals die Relevanz der (selbst auferlegten) Freiheiten und Beschränkungen der Schüler*innen für den Kompositionsprozess. Dies impliziert für sie unter anderem auch, dass je nach Schüler*in Beschränkungen selbst getroffen und somit auch Aufgabenstellungen offen gestaltet werden könnten. Für Schüler*innen, die nicht in der Lage sind, die Beschränkungen selbst im Laufe des Prozesses zu vollziehen, sollten nach Burnard und Younker (2002) Aufgaben Strukturierungen innehaben, um den Kompositionsprozess produktiv gestalten zu können. Folglich halten die Musikpädagoginnen fest, dass Lehrkräfte unter anderem die Auswirkungen ihrer Kompositionsaufgaben dahin gehend reflektieren sollten, um die Kompositionsaufgaben nach den Bedarfen der Schüler*innen auszurichten.

Bevor eine detailliertere Auseinandersetzung mit Untersuchungen zu Aufgabenstellungen und Lernbegleitung im Rahmen von Kompositionsprozessen erfolgt, werden zunächst ausgewählte Erkenntnisse zu Gruppenkompositionsprozessen fokussiert. Trotz des Unterschieds bezogen auf die Sozialform haben Erkenntnisse entsprechender Untersuchungen dennoch eine Relevanz für die vorliegende Arbeit, da einerseits die Ergebnisse partiell auch auf individuelle Kompositionsprozesse transferiert werden können. Andererseits bieten entsprechende Ergebnisse eine Art Folie, um die Ergebnisse der vorliegenden Arbeit unter Berücksichtigung der Sozialform einordnen zu können.

## 3.3 Vorgehensweisen in Gruppenkompositionsprozessen

Einen wichtigen Bezugspunkt für die Erforschung von Kompositionsprozessen stellt die Studie von Kranefeld (2008a; 2008b; 2008c) dar. Die Musikpädagogin untersuchte Gruppenkompositionsprozesse zu Bildern im Musikunterricht der gymnasialen Oberstufe mithilfe von Videografie. Aufgrund der Positionierung in die interpretative Unterrichtsforschung (Krummheuer & Naujok, 1999) stellt die Untersuchung Kranefelds (2008a; 2008b; 2008c) neben den inhaltlichen Erkenntnissen auch eine methodische Referenz für praxistheoretische Untersuchungen von Gruppenkompositionsprozessen (Theisohn, 2023, S. 34) dar. Leitend bei Kranefelds (2008a; 2008b; 2008c) Untersuchung war die Frage, wie Schüler*innen ein Bild in ein musikalisches Kompositionsprodukt transformieren. Durch die sequenzielle Nachverfolgung der einzelnen Gruppenprozesse konnte sie Gemeinsamkeiten und Unterschiede zwischen den einzelnen Vorgehensweisen der Gruppen herausarbeiten und daraus resultierend Transformationstypen rekonstruieren. Des Weiteren entwickelte sie auf der Grundlage des videografischen Materials ein phänomenologisches

Prozessmodell. Dieses zeigt neben den verschiedenen Etappen des Kompositionsprozesses auch Einflussfaktoren auf den Prozess und Evaluationsschleifen, die die Schüler*innen vollzogen (Kranefeld, 2008b). Die Evaluationsschleifen weisen Parallelen zu den in der Studie von Burnard und Younker (2002) zu individuellen Kompositionsprozessen skizzierten Bewegungen zwischen den Phasen auf. Allerdings wurden diese in Kranefelds (2008b) Untersuchung durch Interaktion der Gruppenmitglieder herbeigeführt und begleitet.

Darüber hinaus rekonstruierte Kranefeld (2008a) die „musikalische Bricolage als eine Variante einer altersspezifischen Gruppenkompositionsstrategie“ (Kranefeld, 2008a, S. 157). Die Musikpädagogin konnte in diesem Zusammenhang intertextuelle Verweise der Schüler*innen im Rahmen des Kompositionsprozesses rekonstruieren, welche interpersonell von den beteiligten Gruppenmitgliedern verstanden wurden. Sie spricht im Zuge dessen von ‚Versatzstücken‘, welche im Laufe des Prozesses de- und rekontextualisiert wurden (vgl. Kranefeld, 2008a, S. 157).

Ähnliche Beobachtungen konnte Buchborn (2021) machen, der Gruppenkompositionsprozesse in Unterrichtspausen analysierte. Er konnte Rückgriffe der Schüler*innen „auf geteilte habitualisierte Wissensbestände durch die Arbeit mit Versatzstücken“ (Buchborn, 2021, S. 175) rekonstruieren. Diese erkannte Buchborn (2021) als Grundlage des gemeinsamen Kompositionsprozesses. Mit dem Verweis auf die Versatzstücke rekurriert er unter anderem auf Weber-Krüger (2013). Die Musikpädagogin konnte in ihrer Untersuchung analysieren, dass Kinder im Rahmen musikalischer Früherziehung „‚thematische[s] Material‘ aus unterschiedlichen lebensweltlichen Kontexten“ (Weber-Krüger, 2013, S. 141) in andere Kontexte übertrugen und als Ausgangspunkt für Musik-Erfindungs-Prozesse nutzten:

> *Versatzstücke liegen in Form von Liedern, Spielen, Figuren aus Büchern oder Fernsehsendungen, Musiziertechniken sowie situationskonstituierenden Rahmenbedingungen vor. Damit lassen sie sich als Zitate oder auch Anspielungen verstehen, ebenso können sie im Weitertragen von Klischees auftauchen. […] Die Bezeichnung ‚Versatzstücke‘ soll den Charakter der Anwendung herausstellen, denn Erfahrungsgehalte bzw. Einflüsse aus der individuellen (musikalischen) Sozialisation werden dann zum Versatzstück, wenn sie aktiviert, also aufgegriffen und verwendet werden. Versatzstücke sind somit Bausteine*

> *aus dem Erfahrungsschatz der Kinder. (Weber-Krüger, 2013, S. 141–142)*

Auch Theisohn (2023) konnte in ihrer Untersuchung feststellen, dass Schüler*innen auf „Versatzstücke aus peerkulturellen Kontexten zurückgriffen […], ohne dass diese zuvor erprobt oder in gemeinsamer Musizierpraxis verändert wurden“ (Theisohn, 2023, S. 245). Interessant in Bezug auf individuelle Kompositionsprozesse ist, ob der Rückgriff auf die Versatzstücke in den Gruppenkompositionsprozessen aufgrund der Interaktion zwischen den Gruppenmitglieder erfolgt oder ob dies auch für die Schüler*innen individuell eine Strategie darstellt, um ein Kompositionsprodukt zu erstellen.

Theisohn (2023) erkannte außerdem drei zentrale Orientierungen bzw. Modi, die bei Gruppenkompositionsprozessen handlungsleitend sind:

- *Modus des Pragmatismus*: die Schüler*innen orientieren sich im Rahmen des Gruppenkompositionsprozesses an „etablierte[n] schulischen Praxen“ (Theisohn, 2023, S. 243) und verfolgen unter anderem das ‚Erledigen‘ der Aufgabe.
- *Modus der Behauptung*: die Schüler*innen behaupten sich gegenüber anderen „inkongruenten Orientierungen und Erfahrungsräumen“ (Theisohn, 2023, S. 246) beispielsweise durch den Verweis auf instrumentale Expertise.
- *Modus des kollaborativen Komponierens*: „unterschiedliche kompositorische Vorgehensweisen [werden] produktiv miteinander verhandelt, welche dichte, thematisch komplexe, dynamisch verlaufende und interaktional vielschichtige kompositorische Entscheidungen hervorbringen“ (Theisohn, 2023, S. 249).

Auch Duve (2022) konnte kollaborative Aushandlungen in Gruppenkompositionsprozessen rekonstruieren. Diese zielten entweder auf einen ästhetisch-musikalischen Konsens ab oder vollzogen sich aufgrund sozialer Aspekte. So werden Gruppenmitglieder „aufgrund ihrer (mangelnden) bisherigen Beteiligung“ (Duve, 2022, S. 191) in die Entscheidung einbezogen. Diese Beobachtungen sind folglich etwas konträr zu den geschilderten Ergebnissen von Heberle (2018) (s. Kap. 1).

Zusammenfassend zeigen die Untersuchungen von Theisohn (2023) und Duve (2022), dass Gruppenkompositionsprozesse durch interaktive Handlungsmuster zwischen den Gruppenmitgliedern geprägt sind. In individuellen Kompositionsprozessen sind entsprechende Interaktionspartner nicht vorhanden und somit entsprechende Strategien auf dem Weg zum Kompositionsprodukt nicht möglich. Einzig das von Theisohn (2023) herausgestellte pragmatische Handeln wäre auch bei individuellen Kompositionsprozessen denkbar.

Die bisherigen Darstellungen fokussierten weitgehend Vorgehensweisen in Kompositionsprozessen von Gruppen und Individuen. Wichtige Faktoren, die bisher nur am Rande betrachtet wurde, aber auf die Kompositionsprozesse im Unterricht einen großen Einfluss haben, stellen die Aufgabenstellung und die Begleitung durch die Lehrkraft dar. Burnard und Younker (2002) formulierten zwar dahin gehend Empfehlungen resultierend aus ihren Erkenntnissen zu den unterschiedlichen Kompositionswegen der Schuler*innen (s.o.). In anderen Studien stehen jedoch der Einfluss von Lernbegleitung und Aufgabenstellungen sogar im Zentrum der Untersuchung. Im Folgenden werden entsprechende Studien näher betrachtet. Besonders im Fokus stehen dabei Erkenntnisse für die Inszenierung und Begleitung der zu untersuchenden individuellen Kompositionsprozesse.

### 3.4 Einfluss von Lernbegleitung und Aufgabenstellung auf Kompositionsprozesse

Mause (u. a. 2020; Jeismann & Kranefeld 2021) analysierte verschiedene videografisch aufgenommene Phasen in Gruppenkompositionsprozessen im Hinblick auf die Lernbegleitung und Intervention der Lehrenden. Mithilfe eines sequenzanalytischen Vorgehens konnte sie die Interaktion zwischen Lehrkraft und Schüler*innen näher rekonstruieren. Durch ihre Beiträge (Mause, 2020; Jeismann & Kranefeld 2021) wird deutlich, dass sich Begleitung durch die Lehrenden in einem Spannungsfeld zwischen dem Etablieren von Vorgaben und dem Ermöglichen künstlerischer Freiheit vollzieht. Dabei weichen die Lehrkräfte ihre Vorgaben auf und geben uneindeutige Anweisungen. Das skizzierte Spannungsfeld zwischen Lenkung und Freiheit spielt auch in Studien zu Aufgabenstellungen für Kompositionen eine große Rolle.

Die Studie von Burnard aus dem Jahr 1995, welche auch zum Korpus der Metastudie von Burnard und Younker (2002) gehört, fokussiert den Umgang der Schüler*innen mit Kompositionsaufgaben. Sie untersuchte in diesem Zusammenhang die Aufgabenstellungen hinsichtlich ihrer Vorgaben und deren Einfluss auf die Lenkung der Schüler*innen in Kompositionsprozessen. Zudem entdeckte sie einen Zusammenhang zwischen der Persönlichkeit bzw. dem Arbeitsstil der Schüler*innen und der Präferenz für die Anzahl der Vorgaben. So wählten Schüler*innen, die „gekennzeichnet wurden durch starkes zwischenmenschliches Interesse, Wunsch nach Individualität im Ausdruck und einem unabhängigen Arbeitsstil" (Hickey, 2002, S. 406, Übers. L. J.), Aufgabenstellungen mit wenigen Vorgaben. Aufgabenstellungen mit vielen Vorgaben wurden von Schüler*innen gewählt, die fortgeschrittene instrumentale Fertigkeiten und theoretische Kenntnisse vorzuweisen hatten. Bezüglich der Endprodukte zeigten die Ergebnisse, dass Aufgabenstellungen mit einem geringen Strukturierungsgrad zu Kompositionsprodukten, die durch hohe Individualität gekennzeichnet waren, führten.

Der Zusammenhang zwischen Kompositionsaufgabe und Kompositionsprodukt stand bei Smith (2008) im Zentrum des Forschungsinteresses. Allerdings handelte es sich hierbei nicht um klassische Aufgabenstellungen, sondern um Impulse in Form eines Gedichts, eines Motivs, einer Phrase und eines Themas, zu dem die Schüler*innen eine emotionale Bindung hatten. Nach Smith (2008) erreichten die Kompositionsprodukte, welche die Schüler*innen ausgehend vom Gedicht entwickelten, die höchste ‚Musikalität'[9]. Dieser Impuls war aber auch mit den meisten Vorgaben versehen, da nicht ein Stück frei zu dem Gedicht komponiert wurde, sondern die einzelnen Zeilen des Gedichts vertont werden sollten. Dementsprechend waren Rhythmus, Metrum, Länge der Phrasen und die Stimmung vom Text vorgegeben. Als Impuls mit den wenigsten Vorgaben betitelte Smith (2008) das Thema als Ausgangspunkt, welches somit die meisten Freiheiten beim Komponieren zuließ, allerdings Produkte hervorbrachte, die mit weniger ‚Musikalität' bewertet wurden.

Die Untersuchungen von Burnard (1995) und Smith (2008) geben wichtige Erkenntnisse in Bezug auf die Wahl des Ausgangspunktes für die zu untersuchenden individuellen Kompositionsprozesse. Zusammenfassend wird deutlich, dass die Entscheidung bezüglich einer Inspirationsquelle abhängig von der Zielebene und der individuellen Schülerschaft sein sollte.

[9] Zur Bewertung der ‚Musikalität' wurden die Kompositionsprodukte von vier professionellen Musiker*innen eingeschätzt. Kriterien hierfür waren: „concepts of composer craftsmanship, originality, imagination and idiomatic recorder sound" (Smith, 2008, S. 164).

Verfolgt man nach Smith (2008) eine hohe ‚Musikalität' des Endprodukts, so erweisen sich Impulse bzw. Aufgabenstellungen mit hohem Strukturierungsgrad als zielführend. Ist es allerdings ein Anliegen eine hohe Individualität in den Kompositionsprozessen und -produkten zu ermöglichen, so sollten in Anlehnung an die Untersuchung von Burnard (1995) wenig vorstrukturierende Aufgabenstellungen gewählt werden.

Da die verfolgte Zieldimension des Komponierens als individuelle Ausdrucksmöglichkeit Letzteres beinhaltet, wird im Folgenden, angeregt durch die untersuchten Impulse von Smith (2008), das Komponieren zu einem Thema, welches wenige Vorgaben mit sich bringt, für die Konzeption der Unterrichtsreihe und die empirische Untersuchung fokussiert. Inwiefern das Thema spezifiziert wird bzw. es zu innermusikalischen bzw. außermusikalischen ‚Kerngedanken' bzw. ‚Keimideen' führt, soll im folgenden Kapitel näher dargelegt werden. Dabei orientieren sich die Überlegungen an den Grundgedanken der Topos-Didaktik, die die Beziehung zwischen Musik und lebensweltlichen Themen im Unterricht forciert.

## 4. Topos als Ausgangspunkt individueller Kompositionsprozesse – eine Möglichkeit, um individuelle Zugänge zu schaffen

Im Rahmen der Topos-Didaktik wurden in den neunziger Jahren lebensweltliche Themen für ein Verständnis von und über Musik verwendet: „Allgemeine und jedem bekannte Begriffe, die zentrale Phänomene des Lebens bezeichnen, mit denen jeder in irgendeiner Weise in Berührung gekommen ist, sollten den Kern eines Nachdenkens bilden, das auf Musik zu beziehen sei“ (Schatt, 2021, S. 157). Richtungsweisend waren hierbei die Auseinandersetzungen von Ehrenforth (1993), Richter (1993) und Schneider (1993). Im Grundsatz geht es bei der Topos-Didaktik um eine Anknüpfung an die lebensweltlichen Erfahrungen der Schüler*innen, wodurch diese einen Zugang zur Musik erlangen. Als verknüpfende Elemente fungieren dabei die lebensweltlichen Topoi, welche auch als intersubjektive „Grunderfahrungen“ (Schneider, 1993), „topische Stichwörter“ (Ehrenforth, 1993) bzw. „Erfahrungsbegriffe“ (Richter, 1993) bezeichnet werden und durch individuelle Bezugnahmen in Form von Assoziationen Verbindungen zur „Gestalt der Musik“ (Richter, 1993, S. 25) herstellen sollen. Sie „erfüllen eine doppelte didaktische Funktion: Sie zeigen ein Stück Lebenswelt, und sie zeigen etwas vom ‚Sinn und Gehalt‘ einer Musik“ (Richter, 1993, S. 25).

Ehrenforth (1993) bezeichnet solche Themen bzw. Topoi als „‚Markt‘, auf dem sich die ‚Lebens- und Erfahrungswege‘ [...] der Menschen begegnen und kreuzen“ (S. 18). Folglich sind diese Teil jedes Lebens und bieten eine große Zugangsvarianz. Sie können dementsprechend als differenzsensibel und individuell zugänglich betrachtet werden. Richter (1993) bezeichnet Topoi, die dieses Charakteristikum erfüllen als „Erfahrungsbegriffe“ (s. o.), die zu einer von drei Kategorien gehören, deren Grenzen aber fließend sind:

> *a) ‚existenzielle‘ Begriffe: Spiel, Zeit, Gespräch, Fest, Symbol, Ende, Fremdheit ...*
>
> *b) Lebenserscheinungen: Nacht, Kälte, Winter ...*
>
> *c) Gefühlsbegriffe: Liebe, Trauer, Sehnsucht ...*
>
> *(Richter, 1993, S. 25)*

Primär ging es Ehrenforth (1993), Richter (1993) und Schneider (1993) in ihren Ausführungen zwar um eine Erweiterung des Verständnisses in Rezeptionsmomenten von Musik, allerdings scheint auf den ersten Blick eine Orientierung an den lebensweltlichen Topoi auch bei der konkreten Wahl des Themas als Ausgangspunkt für die geplanten Kompositionsprozesse sinnvoll. Jedoch kritisiert Schatt (2021, S. 159 ff.) das Konzept der Topos-Didaktik und somit auch die Erfahrungsbegriffe dahin gehend, dass diese die Intersubjektivität der Erfahrungen der Schüler*innen ins Zentrum setzen, um davon ausgehend Musik zu ergründen. Dem ginge voraus, dass „alle Menschen die gleichen Erfahrungen hätten“ (Schatt, 2021, S. 160). Er sieht Husserls Begriff der Lebenswelt demnach nur „oberflächlich rezipiert“ (Schatt, 2021, S. 159) und die Individualität der Schüler*innen vernachlässigt. Damit setzt Schatt (2021) an einem für diese Arbeit sehr relevanten Aspekt an, da die individuellen Vorgehensweisen im Fokus des Erkenntnisinteresses stehen. Folglich gilt es seinen Gedanken umfassend zu verstehen, um bewerten zu können, ob diese Kritik die Wahl eines Topos als Ausgangspunkt für die Kompositionsprozesse überhaupt tangiert. Da Schatts (2021) Überlegungen bei dem Verständnis des Lebensweltbegriffs ansetzen, scheint ein dahin gehender Exkurs unabdingbar.

### 4.1 Der Begriff der Lebenswelt und seine Bedeutung für die vorliegende Arbeit

Der Begriff der Lebenswelt geht ursprünglich[10] auf Edmund Husserl (1969) zurück, der diesen im Zusammenhang mit seinen Ausführungen zur „Krisis der Europäischen Wissenschaften“ einführt. Er gebraucht den Begriff der Lebenswelt als eine Art Kontrast zur (Natur-)Wissenschaft und kritisiert – im Zuge der wissenschaftlichen Objektivierung – eine „Verselbständigung des theoretischen Denkens“ (Schatt, 2021, S. 125), die sich von der Lebenswelt wegbewege. Husserl (1969) bezeichnet die Lebenswelt als ein „Reich ursprünglicher Evidenzen“ (S. 130). Er fährt fort: „Das evident Gegebene ist jenachdem in Wahrnehmung als ‚es selbst‘ in

[10] Der Begriff der Lebenswelt wurde zwar schon vor Husserl unter anderem in naturwissenschaftlichen Kontexten gebraucht (Bermes, 2017), allerdings geht das Verständnis im didaktischen Kontext auf die Ausführungen und Prägungen des Begriffs durch Husserl zurück (u. a. Jonas, 2018).

unmittelbarer Präsenz Erfahrenes" (Husserl, 1969, S. 130). Folglich erscheint nach Husserl (1969) die Lebenswelt als der „Bestand dieser vorgegebenen Welt" (S. 124), wie wir ihn unhinterfragt, selbstverständlich, subjektiv wahrnehmen und erfahren, im Sinne des eigenen Bewusstseins und dementsprechend als wirklich ansehen. Somit stellt die Lebenswelt auch die Grundlage bzw. nach Husserl den ‚Boden' für all unser Leben, Handeln und Erfahren dar – und zwar in einer Form, die vor jeglicher Reflexion liegt. Hierbei ging es Husserl nach Zimmer (2002) aber „keineswegs um einen ontologisch fixierten Bestand grundsätzlicher Gegebenheiten. Der Begriff der Lebenswelt stellt für ihn vielmehr die Möglichkeit phänomenologischen Rückfragens nach den Grundlagen menschlicher Selbst- und Weltkonstitution dar" (S. 178). Schatt (2021) bezeichnet ‚Lebenswelt' daran anschließend als einen „ins Gegenständliche gewendete[n] Rezeptionsbegriff: eine formale bzw. funktionale Kategorie und kein Substanzbegriff zur Frage nach den Bedingungen der Möglichkeit der Erkenntnis von Objekten" (S. 126).

Vielleicht auch, weil der Begriff bei Husserl nicht konkret definiert ist, wurde dieser über die Jahre – auch im Sinne des didaktischen Prinzips (u. a. Maier, Bohl, Kleinknecht & Metz, 2013) und im musikpädagogischen Kontext – sehr unterschiedlich und teilweise auch entfernt von den ursprünglichen Überlegungen gebraucht (Schatt, 2021, S. 160). Vogt (2001) macht zum Beispiel deutlich, dass bei Richters (1993) Verwendung des Lebensweltbegriffs „die konstitutive Dimension des Lebensweltkonzepts für die (Musik)Pädagogik, so wie sie in der phänomenologischen Tradition entfaltet wurde, gar nicht berührt wird" (Vogt, 2001, S. 41).

Fokussiert wird zum Teil in der einschlägigen Literatur nicht, wie bei Husserl, die Erkenntnis über sich selbst in Verbindung mit der Umwelt durch den individuellen Zugang, sondern interpersonale Anknüpfungspunkte (Vogt, S. 50-51). Dies führt jedoch nach Schatt (2021) zu einem „Rückfall in die Trivialitäten der Musikauslegung, die Hermeneutik mit Programmatik verwechselt" (S. 160). Da „die Erfahrungen mit den Phänomenen der Welt eben nicht bei allen Menschen dieselben sind – dieselbe ist immer nur die Lebenswelt, in der unterschiedliche Erfahrungen gemacht werden" (Schatt, 2021, S. 128), gilt es auch die Differenzen in den Blick zu nehmen und dementsprechend individuelle Schwerpunktsetzungen zuzulassen und sogar einzufordern.

Schatts Kritik (2021) scheint zuerst einmal berechtigt und führt zu der Frage, ob die Verwendung von ‚Erfahrungsbegriffen' als Ausgangspunkt für individuelle Kompositionsprozesse nicht konträr zu dem Streben nach Individualität ist und eher zur Darstellung von Klischees führt. Jedoch wird bei näherer Betrachtung der Problematik deutlich, dass die Kritik Schatts (2021) sich hauptsächlich auf die Rezeption von Musik bezieht. So werde „Gemeinsames von vornherein" (S. 161) unterstellt und nicht das Unterschiedliche herausgearbeitet, bevor daraus Gemeinsamkeiten erkannt werden. Die Musik werde dementsprechend mit einer Art ‚Folie' des Gemeinsamen rezipiert, obwohl die Musik gegebenenfalls von den Schüler*innen ganz anders ausgelegt werden würde. Zwar wäre auch bei Kompositionsprozessen zu einem Topos das Gemeinsame der Ausgangspunkt der Prozesse. Die individuelle musikalische Auslegung des Topos seitens der Schüler*innen wird aber forciert. Das individuelle und nicht das intersubjektive Verständnis der Topoi ist somit leitend für die Prozesse. Im Zuge dessen orientiert sich diese Arbeit an der Auslegung von Erfahrungen in der Lebenswelt nach Schütz und Luckmann (2003):

> *Jeder Schritt meiner Auslegung der Welt beruht jeweils auf einem Vorrat früherer Erfahrung: sowohl meiner eigenen unmittelbaren Erfahrungen als auch solcher Erfahrungen, die mir von meinen Mitmenschen, vor allem meinen Eltern, Lehrern usw. übermittelt wurden. All diese mitgeteilten und unmittelbaren Erfahrungen schließen sich zu einer gewissen Einheit in der Form eines Wissensvorrats zusammen, der mir als Bezugsschema für den jeweiligen Schritt meiner Weltauslegung dient. (Schütz & Luckmann, 2003, S. 33)*

Schütz und Luckmann (2003, S. 35) führen an, dass das entsprechende Bezugsschema, welches Gruppenerfahrungen und eigene unmittelbare Erfahrungen einschließt, bei jeder neuen unmittelbaren Erfahrung auf die Probe gestellt und gegebenenfalls neu ausgelegt wird. Sie legen dabei ein Verständnis zu Grunde, dass die Lebenswelt gewisse intersubjektive Schnittpunkte beinhaltet, welche unterschiedlich individuell erlebt werden. Schütz und Luckmann (2003) setzen dementsprechend bei der Auseinandersetzung mit der Begrifflichkeit einen anderen Schwerpunkt, indem sie die soziale Komponente bestärken. Zwar sehen sie den Begriff der Lebenswelt ähnlich wie Husserl subjektiv orientiert, jedoch stellen sie heraus, dass die Lebenswelt keineswegs eine „Privatwelt" (Schütz & Luckmann, 2003, S. 30) ist. Die Lebenswelt sei „intersubjektiv; die Grundstrukturen der

Wirklichkeit ist uns gemeinsam“ (Schütz & Luckmann, 2003, S. 30), da ein gemeinsamer Interpretationsrahmen der Dinge in der Welt vorliegt und wir in ständiger Interaktion mit unseren Mitmenschen stehen. Durch unser Handeln verändern wir die Gegebenheiten und wirken somit auf die Lebenswelt ein. In ihren Überlegungen bezüglich der Strukturen der Lebenswelt fassen Schütz und Luckmann (2003) zusammen, dass die „alltägliche Lebenswelt sowohl die kulturelle Sinnschicht, die physische Objekte erst zu Gegenständen der naiven Erfahrung macht, als auch die alltägliche Sozialwelt“ (Schütz & Luckmann, 2003, S. 53) umfasst. Allerdings stellen sie fest, dass die Aufgliederung nicht ausreicht, um die Lebenswelt zu beschreiben:

> *Der Mensch versinkt in Schlaf, Tag für Tag; er gibt die alltägliche natürliche Einstellung[11] auf, um in fiktive Welten, ins Phantasieren zu verfallen. Er vermag den Alltag vermittels von Symbolen zu transzendieren. Schließlich, als Sonderfall, mag er bewußt aus der natürlichen Einstellung hinüberwechseln. (Schütz & Luckmann, 2003, S. 53)*

Durch die Ausführungen wird besonders das Potenzial hinsichtlich der individuellen Auslegung von Topoi deutlich, obwohl diese intersubjektiv anschlussfähig sind. In diesem Sinne soll es bei individuellen Kompositionsprozessen zu einem Topos innerhalb dieser Arbeit darum gehen, „konkrete lebensweltliche Erfahrungen ein[zu]fangen und sie zugleich [individuell] in einer großen Breite von Varianten, Alternativen, Individuierungen [zu] entfalten“ (Richter, 1993, S. 25) und im Zuge dessen musikalisch auszudrücken. Die Lebensweltorientierung und die Zieldimension des musikalischen Ausdrucks gehen in diesem Zusammenhang Hand in Hand. Die Idee ist, dass musikalischer Ausdruck, der auf individuellen Erfahrungen der Schüler*innen beruht bzw. diese darstellt oder ausdrückt, einen Lebensweltbezug impliziert. Die Schüler*innen machen dementsprechend Inhalte ihrer Lebenswelt zur Grundlage ihrer Komposition.

Als Ausgangspunkt für Gruppenkompositionsprozesse ist bereits der Topos *Kälte* erprobt, der sich nach Richter (1993) in die Kategorie der ‚Lebenserscheinung‘ einordnen lässt. Schneider (1995) nutzte in seinem

[11] „In der natürlichen Einstellung finde ich mich immer in einer Welt, die für mich fraglos und selbstverständlich ‚wirklich‘ ist.“ (Schütz & Luckmann, 2003, S. 30)

didaktischen Beitrag diese – wie er sie beschreibt – ‚Grunderfahrung' *Kälte* als einen „Ort lebensweltlicher Gemeinsamkeit [...], an dem die unterschiedlichen Erfahrungswege der einzelnen sich begegnen können" (S. 27). Als Grundlage für die Gestaltungsarbeit diente den Schüler*innen ein gemeinsam im Klassenverband erstelltes Assoziationscluster. Die Clustering-Methode (Rico, 1984) sollte dazu beitragen, dass „jeder einzelne seine Ideen und Vorstellungen zur Kältethematik und seine Erinnerungen zur Kälteerfahrung frei entfalten und ungestört durch Bewertungen, Deutungen oder kognitiven Ordnungsvorgängen zur Sprache bringen" (Schneider, 1995, S. 27) kann. Durch die in Worten und kurzen Sätzen verschriftlichten Ideen und Vorstellungen, welche miteinander verbunden werden können, entsteht ein Netz um das Kernthema, und Assoziationsketten werden sichtbar. Das kollektive Assoziationscluster speiste sich aus individuellen Aufzeichnungen der Schüler*innen. Dabei konnten diese selbst entscheiden, welche Ideen in die gemeinsame Sammlung einfließen und welche hingegen privat bleiben sollten.

Nach Schneider (1995) wurde bei der Betrachtung des Assoziationsclusters, welches eine elfte Klasse erstellte, deutlich, dass die dargestellten Gedankenstränge sowohl angebunden waren an „lebensgeschichtlich erworbene Vorstellungen" (S. 27) als auch „typische Muster" (S. 27) aktivierten. Es lässt sich also ein Konglomerat zwischen individuellen und intersubjektiven Ausdeutungen feststellen, welche sich in weitere Facetten gliedern:

- *Entwurf von Gegenwelten (Wärme)*
- *Beschreibung von Bildern oder Naturphänomenen*
- *[Notation] von Wissensbeständen über Gefühle und über Begleitumstände, die diese ausgelöst haben oder auslösen können*
- *Selbsterlebte Alltagssituationen*
- *Beispiele aus Film, Literatur, Kunst oder Musik, die die Kälte-Metapher ansprechen (Schneider, 1995, S. 27)*

Genau genommen stellen diese Darstellungen aber nur ein verbalisiertes Abbild der Assoziationen bzw. des Assoziierten dar, weshalb Schneider (1995) auch von „Verbalcluster[n]" (S. 28) spricht. Die dahinterliegenden Assoziationen, welche als Grundlage für den Kompositionsprozess fungieren, erscheinen wesentlich komplexer. Da dieses Bindeglied zwischen Topos und musikalischem Material einen entscheidenden Stellenwert im Kompositionsprozess zu einem Topos einnimmt und auch eine Grundlage darstellt, wie sich dieser entwickelt, wird im Folgenden die Begrifflichkeit ‚Assoziation' und das dahinterliegende Verständnis näher betrachtet.

## 4.2 Assoziationen – Bindeglied zwischen Topos und Komposition

Das folgende Kapitel hat nicht den Anspruch, das komplexe Verständnis von Assoziationen allumfassend aufzuarbeiten. Vielmehr soll es Assoziationen als Grundlage für musikalisches Material und als Bindeglied zwischen dem Topos und dem Kompositionsprodukt verständlicher machen. Als Assoziation bezeichnen Tewes und Wildgrube (1999) einen „Vorgang des Erinnerns [...] und Bewußtwerdens" (S. 37). Dieser vollzieht sich, indem Gedanken, Vorstellungen, Erinnerungen, Ideen oder Gefühle miteinander verknüpft werden und „das Auftreten des einen das Bewusstwerden des anderen (mit ihm Assoziierten) nach sich zieht oder wenigstens begünstigt" (Engelkamp, 2013, S. 202). Myers (2014b) sieht unsere gesamten Erinnerungen „durch ein Netz von Assoziationen im Speicher gehalten, jede Informationseinheit ist über Zwischenverbindungen mit anderen verbunden" (S. 345). Ähnlich bezeichnet Benedek (2009) Assoziationen als „Verknüpfungen von Gedächtnisinhalten" (S. 10), die „Grundlage aller Lern- und Abrufprozesse dar[stellen] und [...] somit an praktisch allen Prozessen der Informationsverarbeitung beteiligt" (Benedek, 2009, S. 10f.) sind. Diese Zwischenverbindungen entstehen entweder bewusst durch eine gezielte Aufmerksamkeit oder in unbewussten Vorgängen durch beispielsweise operante oder klassische Konditionierung (Myers, 2014b). Theorien aus der Philosophie und der Assoziationspsychologie geben Aufschluss über die Gründe für die Stärke der Verbindungen – also die Wahrscheinlichkeit, dass Assoziationen auftreten bzw. vollzogen werden.

### *4.2.1 Assoziationsstärken*

Nach Aristoteles (2004, S. 11–20) ist die Assoziationsstärke abhängig von dem Zusammenhang des Assoziierten in Raum und Zeit (Sofa – Kissen), der semantischen Ähnlichkeit (Stuhl – Liege) sowie dem Kontrast der Inhalte (weich – hart). Locke knüpft an diese Gedanken an, indem er in der

‚raumzeitlichen Nähe' auch die vorwiegende Ursache für diese sieht (Strube, 1984). Darüber hinaus ist er der Meinung, dass es aber auch eine „rationale, ‚natürliche' Korrespondenz der Vorstellungen" (Strube, 1984, S. 3) gebe. Die Kontiguität in Raum oder Zeit ist neben der Ähnlichkeit der gedanklichen Inhalte auch für Hume ein Grund für das Entstehen von Assoziationen (Strube, 1984, S. 3). Außerdem nennt er als weitere Begründung „Cause and Effekt" (Hume, 1739, § 1.4, zit. nach Strube, 1984, S. 3) – also den Zusammenhang zwischen Ursache und Wirkung. Ich assoziiere zum Beispiel „eine Verletzung mit Schmerz, da ich erfahren habe, dass jene Ursache diese Wirkung hervorruft" (Janczik, 2022, S. 110). Eine weitere spezifischere Aufschlüsselung der Bedingungen für das Bilden von Assoziationen vollzog Brown, der Aristoteles' primäre Assoziationsgesetze durch sekundäre Assoziationsgesetze erweiterte:

> *1. Die Dauer des ursprünglichen Eindrucks,*
>
> *2. seine Lebhaftigkeit[/Intensität],*
>
> *3. die Häufigkeit seiner Wiederholung,*
>
> *4. seine Frische[/Unmittelbarkeit],*
>
> *5. das Fehlen konkurrierender Eindrücke [/ d. h. ausschließliche, unvermischte assoziative Verbindungen haben eine große Assoziationsstärke],*
>
> *6. konstitutionelle Unterschiede [/Anlage] der Eindrucksempfänger,*
>
> *7. deren jeweilige Gemütslage,*
>
> *8. deren körperlichen Zustand und*
>
> *9. deren Lebensgewohnheiten. (Hofstätter, 1957, S. 24)*

Brown fokussiert hierbei die Erfahrungen des Individuums als Ursache für Assoziationen. Dies stellen auch Nelson, McEvoy und Dennis (2000) heraus: „the same response can be represented at different strengths depending on their experience. For example, those prone to substance abuse should be prone to differentially selecting meanings of drug-related words that reflect their experience" (S. 896). Darüber hinaus halten sie fest, dass nicht nur der Moment bzw. die Phase der Assoziationsentstehung relevant für die Wiedergabe von Assoziationen ist, sondern auch der Moment der Wiedergabe: „For a given individual, strength can vary from moment to moment“ (Nelson, McEvoy & Dennis, 2000, S. 896).

Untersuchungen zu Assoziationsstärken erfolgen meist in Bezug auf freies, diskontinuierliches Assoziieren. Die Proband*innen erhalten eine Wörterliste und „werden aufgefordert zu jedem Begriff lediglich ihre erste Assoziation zu nennen“ (Benedek, 2009, S. 14). [12] Als Grundlage dient beispielsweise der *Kent-Rosanoff Word Association Test* (Kent & Rosanoff, 1910), der 100 englische Wörter als Assoziationsstimulus beinhaltet wie zum Beispiel ‚table‘ oder ‚dark‘. Dieser wurde auch in deutsche Sprache adaptiert und mit einer Normstichprobe von 331 Studierenden durchgeführt. Der Begriff ‚Tisch‘ wurde von den meisten Proband*innen mit ‚Stuhl‘ assoziiert (29 %). Das Verb ‚essen‘ wurde am vierthäufigsten auf das Wort ‚Tisch‘ erwidert (20 %), wohingegen nur 0,3 % die dazugehörige Assoziation ‚eckig‘ nannten.[13] In diesem Beispiel scheint die Ähnlichkeit bzw. die Kontiguität in Raum und Zeit zwischen den Objekten entscheidend für die Assoziationsstärke zu sein. Bei dem Begriff ‚dunkel‘ allerdings ist der *Kontrast der Inhalte* vorherrschend. So assoziierten 44 % der Proband*innen mit dem Begriff ‚dunkel‘ ‚hell(e)‘ (Russell, 1970).

Um Erkenntnisse über sogenannte Assoziations*verläufe* zu erlangen, wurden die Proband*innen hingegen aufgefordert, nicht nur eine einzige Antwort auf einen Begriff zu geben, sondern über einen gewissen Zeitraum eine fortlaufende Reihung zu assoziieren (Strube 1984; Jenkins, Mink & Russell, 1958). Die hauptsächlichen Erkenntnisinteressen der durchgeführten Studien lagen in formalen Aspekten wie Zeitverläufen bzw. Abständen und inhaltlichen Aspekten wie semantischen Zusammenhängen zwischen den Antworten. Um ein Verständnis für die zu untersuchenden individuellen Kompositionsprozesse zu erhalten, sind die Erkenntnisse bezüglich Letzterem relevant. Nach Strube (vgl. u. a. 1984, S. 66f.) vollziehen sich Strukturierungen von Assoziationen in Form von inhaltlich zusammenhängenden Clustern. Diese stehen häufig in Verbindung mit situativen Kontexten. So schildert er zum Beispiel folgendes Cluster, welches aus dem Stimulus *Schaf* resultiert: „Almen, Berge, Himmel, Schafwolken“ (Strube,

[12] In manchen Studien wird auch eine zweite Assoziation aus Reliabilitätsgründen gewünscht (vgl. z. B. Nelson, McEvoy & Dennis, 2000).

[13] Für die vollständige Liste s. Russell (1970, S. 57).

1984, S. 68). Strube (1984) interpretiert hierbei eine bildliche Szene als assoziative Verbindung. Zudem erkannte er in einigen weiteren Wortpaaren Synonyme. Allerdings können weder bei den Untersuchungen zu den Assoziationsstärken noch bei den Assoziationsverläufen mit Bestimmtheit die Ursachen für die Assoziationen genannt und somit auch nicht festgestellt werden, in welcher Form assoziierte Inhalte eingebettet sind bzw. vorliegen. Erkenntnisse darüber würden jedoch zum Verständnis der individuellen Kompositionsprozesse beitragen, da die Modalitäten der assoziierten Inhalte entscheidend für die möglichen Anknüpfungspunkte des Kompositionsprodukts scheinen, weshalb nun eine genauere Betrachtung dieser Modalitäten erfolgt.

#### *4.2.2 Die Bildung von Assoziationen und die Modalität der assoziierten Inhalte*

Nach Strube (1984) können Assoziationen beispielsweise in Folge von episodischen Erinnerungen gebildet werden. Dementsprechend beinhalten diese eine konkrete bildliche Gestalt und nicht *nur* eine Begriffshülse. So bezieht sich Strube (1984) auf eine frühe Studie von Ziehen (1898), in der der Neurologe die Vorstellungen und Assoziationen von 45 Schüler*innen im Alter von 8–14 Jahren untersuchte. Ein neunjähriger Schüler erläuterte in einer Nachbefragung im Rahmen der Studie die Gründe für seine Assoziationen wie folgt:

> *rot* — *Buch (dachte an ein rot eingebundenes Buch über den Krieg 70/71)*
>
> *Baum* — *Obst (dachte an den Apfelbaum auf dem Spielplatz)*
>
> *Asche* — *Haufen (dachte an den Aschehaufen bei einem vor kurzem stattgehabten Hausbrand in der Nachbarschaft)*
>
> *Axt* — *Holz (dachte an die Axt und das Holz zuhause)*
>
> *Bach* — *Kahn (dachte an ein Kahnspielzeug, mit dem er 1895 auf einem bestimmten Bach, dem sog. Ziegelmühlenbach gespielt hat) (Ziehen, 1898, S. 33)*

Strube (1984) stellt heraus, dass sich die Schilderungen „wie in den meisten der von Ziehen angeführten Beispiele [...] [auf] ausgesprochen konkrete Objekte und Ereignisse“ (S. 63) beziehen und somit seien die aufgeführten Gedächtnisinhalte „ausdrücklich episodischen [Hervorhebung im Original] Charakters“ (Strube, 1984, S. 63). Damit einher geht, dass auf Inhalte, die an kein konkretes Ereignis gekoppelt und Teil des semantischen Gedächtnisses sind, bei den geschilderten Assoziationen nicht zurückgegriffen wurde. Strube (1984) macht zwar deutlich, dass diese Aufzeichnungen kein Beweis für das Bedienen bei Assoziationen an episodischen Gedächtnisinhalten sind, da bei den Untersuchungen durch das hierarchische Verhältnis zwischen Versuchsleiter und Proband*in, das Antwortverhalten wahrscheinlich beeinflusst worden ist. Er sieht dies aber als „begründete Vermutung“ (Strube, 1984, S. 64), welche er nachfolgend durch seine eigene Untersuchung bestärkt. Folglich hält Strube (1984) fest, dass das „Assoziieren besonders von episodischem Wissen Gebrauch macht“ (S. 77).

Im Sinne der Literatur zur kognitiven Gedächtnisforschung nimmt Strube in diesen Ausführungen auf Speichersysteme des deklarativen Gedächtnisses Bezug (Strobach, 2020). Die Struktur des Langzeitgedächtnisses unterteilt sich demnach in deklaratives (explizit) und nichtdeklaratives Gedächtnis (implizit).[14] Im deklarativen Gedächtnis werden Inhalte gespeichert, die uns bewusst sind. Hierzu gehören konkrete Ereignisse, die im episodischen Gedächtnis gespeichert werden und untereinander verknüpftes Faktenwissen, welches im semantischen Gedächtnis zusammengeführt ist. Das nichtdeklarative Gedächtnis – auch implizites Gedächtnis genannt – erfasst hingegen Inhalte, die uns nicht bewusst sind, wie beispielsweise automatisierte Verhaltensweisen, Habituationen und Informationen zur Wiedererkennung von Mustern bzw. Gestalten. Die Verortung des Assoziierens im episodischen Gedächtnis impliziert auch eine Fülle von möglichen Assoziationen zu den Erfahrungsbegriffen. So wäre es denkbar, dass ein

[14] Die hier aufgeführte Unterteilung orientiert sich an Strobach (2020), der in der Tradition von Markowitsch (1992), Squire (1987) und Tulving (1972) argumentiert. Eine weitere, in Fachliteratur vorgeschlagene Typisierung beinhaltet darüber hinaus das perzeptive bzw. perzeptuelle Gedächtnis, welches „Gestalt- und Strukturinformationen über die Wahrnehmungswelt“ (Maderthaner, 2008, S. 228) behält, als eigene Oberkategorie. Dieses ist jedoch in der vorgeschlagenen Aufteilung im nichtdeklarativen Gedächtnis enthalten.

Individuum den Topos *Kälte*, aufgrund eines Schneespaziergangs, den es erlebt hat, mit Bäumen assoziiert. Allerdings könnte dieses auch eine Verbindung zu Wasser ziehen, da es sich erinnert, dass Eis, welches es als kalt erlebt[15] hat, schmilzt und zu Wasser wird. Eine weitere Option wäre beispielsweise die Assoziation mit einem unangenehmen Gefühl, da dies bei dem Individuum situativ konditioniert ist.

Neben der Modalität der assoziierten Inhalte ist auch die Modalität der Speicherung und des Abrufens der Gedächtnisinhalte für Kompositionsprozesse zu Assoziationen relevant, da diese Einblicke in die Möglichkeiten für Bezugnahmen von musikalischem Material auf Assoziationen geben. Konkret gesagt: In welcher Form liegt mir beispielsweise die Erinnerung an den oben genannten Schneespaziergang vor und worauf kann sich meine musikalische Umsetzung dahin gehend beziehen?

Die Modalität der Gedächtnisinhalte steht in engem Zusammenhang mit der Encodierung – also der Übersetzung der Umweltreize in eine mentale Repräsentation. Über einen langen Zeitraum waren in der Kognitionspsychologie die deskriptiven Theorien bzw. Theorien der propositionalen Repräsentation verbreitet. Diese beinhalten die Annahme, dass „der Mensch lediglich über ein einheitliches Gedächtnis für verbale und nonverbale Reize verfüge" (Langner, 2003, S. 45) und „Menschen ausschließlich verbal denken und fühlen" (Langner, 2003, S. 45). Folglich beständen auch assoziative Verbindungen ausschließlich aus Verbalinhalten und somit wäre diese Modalität die Grundlage für das musikalische Material. Allerdings erfolgte diesbezüglich zunehmend Kritik und die Auffassung nahm zu, dass „visuelle Reize nicht nur verbal, sondern auch bildlich-analog repräsentiert werden" (Langner, 2003, S. 45). Dementsprechend bestehen in der daraus resultierenden Theorie der dualen Codierung (vgl. u. a. Paivio, 1991) zwei Gedankensysteme, die die genannten Aspekte miteinander verbinden. Engelkamp (1991) erweitert diese Theorie und geht in seinem multimodalen Gedächtnismodell von weiter ausdifferenzierten Subsystemen aus, die jegliche Sinne betreffen, wie beispielsweise olfaktorisch-nonverbal, visuell-verbal etc. Zudem sieht er Erinnerungen an Objekte wiederum an Ereignisse und deren multimodales sinnliches Erleben gekoppelt:

---

[15] Das Erleben kann hierbei sowohl primär durch eigene Erfahrungen als auch sekundär charakterisiert werden (s. o.). Folglich ist es auch denkbar, dass mir nur erzählt wurde, dass Eis schmilzt und somit zu Wasser wird.

> *Wenn wir uns erinnern an einem bestimmten Ort einen bestimmten Hund gesehen zu haben, dann erinnern wir uns nicht an eine bedeutungslose Form, sondern an ein konzeptuelles Ereignis, nämlich einen Hund gesehen zu haben. Aber wir erinnern uns an mehr, zum Beispiel daran, wie der Hund aussah, aus welcher Perspektive wir ihn gesehen haben usw. Das bedeutet, explizite episodische Erinnerung zielt auf Konzepte, die sensorisch-episodisch konkretisiert sind. (Engelkamp, 1998, S. 231)*

Nach Engelkamp (1998) können assoziierte Inhalte somit durch jegliche Sinnesmodalität geprägt und in ihrer Art vielfältig sein. Es ist also naheliegend, dass auch in Schneiders (1995) geschildertem Beispiel zum Topos *Kälte* die Assoziationen bzw. die assoziierten Inhalte der Schüler*innen hinter den Begriffen im Assoziationscluster facettenreich sind. Umso interessanter ist die Frage, wie die Schüler*innen diese in musikalisches Material überführen.

### *4.2.3 Umwandlung von Assoziationen in musikalisches Material*

Schneider (1995) selbst gibt hierauf vereinzelt Antwort. Er schildert, dass im Plenum Strategien herausgearbeitet wurden, assoziierte Inhalte wie „Gefühle von Einsamkeit, Erstarrung, Angst, Trostlosigkeit" (Schneider, 1995, S. 28) musikalisch umzusetzen, da sonst, so Schneider (1995), die kreativen Prozesse „in bloßer Spontaneität steckenbleiben [...] [und nicht] zu einem ausgearbeiteten Ergebnis gelangen" (S. 28). Die Schüler*innen hatten die Vorstellung, die davon ausgehende Musik müsse „von lang gehaltenen und starren Klängen bestimmt werden, eine äußerst geringe oder aber mechanische Bewegung haben, den Klang von leeren Quinten und geräuschreichen Tönen, von Clustern und von Dreiklängen aufnehmen, die ins Leere laufen" (Schneider, 1995, S. 28). In der klanglichen Umsetzung wandten sie dafür ungewöhnliche Spieltechniken an und nutzten neben traditionellen Instrumenten auch Weingläser zur Klangerzeugung. Schneiders (1995) Beschreibungen der einzelnen Etappen des geleiteten Gruppenprozesses geben zusammenfassend Einblicke sowohl in kollektive Umwandlungsideen einzelner assoziierter Inhalte als auch in ihre konkrete Umsetzung. Wie sich die Entwicklung von den Assoziationen zu den musikalischen Ideen – inklusive der Beweggründe der Schüler*innen – vollzogen hat und welche Verbindungen zwischen assoziierten Inhalten und musikalischem Material zugrunde liegen, bleibt allerdings unklar. Zudem ist fraglich, inwiefern von diesem strukturierten Gruppenprozess Rückschlüsse auf die anvisierten Einzelkompositionen vollzogen werden können.

Weitere Aufschlüsse bezüglich der Umwandlung assoziierter Inhalte in musikalisches Material gibt die Untersuchung von Kranefeld (2008a, 2008b, 2008c), auch wenn sich diese auf Gruppenkompositionsprozesse zu einem Bild bezieht und sich somit in der Sozialform und dem Ausgangspunkt von den im Rahmen dieser Arbeit zu untersuchenden Kompositionsprozessen unterscheidet. So assoziiert beispielsweise eine Schüler*innengruppe im Kompositionsprozess zur Malerei *Rocca* von Emil Schumacher eine Höhlenmalerei, die eine Jagd darstellt, welche die Gruppe daraufhin vertont. Die Assoziation mit einer Jagd eines Menschen auf ein Tier bzw. die Jagd eines Tieres auf einen Menschen, gibt der Gruppe Anhaltspunkte bezüglich der Struktur des Stücks. Folglich stellt der Ablauf der Narration die Verbindung zwischen Assoziiertem und Musik für die Schüler*innen dar. Inwiefern sie dies konkret musikalisch umsetzen, wird durch Kranefelds (2008b) Ausführungen allerdings nicht deutlich.

Die Musikpädagogin beschreibt nur, dass die Gruppe ihre Komposition mit Perkussionsinstrumenten umsetzt. Die Wahl des Instrumentariums vollziehen die Schüler*innen allerdings nicht aufgrund ihrer Assoziationen, sondern sie begründen den Nutzen der Instrumente erst im Nachhinein mit der assoziierten Höhlenmalerei. Die möglicherweise eher zufällige Auswahl wurde im Laufe des Prozesses somit an die assoziierten Inhalte rückgebunden. Kranefeld (2008b) schildert in diesem Zusammenhang eine Verselbstständigung des Prozesses auf rein musikalischer Ebene ohne zwischenzeitliche Bezüge zu der Assoziation: „Die Gestaltung des Ablaufs basiert vor allem auf Fragen, wer auf welchem Schlag spielt, wie oft Formteile wiederholt werden, wer beginnt, wer wann hinzukommt“ (S. 87).

Eine weitere Gruppe assoziiert anhand des Gemäldes ein trauriges Gesicht, welches in traurige Musik umgesetzt wird. Die Schüler*innen setzen dies durch „eine getragene, klagende Melodie in Moll“ (Kranefeld, 2008b, S. 91) um. Dementsprechend nutzt die Gruppe eine assoziierte Stimmung als Verbindung zwischen Bild und Musik. Die musikalische Umsetzung erfolgt durch kulturell tradierte musikalische Ausdrucksaspekte.

Eine dritte Gruppe stellte sich in Bezug auf die Malerei ein Satellitenbild der Berliner Mauer vor und vertont diese Assoziation durch das Lied *Hurra* von den Ärzten, welches die Wende thematisiert. Die Umwandlung des assoziierten Inhalts erfolgt somit durch ein musikalisches Zitat.[16] Zudem wird bei näherer Betrachtung deutlich, dass die Schüler*innen eine Assoziationskette vollzogen haben, um zum musikalischen Material zu gelangen: Das Gemälde wird mit der Berliner Mauer assoziiert – die Berliner Mauer wird mit der Wende assoziiert – die Wende wird mit dem Lied der Ärzte assoziiert – das Lied wird nachgeahmt und somit die Assoziation in Musik übersetzt. Auch wenn diese lineare Abfolge nicht so stringent verlaufen ist, wird hierdurch die Flexibilität von Assoziationen im Kompositionsprozess deutlich. Einer Umsetzung in musikalisches Material kann eine mehrfache Veränderung einer Assoziation vorweggehen.

Erkenntnisse über Umwandlungsprozesse von Assoziationen in musikalisches Material bei Einzelkompositionen von professionellen Komponist*innen liefert die Studie von Katz und Gardner (2012). Sie beschreiben, dass die Prozesse von Komponist*innen, die sich von außermusikalischem Material inspirieren lassen (s. Kap. 3: Beyond-Domain-Prozesse), durch Assoziationen geprägt sind, welche die Komponist*innen in Musik umwandeln. Katz und Gardner (2012) stellen dabei konkrete Bezüge der Komponist*innen auf Assoziiertes durch Inhalte ihrer Komposition dar.

Der Komponist Ken Ueno nahm in seinem Stück *Kaze-no-Oka* Bezug auf Grabbauten des japanischen Architekten Fumihiko Maki: „Embodied in the structures [too] was an irresolvable tension between multiplicities . . . the buildings can be seen as separate as well as belonging to the same complex; they are individual and together at the same time“ (Ueno, 2006, zit. nach Katz & Gardner 2012, S. 116).

Ueno assoziierte einen gewissen Dualismus durch die Gebäude, der sich sowohl auf die Gebäude untereinander als auch deren individuelle Bauweise bezog. Er machte unter anderem den Kontrast zwischen der zeitgenössischen Architektur und dem antiken Boden zum Bezugspunkt seiner musikalischen Arbeit. Strukturell untermalt Ueno diesen, indem der Hauptteil des Stücks von der Kadenz der übrigen Komposition abweicht. Zudem heben sich die klaren, „luftigen“ (Katz & Gardner, 2012, S. 118, Übers. L. J.) Holzbläser Shakuhachi von den „erdigen“ (Katz & Gardner, 2012, S. 118, Übers. L. J.) Klängen der Biwa (japanische Laute) ab. Der

[16] Eine ähnliche Vorgehensweise konnte Kranefeld (2008a) bei einer weiteren Gruppe rekonstruieren, die durch das Bild einen Fisch am Angelhaken assoziierte und deshalb zu Chopins *Trauermarsch* improvisierte.

assoziierte Dualismus wurde von Ueno also sowohl in der Instrumentierung, welche auch die Klangcharakteristik betrifft als auch in der Struktur des Stücks umgesetzt (vgl. Katz & Gardner, 2012, S. 118).

Deutlich werden Aspekte der Umwandlung auch bei den Darstellungen durch Katz und Gardner (2012) über die Komposition *The Sea of Japan* von Liang. Der Komponist gab an, dass sein Werk aus der Vorstellung entstammte, wie seine Großmutter in die vereinigten Staaten mit einem Flugzeug reist, welches über dem Meer einen Bogen spannt. Die Assoziation dieses Bogens setzte Liang durch aufsteigende und absteigende Skalen, die zudem durch Crescendi und Decrescdendi begleitet wurden, musikalisch um. Folglich bezog sich die Umwandlung sowohl auf die Tonfolgen als auch die Dynamik des Stücks (vgl. Katz & Gardner, 2012, S. 119).

## 5. Zusammenfassung und Feststellung des Desiderats

Die vorangegangenen Kapitel haben sowohl (individuelle) Kompositionsprozesse im Allgemeinen als auch speziell Kompositionsprozesse zu einem Topos fokussiert, da dieser Ausgangspunkt für individuelle Kompositionsprozesse als besonders geeignet angesehen wurde (vgl. Kap. 3 & 4). In diesem Zusammenhang wurde besonders der Stellenwert von Assoziationen in diesen Prozessen herausgestellt und deren Umwandlung in musikalisches Material als zentrales Element ausgemacht, welches somit auch näher beleuchtet wurde. Darüber hinaus wurden Untersuchungen zu Gruppenkompositionsprozesse im Kontext des Musikunterrichts herangezogen, um weitere Einblicke in Kompositionsprozesse von Schüler*innen zu erhalten. Aus den Auseinandersetzungen resultieren wichtige Erkenntnisse sowohl für die angestrebte Konzeption der Unterrichtsreihe als auch für das Forschungsanliegen. Diese werden im Folgenden zusammengefasst, um nochmals konkrete Anknüpfungspunkte zu forcieren.

Die Untersuchungen von unter anderem Sloboda (1985), Bennet (1976) und Kratus (1989) zeigen, dass sich sowohl bei professionellen Komponist*innen als auch bei Schüler*innen einige übergreifende Aspekte bzw. Phasen von individuellen Kompositionsprozessen festhalten lassen. Durch die Darstellungen von Bahle (1938) und Holtz (2009) wird deutlich, dass die Arbeitsweisen von professionellen Komponist*innen und deren Prioritäten bzw. Präferenzen beim Kompositionsprodukt durch Individualität und Differenz geprägt sind. Dass die Vorgehensweisen in Kompositionsprozessen bzw. die Kompositionswege auch bei Schüler*innen unterschiedlich sind, zeigt die Metastudie von Burnard & Younker (2002). Im englischsprachigen Raum wird der Kompositionsprozess sowohl von professionellen Komponist*innen als auch von Schüler*innen überwiegend als Prozess des Problemlösens gesehen (vgl. Studien in Kap. 3, die sich an die Modelle von Wallas [1926] bzw. Webster [2003] anlehnen), in dem das übergeordnete Ziel – die Erstellung eines Kompositionsprodukts – durch das Lösen mehrerer untergeordneter Probleme erreicht wird (u. a. Collins, 2005).

Sowohl die Untersuchungen von Katz und Gardner (2012) als auch von Mountain (2001) geben Aufschluss über die Inspiration bzw. die zentralen Ideen für ein Kompositionsprodukt von professionellen Komponist*innen. Diese können sowohl innermusikalisch als auch außermusikalisch sein und werden im Wechselspiel von intuitiven und reflexiven Denkweisen weiterentwickelt (Pohjannoro, 2014). Kranefeld (2008a) und Buchborn (2021) konnten zeigen, dass Schüler*innen beim Komponieren auf Versatzstücke zurückgreifen (vgl. Kap. 2). Dabei sind schulische Praxen wie das Erledigen der Aufgabe handlungsleitend (Theisohn, 2023).

Durch die Erkenntnisse der Untersuchungen von Burnard (1995) und Smith (2008) konnte ein Thema als geeigneter Ausgangspunkt für Kompositionsprozesse, die den individuellen Ausdruck der Schüler*innen forcieren, ausgemacht werden. Die Auseinandersetzungen mit der Topos-Didaktik und dem dabei angestrebten Lebensweltbezug machten deutlich, dass sogenannte „topische Stichwörter" bzw. „Erfahrungsbegriffe" (Ehrenforth, 1993) sowohl eine große Zugangsvarianz implizieren als auch sich trotzdem für eine individuelle Ausgestaltung anbieten. Die Ausführungen Schneiders (1995) zu einer Unterrichtseinheit, die das Komponieren zu einem solchen Topos – dem Topos *Kälte* – beinhaltet, machen den Stellenwert von Assoziation und der Umwandlung assoziierter Inhalte in musikalisches Material bei solchen Prozessen deutlich. Erkenntnisse aus dem Bereich der Kognitionspsychologie zeigen, dass bei Assoziationen zumeist auf das episodische Gedächtnis zurückgegriffen wird und die Inhalte multisensorisch gespeichert bzw. abgerufen werden können (Engelkamp, 1998). Dies bedeutet zum einen im Zuge der Kompositionsprozesse, dass die assoziierten Inhalte eine Fülle von Anknüpfungspunkten für die Umwandlung in musikalisches Material beinhalten. Zum anderen lassen die Erkenntnisse darauf schließen, dass die Schüler*innen beim Komponieren zu assoziierten Inhalten ihre eigenen Erfahrungen als Grundlage für das musikalische Material heranziehen. Dies scheint hinsichtlich der Zieldimension, den Schüler*innen einen Möglichkeitsraum für ihren individuellen Ausdruck zu bieten, wünschenswert und bestärkt die Wahl eines Topos, der individuelle Assoziationen auslösen kann, als Ausgangspunkt für die individuellen Kompositionsprozesse.

Über den konkreten Umwandlungsprozess der assoziierten Inhalte in musikalisches Material lassen sich aus Darstellungen zu Gruppenkompositionsprozessen (vgl. Schneider, 1995; Kranefeld, 2008a; 2008b; 2008c) sowie zu Kompositionsprozessen professioneller Komponist*innen (Katz & Gardner, 2012) einige Indizien zusammentragen. Allerdings können dadurch nur Vermutungen hinsichtlich der angestrebten individuellen Kompositionsprozesse getroffen werden, da dahin gehend nicht das primäre Forschungsinteresse der geschilderten Studien lag. Folglich weisen die Erkenntnisse bezüglich der Umwandlung assoziierter Inhalte in musikalisches Material einige Lücken auf. Da dies jedoch als ein zentraler Prozess der zu untersuchenden individuellen Kompositionen herausgestellt wurde, ist eine tiefere Auseinandersetzung mit diesen Leerstellen für ein Verständnis der Prozesse erforderlich.

Deshalb liegt in der Rekonstruktion der Umwandlungen ein Desiderat und somit das primäre Forschungsinteresse dieser Arbeit. Zumal die Untersuchung von Kranefeld (2008a; 2008b; 2008c) zeigt, dass Assoziationen nicht nur ein Bestandteil von Kompositionsprozessen zu einem Topos sind, sondern bei Kompositionsprozessen zu verschiedenen Impulsen eine Rolle spielen. Dementsprechend verspricht die Bearbeitung des Forschungsanliegens, dass auch weiterführende Erkenntnisse über den Ablauf von Kompositionsprozessen erlangt werden können.

Die Beforschung der Umwandlungsprozesse erfolgt im Rahmen einer dafür konzipierten Unterrichtsreihe. Diese wurde primär entwickelt, um die individuellen Kompositionsprozesse zu initiieren und somit dem Forschungsanliegen nachgehen zu können. Bei der Konzeption war das didaktische Interesse leitend, eine Möglichkeit zu schaffen, individuelle Kompositionsprozesse von Schüler*innen im Unterricht zu ermöglichen. Besonders im Fokus stand dabei das Ziel, den Schüler*innen Räume für ihren individuellen Ausdruck zu schaffen (vgl. Kap. 2).

# 6. Eine exemplarische Unterrichtsreihe zum individuellen Komponieren zum Topos *Kälte*

Im Zentrum der nachfolgenden Konzeption steht das Komponieren zum Topos *Kälte*. Der konkrete Ausgangspunkt wurde gewählt, da durch die Darstellungen Schneiders (1995) deutlich wurde, dass diese ‚Grunderfahrung‘ facettenreiche Zugänge impliziert (vgl. Kap. 4) und somit einen großen Möglichkeitsraum für den individuellen Ausdruck der Schüler*innen beinhaltet. Die didaktische Rahmung erfolgt unter Einbezug der vorherigen Ausführungen. Die Auseinandersetzungen münden am Ende des Kapitels in einer konkreten Darstellung der einzelnen Unterrichtsstunden. Als Grundlage werden im Folgenden zuerst einmal die zu berücksichtigende Spezifika des individuellen Komponierens im Unterricht herausgearbeitet.

## 6.1 Besonderheiten des individuellen Komponierens im Unterricht

Für eine Konzeption, die das individuelle Komponieren in den Mittelpunkt stellt, müssen gewisse Spezifika des individuellen Komponierens ausgearbeitet werden, um in der Planung darauf angemessen reagieren zu können. Der Unterschied hinsichtlich der Sozialform im Vergleich zu Gruppenkompositionsprozessen, die im Unterricht im deutschsprachigen Raum vorwiegend praktiziert werden (vgl. Kap. 1), umfasst einige weiterführende Aspekte, die in die Überlegungen mit einbezogen werden müssen.

Zuerst einmal offensichtlich erscheint der differente Möglichkeitsraum in Bezug auf die Exploration und Erprobung von Klängen, welche bei Kompositionsprozessen im Unterricht eine wichtige Rolle spielen (vgl. u. a. Reitinger, 2018, S. 9). In Gruppenkompositionsprozessen ist es durch das kollaborative Arbeiten möglich, auch mehrere Klänge gleichzeitig oder schnell nacheinander zu spielen und somit Klänge auch vor ihrer Finalisierung im Kompositionsprodukt zu explorieren. Die Erprobung solcher Gestaltungsmittel stellt bei individuellen Kompositionsprozessen eine Herausforderung dar, da das parallele oder lückenlose Abspielen von Klängen bzw. komplexeren Klangstrukturen unpraktikabel bis teilweise unmöglich ist. Daher fehlt den Schüler*innen in individuellen Kompositionsprozessen gegebenenfalls ein wichtiges kompositorisches Gestaltungselement – auch um ihre individuellen Vorstellungen musikalisch auszudrücken.

Für die Erprobung der Komposition ist zudem relevant, dass die Schüler*innen in der Lage sind, gewünschte Klänge zu erzeugen. Zu berücksichtigen ist dabei, dass die Schüler*innen sehr unterschiedliche Vorerfahrungen mitbringen (u. a. Kranefeld & Heberle, 2020). So haben manche vielleicht Instrumentalunterricht, können dementsprechend mit Noten umgehen oder haben sogar bereits Berührungen mit Prozessen des Musik-Erfindens gehabt. Andere hingegen spielen kein Instrument, aber bezeichnen das Hören von Musik als ihr Hobby. Wieder andere Schüler*innen haben möglicherweise Vorerfahrungen mit dem Umgang digitaler Musikproduktion beispielsweise durch DAWs[17] (Digital Audio Workstation). In Gruppenkompositionsprozessen können die Schüler*innen von den unterschiedlichen Vorerfahrungen ihrer Gruppenmitglieder profitieren – in individuellen Kompositionsprozessen sind die Schüler*innen allerdings auf sich allein gestellt. Dies ermöglicht jedoch auch, dass diese ihren individuellen Präferenzen und Schwerpunktsetzungen eigenständig nachgehen können, ohne diese in der Gruppe durchsetzen zu müssen. Dazu bedarf es einer geeigneten didaktischen Rahmung.

## 6.2 Didaktische Rahmung

Ein geeigneter Umgang mit individuellen Kompositionsprozessen im Unterricht impliziert somit einen Umgang mit Heterogenität. In diesem Zusammenhang sollten vorherrschende Erfahrungen und Kompetenzen der Schüler*innen berücksichtigt werden. Dies beinhaltet Offenheit in den Vorgaben – besonders unter Berücksichtigung der angestrebten Zieldimension, also der Ermöglichung des individuellen Ausdrucks durch Musik – aber auch Struktur, um Überforderungen entgegenzuwirken. Die vorangegangenen Ausführungen beinhalten die Auseinandersetzung mit drei zentralen Fragen:

[17] Als DAW (Digital Audio Workstation) bezeichnet man Softwares, die für die Aufnahme und Bearbeitung von Audiosequenzen gebraucht werden. Diese werden meist durch Schallwellen in einem zeitbasierten Raster visualisiert und somit der Weiterarbeit (z. B. Schneiden, Abmischen etc.) zugänglich gemacht.

1. Wie können in individuellen Kompositionsprozessen Möglichkeiten der parallelen bzw. komplexeren Klanggestaltung geschaffen werden?
2. Wie ist es möglich, den unterschiedlichen Vorerfahrungen der Schüler*innen gerecht zu werden und allen Schüler*innen einen adäquaten Umgang mit musikalischem Material zu ermöglichen?
3. Wie können die Prozesse offen gestaltet werden und trotzdem den Schüler*innen Struktur gegeben werden, damit diese nicht überfordert sind?

Im Folgenden werden in Bezug auf die erste Frage digitale Alternativen für das analoge Komponieren – genauer gesagt Apps für Kompositionsprozesse – als Lösungsansatz verfolgt. Anschließend wird unter Berücksichtigung der zweiten Frage das Musizieren mit Alltagsgegenständen als differenzsensible Möglichkeit thematisiert. Zum Abschluss wird das Portfolio als Begleitinstrument dargestellt, um den Schüler*innen in offenen Prozessen Struktur durch ihre eigenen Ideen zu geben.

### *6.2.1 Komponieren mithilfe von Apps zur Erprobung komplexer Klangstrukturen*

Das individuelle Komponieren bringt, wie oben ausgeführt, die Herausforderung mit sich, dass Klänge nicht gemeinsam erprobt und somit die Exploration komplexerer Klangstrukturen auf analoge Weise nicht möglich ist. Inzwischen gibt es jedoch ein vielfältiges Angebot von Apps und Softwares, die es ermöglichen, Klänge auf verschiedene Arten zu kombinieren und somit mit verschiedenen Klangkombinationen zu experimentieren. Durch die gegebene Vielfalt an Möglichkeiten auf dem Markt bedarf es einer Auseinandersetzung mit den konkreten Anforderungen an das digitale Tool für die Konzeption, um eine geeignete Auswahl treffen zu können.

Auf der Suche nach einer konkreten digitalen Plattform für das individuelle Komponieren im Unterricht standen Apps und nicht Softwares für Computer im Fokus, da mobile Endgeräte flexibler einsetzbar und somit auch im Schulkontext besser verfügbar sind. Zudem hat die Fokussierung auf Apps den Vorteil, dass die Schüler*innen, sofern es die schulinternen Richtlinien zulassen, auch ihre Handys für die Komposition nutzen könnten. Daraus resultierte ein wichtiges Kriterium für die Auswahl: Die App sollte plattformübergreifend nutzbar sein. Dies reduzierte die Auswahl der Apps, die für Kompositionsprozesse nutzbar sind, erheblich, denn die meisten Apps sind nur über ein Betriebssystem (IOS oder Android) verfügbar (Ahner, Hertsch, Heitinger & Flad, 2019). Außerdem war bei der Wahl der App die Praktikabilität zu berücksichtigen. Es wurde angestrebt, dass diese intuitiv nutzbar ist, damit keine umfangreiche Einführung und Übung der Bedienung nötig war. Es erschien sinnvoll, dass neben dem Aufnehmen bzw. Erstellen von Klängen auch deren Kombination und Bearbeitung in der App berücksichtigt wird.

Im Sinne der gesetzten, primär verfolgten Zieldimensionen war es für die Wahl der App zudem relevant, dass durch diese ein möglichst freier Gestaltungsspielraum gegeben ist, um den individuellen Ausdruck der Schüler*innen so wenig wie möglich zu begrenzen. Die musikalische Umsetzung der assoziierten Inhalte sollte dementsprechend so wenig wie möglich eingeschränkt sein, und zwar sowohl in Bezug auf strukturelle Aspekte wie beispielsweise die Vorgabe von Taktarten bzw. rhythmischen Strukturen als auch in Bezug auf die klangliche Ebene wie zum Beispiel die Instrumentenwahl oder mögliche komplexere Klangstrukturen.

Durch die nähere Betrachtung von einigen Apps wurde deutlich, dass die App *Pocket Composer*[18][19] weitreichend den genannten Kriterien entsprach und für die angestrebten individuellen Kompositionsprozesse am sinnvollsten erschien. Die App *Pocket Composer* ermöglicht das Aufnehmen, Bearbeiten und Kombinieren von Klängen mit Smartphones oder Tablets. Ahner, Hertsch, Heitinger und Flad (2019) stellen heraus, dass durch die App Kompositionsprodukte in kurzer Zeit erstellt werden können, „ohne

[18] https://apps.apple.com/de/app/pocketcomposer/id1372222855 (zuletzt geprüft am 24.07.2023)

[19] Die App Pocket Composer ist ca. zwei Jahre nach der Erhebung aus technischen Gründen (vorübergehend) eigestellt worden. Als Alternative für entsprechende Kompositionsprozesse wurde bereits die App GarageBand (https://apps.apple.com/de/app/garageband/id408709785) (zuletzt geprüft am 25.03.2024) im Unterricht erprobt. GarageBand ist zwar von den Funktionen und der Oberfläche komplexer als Pocket Composer, erwies sich jedoch auch als geeignet. Allerdings ist die App nur für IOS verfügbar. Eine browserbasierte Alternative stellt die Online-Audio-Workstation Soundtrap (https://www.soundtrap.com/de/musicmakers?gad_source=1) (zuletzt geprüft am 25.03.2024) dar.

die Kreativität der Nutzer durch technische Vorgaben einzuschränken“ (S. 43). Das Kompositionsprodukt entsteht, indem eine freie Oberfläche mit Boxen gefüllt wird, die einen erstellten bzw. aufgenommenen Klang oder Pausen beinhalten. Diese können sowohl bearbeitet als auch dupliziert und durch Verbindungen frei miteinander kombiniert werden. Dadurch werden von einem Startpunkt ‚Klangwege‘ gebaut, die nicht wie bei einer klassischen DAW Taktstrukturen unterliegen.

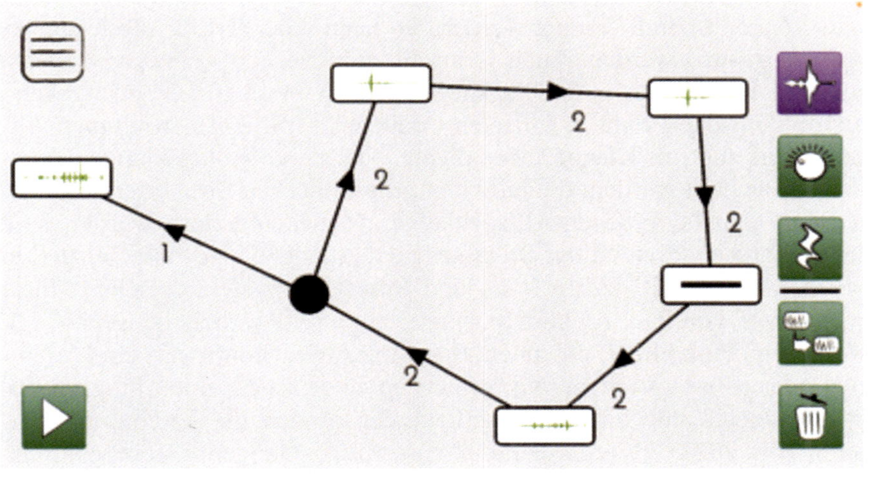

Abbildung 2: Screenshot der App Pocket Composer

Die Inhalte der Klangboxen können von den Schüler*innen individuell ausgestaltet werden. Neben den Klängen von traditionellen Instrumenten, besteht auch die Möglichkeit, Alltagsklänge einzusetzen. Dadurch wird den Schüler*innen eine voraussetzungsarme und somit differenzsensible Möglichkeit der Klanggestaltung ermöglicht (vgl. Frage 2).

### *6.2.2 Komponieren mit Alltagsklängen als differenzsensible Möglichkeit*

Alltagsklänge umfassen sowohl Klänge, die aktiv mit Alltagsgegenständen erzeugt werden, als auch Umweltklänge wie beispielsweise Naturklänge, die nicht vom Individuum selbst produziert werden. Der Vorteil von

Alltagsklängen gegenüber traditionellen Instrumenten liegt unter anderem in der Voraussetzungslosigkeit. Nach Voit (2021) eignen sich diese besonders für heterogene Lerngruppen, da keine instrumentalen Vorkenntnisse nötig sind und „alle gewissermaßen ‚bei Null‘ anfangen“ (Voit, 2021, S. 287). Dementsprechend scheint die Nutzung von Alltagsklängen besonders sinnvoll für die angestrebten individuellen Kompositionsprozesse. Zudem ergeben sich durch die Erweiterung des möglichen Instrumentariums auch neue Ausdrucksmöglichkeiten für die Schüler*innen. Ein weiterer Vorteil liegt zudem in der Verfügbarkeit. Alltagsklänge sind überall bzw. können überall erzeugt werden. So kann jeder Ort für die Klanggestaltung genutzt werden. Auch wenn die didaktischen Konzepte, die sich mit dem Musizieren mit Alltagsgegenständen beschäftigen, weitgehend auf rhythmische Produkte abzielen (Voit, 2021, S. 287), so können Alltagsklänge auch als Klangflächen dienen oder durch Alltagsklänge Klangcollagen erstellt werden, die teilweise arhythmischen Strukturen unterliegen. Die Genres, in denen Alltagsklänge in Stücken genutzt wurden, sind dementsprechend vielfältig. So lassen sich Alltagsklänge zum Beispiel in Neuer Musik (z. B. *Water Walk* von John Cage), elektronischer Musik (z. B. *Train* von Paul Kalkbrenner) oder auch im Psychedelic Rock (z. B. *Money* von Pink Floyd) erkennen. Ensembles wie ‚Stomp‘ aus Großbritannien oder ‚Six Drummers‘ aus Schweden zeigen, dass mit Alltagsgegenständen auch Kompositionen erstellt werden können, die der Popmusik ähneln (Voit, 2021). Es wird deutlich, dass Alltagsklänge im Kompositionsprozess differenzsensibel nutzbar, vielfältig einsetzbar und somit als Klangmaterial für die angestrebten individuellen Kompositionsprozesse geeignet sind. Allerdings geht dies mit einer gewissen Klangwahrnehmung und einem gewissen Verständnis des Musikbegriffs einher, für das die Schüler*innen sensibilisiert werden sollten.

Auch wenn im Gegensatz zum Gesehenen das Gehörte unabhängig vom Erzeuger vernommen werden kann (Unger-Rudroff, 2020, S. 119 ff.), werden Alltagsklänge in unserer Wahrnehmung zumeist mit einer Bedeutung verknüpft. So wird beispielsweise das Geräusch eines Motors mit einem herannahenden Auto in Verbindung gebracht. Vielleicht resultiert daraus auch, dass man erstmal nicht die Straßenseite wechselt, sondern abwartet und nach dem Auto schaut, ohne darüber nachzudenken. Oder aus dem Surren der Kaffeemaschine resultiert meine Vorfreude auf Kaffee (Bonz, 2015). „Grundlegend fungieren die Klänge in diesen Beispielen als klangliche Zeichen, die sich für das Subjekt des Wahrnehmens quasi immer schon in Bedeutungen übersetzt haben“ (Bonz, 2015, S. 9). Um Alltagsklänge nun aber als Musik zu hören, bedarf es zumindest einer zeitweisen Entkopplung von der Bedeutung, um sich den Klängen an sich zu widmen und diese analytisch zu hören. In diesem Zusammenhang beinhaltet das vorliegende didaktische Vorhaben das Verständnis eines weiten Musikbegriffs, der (verbundene) Alltagsklänge als Musik anerkennt. Im Folgenden wird Bezug auf diesen weiten Musikbegriff genommen. Außerdem werden Überlegungen angestellt, inwiefern Schüler*innen für dieses Verständnis sensibilisiert werden können.

Die Überlegungen knüpfen dabei an das Konzept der Auditiven Wahrnehmungserziehung an. Anfang der 1970er Jahre entwickelte eine Arbeitsgruppe um Günther (u. a. 1971) ein Konzept, das „die gesamte hörbare Wirklichkeit einbezieht und dazu beitragen soll, dass Schüler sich Kommunikation durch Hören und Musikmachen bewusst machen, beurteilen und üben“ (Harnischmacher, 2005, S. 29). Das Ziel der Auditiven Wahrnehmungserziehung besteht darin, eine Verbindung zwischen den Schüler*innen und ihrer klanglichen Umwelt aufzubauen – darüber hinaus sollen jene auch lernen, diese aktiv gestalten zu können (Günther, 1971). Im Mittelpunkt steht dabei die mit den Sinnen der Schüler*innen wahrgenommene (auditive) Umwelt. Dahin gehend verfolgt Günther (1971) auch einen speziellen Musikbegriff. Musik ist dementsprechend anzusehen als ein „geordneter und immer aufs Neue zu ordnender Ausschnitt aus der hörbaren Wirklichkeit“ (Günther, 1971, S. 17). Er geht im Zuge dessen von einem weiten Musikbegriff aus und somit können auch ‚geordnete‘ Umweltklänge als Musik definiert werden. Wie diese Ordnung allerdings besteht, ist vom Individuum und dessen Beurteilung abhängig. In diesem Zusammenhang argumentiert er in der Tradition von Merleau-Ponty (1974), der konstatiert, dass etwas nur durch unsere Wahrnehmung als wirklich bzw. wahr angesehen werden kann. Musik ist also nicht gegeben, sondern wird erst durch unsere Wahrnehmung zu dieser. Waldenfels (2010) fasst in diesem Sinne zusammen „daß das, was im Hören auf unser Ohr trifft, nicht schon Musik ist, sondern sich in Musik verwandelt“ (S. 174). Dementsprechend hören wir nicht Musik, sondern „wir hören etwas als Musik“ (Waldenfels, 2010, S. 174).

Um auch Umweltklänge bzw. Ordnungen von Umweltklängen als Musik zu hören, bedarf es einer Sensibilisierung hinsichtlich der auditiven Wahrnehmung. Hierbei zielt die auditive Wahrnehmung nicht nur im Sinne Kleinens und Stoffers (2016) auf die „abstrakten Wahrnehmungsdimensionen wie die physikalischen Parameter der Tonhöhe, Intensität, Dauer, Klangfarbe usw., sondern auf eine ganzheitliche Musikerfahrung [...] [ab]. Ausdruck, Erlebnis, subjektive Interpretation werden nicht ausgeblendet, sondern als Zentrum der musikalischen Wahrnehmung aufgefasst" (o. S.). Dies beinhaltet sowohl ein analytisches Hören als auch eine Sensibilisierung für den Modus der ästhetischen Wahrnehmung (vgl. Kapitel 2).

Durch die Erweiterung des Klangrepertoires für die Kompositionsprozesse erweitert sich der Möglichkeitsraum der Schüler*innen enorm. Deshalb wurden die vorangegangen Überlegungen zum Einsatz von Alltagsklängen in die Konzeption der Unterrichtsreihe integriert. Allerdings geht durch diese Erweiterung des Klangrepertoires auch die Gefahr der Überforderung einher. So sieht Regelski (vgl. 1981, S. 294) aus einer zu großen Freiheit und zu vielen Wahlmöglichkeiten eine mögliche Orientierungslosigkeit resultieren. Folkestad (vgl. 2004, S. 88) ist der Meinung, dass solche offenen Kompositionsprozesse zumindest einer Starthilfe und einer angemessenen Begleitung bedürfen. Allerdings sind hierbei Interventionen durch Lehrkräfte nicht unproblematisch, da diese möglicherweise „unbeabsichtigt eine Lenkung" (Janczik, 2021, S. 239), dementsprechend wiederum ein Einschränken des Möglichkeitsraums, also des individuellen Ausdrucks beinhalten (Kranefeld & Mause, 2018). Eine Möglichkeit diesem Dilemma zu begegnen, wurde in Form des Portfolios bereits erprobt (Janczik, 2021). Im Folgenden wird daher das Portfolio als Begleitinstrument von individuellen Kompositionsprozessen näher behandelt, um den Einsatz des Instruments zur Strukturierung der individuellen Prozesse in der Konzeption nachvollziehen zu können (vgl. Frage 3).

### *6.2.3 Das Portfolio als Begleitinstrument von individuellen Kompositionsprozessen*

Das Portfolio ist ein Oberbegriff für eine zielgerichtete Sammlung von Arbeiten und Artefakten, die von Schüler*innen ausgewählt und zusammengestellt werden, um deren individuellen Bemühungen, Fortschritte und Leistungen zu einem Lerngegenstand sichtbar werden zu lassen (u. a. Paulson, Paulson, & Meyer, 1991; Imhoff, 2008). Es eröffnet „definierte Freiräume […] und [… gibt] Struktur in einer wenig strukturierten Lernumgebung" (Hascher, 2011, S. 4). Die Idee ist, dass die Schüler*innen ihre Ideen, Schritte und Planungen im Portfolio dokumentieren und reflektieren. Demensprechend erhalten die Schüler*innen in einem Prozess, der weitgehend selbstreguliert verläuft, Struktur durch ihre eigenen Aufzeichnungen.

Auch wenn der Portfoliobegriff nicht einheitlich und eindeutig definiert werden kann und das Konzept des Portfolios sowie seine Realisierung in verschiedensten Formen existieren, bestehen übergreifende Gemeinsamkeiten bezüglich vorhandener Arbeitsformen. Diese umfassen „die Sammlung, Auswahl, Kommentierung, Präsentation und Reflexion von Dokumenten und Artefakten, die in einer Lernepisode entstanden sind" (Imhoff, 2008, S. 40; dazu auch Winter, 2010). Eine weitere Präzisierung erhält der Portfoliobegriff über eine Typisierung, die dem Begriff ‚Portfolio' häufig vorangestellt wird und die das wesentliche Ziel bzw. Merkmal bestimmt. Gängige Portfoliotypen sind unter anderem das Arbeitsportfolio (die Analyse des Lernprozesses steht im Vordergrund), Entwicklungsportfolio (Lernfortschritte werden für den Lernenden selbst sichtbar), Vorzeigeportfolio (enthält nur die besten Arbeiten) oder Beurteilungsportfolio (Dokumentation von Leistungen der Schüler*innen) (Wiedenhorn, 2006). Je nachdem welches Ziel mit der Portfolioarbeit verfolgt wird, gestaltet sich auch die Lenkung des Arbeitsprozesses durch beispielsweise Portfolioimpulse oder die Entscheidung, welche Inhalte im Portfolio festgehalten werden (Keller & König, 2017; Häcker, 2017).

In Bezug auf die Begleitung von gestalterischen Prozessen hat das Portfolio besonders in kunstdidaktischen Kontexten eine Tradition, welche sich im Laufe der Zeit durch verschiedene Arten und Auslegungen des Instruments und Konzepts speist. Das mannigfaltige Konglomerat an künstlerischen Portfoliotypen (Ehring & Thienenkamp, 2020, S. 153) unterscheidet sich zwar in der Schwerpunktsetzung, die einzelnen Arten verfügen aber auch über weite Schnittmengen: „Sie alle dienen der bildnerischen wie auch schriftlichen Auseinandersetzung mit Themen, Phänomenen und Inhalten in dokumentierender, reflektierender, konzipierender und künstlerisch-produktiver Form" (Ehring & Thienenkamp, 2020, S. 153). Im Zuge dessen konservieren die künstlerischen Portfolios „Eindrücke, Ideen, Fragmente von Gesehenem und Gedachtem und dienen vor allem dem persönlichen Gebrauch – als Gedächtnisstütze, Experimentierfeld und Sammlung von Material, das für die spätere künstlerische Ausarbeitung einer Idee oder Konzeption genutzt werden kann" (Ehring & Thienenkamp, 2020, S. 154). Ehring und Thienenkamp (2020) machen dabei das Potenzial von Portfolios für gestalterische Prozesse hinsichtlich der Sammlung bzw.

Aufbewahrung, die einen Rückgriff auf Ideen für das Produkt ermöglicht, deutlich. Darüber hinaus kann die Dokumentation des Prozesses auch den Prozess selbst für eine Reflexion zugänglich machen.

In Kompositionsprozessen kann dies zur Weiterentwicklung des Kompositionsprodukts beitragen. Insbesondere weil in Kompositionsprozessen vorrangig implizite Wissensbestände (u. a. Polanyi, 1985) handlungsleitend sind (u. a. Theisohn, 2023) und das implizite Wissen zumindest in Teilen durch die Auseinandersetzung im Portfolio explizit gemacht werden kann, können mithilfe des Portfolios kompositorische Entscheidungen besser nachvollzogen und reflektiert werden. Hinsichtlich der Reflexion und Evaluation lässt sich darüber hinaus anmerken, dass das Portfolio als Möglichkeit genutzt werden kann, Entscheidungen in individuellen Kompositionsprozessen zu hinterfragen und zu evaluieren, wie es in Gruppenkompositionsprozessen gegebenenfalls durch Gruppenmitglieder erfolgt.

Das Portfolio ist aber nicht nur durch das Ermöglichen des retrospektiven Zugriffs auf den Prozess sinnvoll für Kompositionsprozesse, sondern auch zur Auseinandersetzung mit den Ideen selbst. Zembylas und Niederauer (2016) betonen die Relevanz der schriftlichen Auseinandersetzung mit Ideen für den Kompositionsprozess:

> *Indem KomponistInnen aus einem Schreibimpuls eine Idee, einen Gedanken oder eine Assoziation aufgreifen, lösen sie neue Ideen- oder Assoziationsketten aus, die oft neben der sprachlichen auch eine zeichnerische Konkretisierung finden. Das Ziel des Schreibens ist in solchen Fällen in erster Linie ein praktisches: im Kompositionsprozess voranzuschreiten. […] Die wiederkehrenden Schreibprozesse dienen der Kristallisation und Entfaltung von Kernideen, die letztendlich eine künstlerisch-musikalische Übersetzung benötigen. (Zembylas & Niederauer, 2016, S. 63)*

Im Portfolio können Inhalte für eine solche Auseinandersetzung sowohl verbalsprachlich verschriftlicht als auch nonverbale Zugangsweisen wie beispielsweise Zeichnungen, Skizzen, eingeklebte Fotografien etc. gewählt werden. Besonders die Möglichkeit der nonverbalen Dokumentation scheint dabei gewinnbringend, denn das „Reden über Musik und über ästhetische Erfahrung, die man mit ihr machen kann, steht vor der Schwierigkeit, dass diese Erfahrung – anders und stärker als die der anderen Künste – mit den Möglichkeiten der Wortsprache (mit ihrem Lexikon) nicht oder nur annäherungsweise gefasst werden kann“ (Richter, 2011, S. 422). Die Schüler*innen können im Portfolio durch eine bildnerische Ebene Aspekte dokumentieren, die verbalsprachlich für sie nicht fassbar oder zu komplex sind, um diese auszudrücken. Der multimediale Möglichkeitsraum sollte den Schüler*innen im Rahmen der Einführung von Portfolioimpulsen allerdings erst nähergebracht werden, da diese Möglichkeiten von klassischen im Unterricht verwendeten schriftlichen Dokumentationsformen abweichen (Keller & König, 2017).

Zusammenfassend kann durch das Portfolio eine Grundlage geschaffen werden, den Kompositionsprozess sichtbar und somit retrospektiv reflexiv zugänglich zu machen. Des Weiteren dient die Auseinandersetzung selbst im Portfolio zur Ideengenerierung. Durch die begleitende Arbeit mit Portfolios wird, neben der Dokumentation expliziter Wissensbestände, eine Auseinandersetzung mit impliziten Wissensbeständen angeregt und deren Explikation forciert, sodass diese der Reflexion zugänglich werden und somit das Kompositionsprodukt dementsprechend weiterentwickelt wird. Die dokumentierten Ideen können den Schüler*innen darüber hinaus, wie zu Beginn angeführt, als Orientierung in einem sonst offenen Kompositionsprozess dienen. Die angesprochenen Potenziale wurden in der Konzeption durch die Art des Einsatzes des Portfolios und entsprechende Portfolioimpulse verfolgt.

Es musste allerdings berücksichtigt werden, dass durch das prozessbegleitende Führen eines Portfolios die eigentlichen Kompositionsprozesse unterbrochen werden. Dies ist besonders aufgrund der Untersuchung von Theisohn (2023) in den Blick zu nehmen, die zeigt, dass sich zum Teil produktive Gestaltungsprozesse und auch kompositorische Entscheidungen im Tun ereignen und somit eine Unterbrechung durch eine Dokumentation bzw. Entwicklung von Ideen im Portfolio eher hinderlich wäre. Diese Darstellung konkurriert jedoch mit der Auffassung von Zembylas und Niederauer (2016, s. o.), die gerade in der begleitenden Dokumentation ein besonderes Potenzial hinsichtlich der Ideengenerierung aufzeigt.

Theisohn (2023) macht außerdem eine weitere wichtige Erkenntnis für den Einsatz von Portfolioimpulsen deutlich. Sie schildert, dass eine verschriftlichte Planung „eine fließende Arbeitsdynamik [verhinderte], da sie dazu führte, dass an der Ursprungsidee konsequent festgehalten wurde und damit eine gemeinsame Weiterentwicklung der Grundidee immens erschwerte“ (Theisohn, 2023, S. 273). Ähnliche Beobachtungen wurden in einer weiteren Studie gemacht (Janczik, 2021). Im Rahmen der Untersuchung, welche das Potenzial des Portfolios für individuelle Kompositionsprozesse fokussierte, wurde herausgestellt, dass vorangegangene Planungselemente und die Dokumentation von Zwischenstufen im Portfolio zu einer starken Lenkung führen. Die Schüler*innen im geschilderten Fallbeispiel orientierten sich im Kompositionsprozess an ihren Aufzeichnungen, wodurch dieser nach einem starren Ablaufplan vollzogen wurde und wenige bis keine Überarbeitungen bzw. Veränderung von Ideen beinhaltete. Diese Diskontinuität wird allerdings in der Literatur als sehr bedeutsam für den Kompositionsprozess angesehen (u. a. Grow, 2018; Schlothfeldt, 2009; Reitinger, 2018). Im Rahmen der Studie werden daher Portfolioimpulse empfohlen, die zur Reflexion und zu einer möglichen Überarbeitung, Änderung oder Konkretisierung von Ideen anregen (Janczik, 2021, S. 245). Dies wurde bei der Entwicklung der Impulse im Rahmen der vorliegenden Konzeption berücksichtigt. Die konkreten Portfolioimpulse der Unterrichtsreihe *Komponieren zu einem Topos* werden im folgenden Kapitel aufgeführt. Zu Beginn des Kapitels werden jedoch zuerst die aus den vorangegangenen Überlegungen resultierenden einzelnen Unterrichtsstunden dargestellt.

### 6.3 Darstellung der Unterrichtsstunden und der konkreten Portfolioimpulse

Die folgende Unterrichtsreihe wurde für die Klassenstufen 7–10 konzipiert. Die theorie- und empiriebasierten Auseinandersetzungen machen deutlich, dass es vor dem eigentlichen Kompositionsprozess einige Unterrichtsstunden zur Vorbereitung bedarf. Diese beinhalten zum einen die Sensibilisierung für (Alltags-)Klänge (vgl. Kap. 6.2.2) sowie eine Einführung der App *Pocket Composer* (vgl. Kap. 6.2.1) und zum anderen das Kennenlernen von Möglichkeiten der Dokumentation von Klängen, um Ideen im Portfolio zu dokumentieren bzw. zu reflektieren (vgl. Kap. 6.2.3). Die Unterrichtsreihe wird in Doppelstunden realisiert, um die Kompositionsprozesse etwas mehr von den institutionellen zeitlichen Vorgaben zu lösen und mehr zusammenhängende Zeit zur Verfügung zu haben.

In der *ersten Doppelstunde* sollen die Schüler*innen, wie in Kapitel 6.2.2 im Sinne eines weiten Musikbegriffs erläutert, für Alltagsklänge sensibilisiert werden, um diese als musikalisches Material wahrzunehmen. Dadurch soll eine Alternative zu den Klängen traditioneller Instrumente geschaffen und so der Möglichkeitsraum der Schüler*innen erweitert werden. Zudem sollen die Schüler*innen ein Gefühl für zeitliche Strukturen von musikalischen Ereignissen bekommen.

Darüber hinaus wird das Portfolio eingeführt, damit die Schüler*innen mit dem Dokumentationsmedium vertraut werden und erste Visualisierungsmöglichkeiten kennenlernen und erproben, denn die Arbeit mit dem Portfolio bedarf zunächst einer begleiteten Implementierung und Strukturen (Keller & König, 2017).

Zum Einstieg in die Stunde werden die Schüler*innen erst einmal gebeten mit geschlossenen Augen still zu sitzen, zu schätzen, wann eine Minute vorüber ist und daraufhin die linke Hand zu heben und die Augen zu öffnen. Dies soll die Schüler*innen für ihre subjektive Zeitwahrnehmung sensibilisieren, was in der anschließenden Reflexion nochmals forciert wird, damit die Lernenden ein Verständnis für die Länge von Klängen und die gesamten Kompositionen erlangen. Anschließend schließen die Schüler*innen wiederum für eine Minute die Augen und sollen nun bewusst Klänge im Raum hören und nachempfinden, wo diese entstehen. Durch das bewusste Hören entsteht erst einmal ein Bewusstsein für Alltagsklänge und deren unterschiedliche Klangquellen. Die Schüler*innen erkennen, dass es neben den selbst erzeugten Klängen weitere unterschiedliche Klangquellen gibt (z. B. Naturklänge; Klänge, die nicht durch das Individuum selbst erzeugt werden).

Um Dokumentationsarten von Klängen zu entwickeln und zu erproben, skizzieren die Schüler*innen einen Grundriss des Klassenraums in ihrem Portfolio und dokumentieren darin ihre wahrgenommenen Klänge.[20] Die Visualisierungsart wird den Schüler*innen offengelassen. Leitend ist nur der Grundsatz, dass die Schüler*innen selbst erkennen, was sie dokumentiert haben, um auf diese Klänge in Folgestunden zurückgreifen zu können. Es geht hierbei somit nicht um eine allumfassende und im Plenum verständliche Dokumentation, sondern um Visualisierungsarten für die Schüler*innen selbst.

Daraufhin tauschen sich die Schüler*innen in Gruppen über die Klänge und die Dokumentationen aus und erstellen eine gemeinsame Klangdoku-

[20] Diese Übung wurde in Anlehnung an Schafer (2002; Übung 3) entwickelt.

mentation auf einer mit einem Grundriss versehenen Folie. Diese wird mithilfe eines Overhead-Projektors anschließend im Plenum projiziert und vorgestellt. Nachfolgende Gruppen legen ihre Folien genau über den Grundriss der vorherigen Gruppen, sodass Unterschiede und Gemeinsamkeiten thematisiert werden können. In diesem Zusammenhang werden auch einzelne von den Schüler*innen angewendete Dokumentationsarten besprochen: Benennung des Klangs; Zeichnung oder Benennung des Klangerzeugers; Zeichnung oder Benennung der Struktur des Klangs; Umschreibung des Klangs durch entsprechende Adjektive etc. Durch den Austausch innerhalb der Gruppe und innerhalb des Plenums bekommt jede*r Schüler*in weiteren Input für Visualisierungsarten und Dokumentationsweisen.

Außerdem erfolgt im Zuge der Besprechung im Plenum eine Kategorisierung und Thematisierung einzelner Klänge: Wie könnte man die unterschiedlichen Klänge sortieren? (laut – leise, kurz – lang, einmalig – wiederkehrend, angenehm – unangenehm, ortsgebunden – beweglich, Entfernung etc.). Die Schüler*innen sollen sich dabei, wie in Kap. 6.2.2 beschrieben, auf Charakteristika der Klänge fokussieren, um diese als kompositorisches Material wahrzunehmen.

Die *zweite Doppelstunde* dient hauptsächlich der Einführung in die App *Pocket Composer*. Für die Übungen mit der App werden die Inhalte der letzten Doppelstunde wiederholt und angewendet. Neben der Strukturierung der Klänge in der App – inklusive des Duplizierens, dem Einbauen von Pausen und Wiederholungen – werden den Schüler*innen das Aufnehmen von Klängen und die entsprechende Bearbeitung durch Werkzeuge wie *schneiden* und *fade in* bzw. *out* erklärt. Die App verfügt zusätzlich über einen Synthesizer. Dieser ermöglicht die Erzeugung und Bearbeitung elektronischer Klänge. Allerdings erweist sich die Nutzung aufgrund der verschiedenen einzustellenden Parameter, wie beispielsweise Notenwert, Frequenz etc. als komplex. Deshalb ist die Einführung des Synthesizers erst sinnvoll, wenn die Schüler*innen mit der App vertraut sind. Dementsprechend wird in der vorliegenden Konzeption diese Funktion nicht berücksichtigt.

In einzelnen Erprobungsphasen haben die Schüler*innen nun die Möglichkeit, die theoretisch erlernten Möglichkeiten anzuwenden und zu üben. Als Abschlussübung sollen die Schüler*innen den Klassenraum nach ihren drei ‚Lieblingsklängen' erkunden, diese aufnehmen, gegebenenfalls bearbeiten und entsprechend strukturieren. Eine zusätzliche Aufgabe besteht in der Dokumentation dieser Klangstruktur im Portfolio, um die Dokumentationsarten weiter zu festigen.

In der *dritten Doppelstunde* beginnt der eigentliche Kompositionsprozess. Als Ausgangspunkt für den Kompositionsprozess dient, wie oben angesprochen der Topos *Kälte*. Hierzu sollen die Schüler*innen ein individuelles Assoziationscluster[21] in ihrem Portfolio anlegen (vgl. Kapitel 4.2), um sich mit dem Topos auseinanderzusetzen und dies als facettenreiche Grundlage für den Kompositionsprozess zu nutzen. Die Visualisierungsarten sind auch hier offengehalten – es werden aber zur Orientierung Beispiele, die in Bezug mit dem möglichen sonstigen Unterricht der Schüler*innen stehen, auf einem Arbeitsblatt genannt:

*Legt eine Ideensammlung in eurem Portfolio an, das heißt: Schreibt oder malt, was ihr mit dem Thema Kälte verbindet. Das können Stichworte, kurze Sätze, Farben, Zeichnungen, Fotos, Zeitungsausschnitte und anderes sein. Dies wird die Grundlage für eure Komposition.*

Um einer Überforderung der Schüler*innen entgegenzuwirken, ist zu empfehlen ein gemeinsames Assoziationscluster zu einem anderen Topos wie beispielsweise *Liebe* im Klassenverband anzufertigen.

Im Anschluss beginnt der eigentliche Kompositionsprozess: Die Schüler*innen sollen ihre individuelle Komposition zum Topos *Kälte* erstellen. Die konkrete Aufgabenstellung hierzu lautet:

*Nehmt mit der App Pocket Composer Töne auf, die zu eurer Komposition zum Thema Kälte passen. Eure Komposition kann sich auf einen oder mehrere Aspekte eurer Ideensammlung beziehen. Vielleicht fallen euch aber während eurer Arbeit an der Komposition auch noch weitere Aspekte ein. Diese könnt ihr natürlich einbeziehen.*

---

[21] In der Interaktion mit den Schüler*innen kann das ‚Assoziationscluster' zum besseren Verständnis auch als ‚Ideensammlung' bezeichnet werden.

Die Aufgabenstellung ist hierbei bewusst offengehalten, um den Schüler*innen Freiheit in ihrem individuellen Ausdruck zu ermöglichen (vgl. Kap. 3). So sind bezüglich der Umsetzung der Assoziationen in Musik sowie der Anforderungen an das Kompositionsprodukt keinerlei Vorgaben gemacht.

Die Schüler*innen werden im Zuge des Kompositionsprozesses angehalten, wie bereits geschildert, prozessbegleitend ihr Portfolio zu führen. Dies soll Orientierung im Prozess geben und bei der Reflexion und Konkretisierung ihrer Ideen unterstützen. Aufgrund der in Kapitel 6.2.3 dargestellten konkurrierenden Positionen von Theisohn (2023) und Zembylas und Niederauer (2016) hinsichtlich des Einflusses von Dokumentationen auf den Kompositionsprozess (vgl. S. 76) wurde für die vorliegende Unterrichtskonzeption entschieden, dass die Portfolioimpulse nicht obligatorisch zu bearbeiten sind[22], das Führen des Portfolios jedoch verpflichtend ist. Zudem wurde ein festes Zeitfenster von zehn Minuten am Ende der Unterrichtsstunden für die Portfolioarbeit eingeplant, um die weiterführende Arbeit an Ideen im Portfolio zu ermöglichen, ohne den Kompositionsprozess in der Stunde zwangsläufig zu unterbrechen.

Konkrete Portfolioimpulse helfen dabei, die Arbeit mit dem Portfolio produktiv zu gestalten und den Schüler*innen Anhaltspunkte für die Bearbeitung zu geben. Die Herausforderung bei der Impulsentwicklung besteht darin, dass diese auf die Dokumentation bzw. Reflexion von Prozessen abzielt, deren Inhalt bzw. Strukturen heterogen sind (vgl. Kap. 5). Dies hat zur Folge, dass Impulse weitgehend offen formuliert werden müssen, um die Differenzen mit einzubeziehen. Außerdem muss berücksichtigt werden, dass die Impulse anschlussfähig für die Schüler*innen sein müssen. Hierbei ist auch relevant, dass die Lernenden zumeist weder Vorerfahrungen im Komponieren noch in der Portfolioarbeit gemacht haben. Für die Bearbeitung der Portfolioimpulse gilt die freie Wahl der Visualisierungsform (z. B. schreiben, malen etc.). Wichtig ist nur, wie bereits angesprochen, dass die Schüler*innen selbst für ihre Weiterarbeit nachvollziehen können, was sie mit der Aufzeichnung verfolgt haben. Dementsprechend leitet folgende Formulierung in die prozessbegleitende Portfolioarbeit ein:

---

[22] Eine Ausnahme stellte der Impuls zur Erstellung des Assoziationsclusters dar. (s. S. 80)

*Eure Ideen und Schritte können auch durch Schreiben, Malen, Einkleben von Fotos, Zeitungsausschnitten und so weiter festgehalten werden. Schreibt alles auf, was ihr denkt, auch wenn ihr es später nicht mehr einsetzen wollt. Ihr könnt gerne auch Sachen wieder durchstreichen. Wichtig ist, dass ihr euch auch nach Wochen erinnert, was ihr mit euren Einträgen und eurer Komposition gemeint habt.*

Neben der Dokumentation versuchen die nachfolgenden Portfolioimpulse besonders bei der Reflexion und Bewertung des Prozesses anzusetzen, da dadurch eine Grundlage für eine Weiterentwicklung von Ideen geschaffen werden kann. Des Weiteren liegt ein Hauptaugenmerk, wie oben angesprochen, auf der Strukturierung des eigenen Prozesses durch die Dokumentation und Planung. Um die Bedeutsamkeit der Portfolioarbeit für die Schüler*innen zu verdeutlichen und diese zu motivieren, wird bereits zu Beginn ein Vergleich zu Skizzenbüchern von professionellen Komponist*innen gezogen:

*Eure Aufgabe ist es, zu komponieren wie ein Profi. Dies bedeutet, ihr haltet eure Ideen und Schritte in eurem Portfolio fest, damit ihr immer nachvollziehen könnt, warum ihr was getan und worauf ihr euch bezogen habt.*

*Folgende Fragen könnten euch dabei helfen:*

*Warum habe ich diesen Klang aufgenommen?*

*Passt der Klang zu meinen Ideen?*

*Was drückt der Klang für mich aus?*

*Habe ich noch weitere Ideen für meine Komposition?*

*Was sind meine nächsten Schritte?*

*Was habe ich in der Stunde gemacht und was ist in meiner Komposition passiert?*

*Welche Ideen möchte ich weiterverfolgen?*

*Welche Ideen möchte ich nicht mehr weiterverfolgen?*

*Welche Ideen sind neu dazugekommen oder was habe ich weiterentwickelt?*

Zu berücksichtigen ist dabei, dass diese Portfolioimpulse aufgrund der Heterogenität der Prozesse nicht obligatorisch sind, sondern lediglich Anregungen für die Arbeit im Portfolio bieten. Dies bedeutet jedoch nicht, dass das Führen des Portfolios freiwillig ist. Die Dokumentation und Reflexion des Prozesses ist obligatorisch, da darin ein Mehrwert für die individuellen Kompositionsprozesse gesehen wird (vgl. Kap. 6.2.3).

Im Laufe der nächsten zwei Wochen (*vierte & fünfte Doppelstunde*) sollen die Schüler*innen im Musikunterricht an ihren Kompositionen arbeiten. Hierfür können die Schüler*innen sich, wenn möglich, frei im Schulgebäude und dem anliegenden Pausengelände bewegen, um eine große Klangauswahl zu garantieren.[23] Um noch weitere Klänge zur Auswahl zu haben, werden die Schüler*innen angeregt, ihre Kompositionen auch zu Hause weiterzuentwickeln:

*Versucht eure Komposition zu Hause oder an anderen Orten weiterzuentwickeln. Hier könnt ihr auf andere Klänge zurückgreifen.*

Im individuellen Kompositionsprozess verfolgen die Schüler*innen ihre Ideen weitgehend allein. Jedoch kann es zu Beginn der *vierten Doppelstunde* die Möglichkeit geben, dass die Schüler*innen ihr Zwischenprodukt mit einer*m Partner*in besprechen und sich Anregungen für die Weiterarbeit einholen. Durch die neuen Impulse soll einer möglichen Überforderung in der Einzelarbeit entgegengewirkt werden (vgl. Kap. 6.2.2)

In der *fünften Doppelstunde* stellen die Schüler*innen ihre Kompositionen einzeln im Plenum vor. Nach dem Abspielen einer Komposition wird von den Mitschüler*innen erläutert, was sie gehört haben und Vermutungen geäußert, auf welche Assoziationen sich die Komposition bezieht. Im Anschluss daran berichtet der*die Ersteller*in der Komposition über den Kompositionsprozess und löst die Beweggründe hinter der Komposition auf. Durch die intensive Auseinandersetzung mit jedem Endprodukt wird

[23] Diese bezieht sich sowohl auf Alltagsklänge als auch auf die Möglichkeit des Nutzens von traditionellen Instrumenten.

nochmals der individuelle Ausdruck der Schüler*innen gewürdigt und die Lernenden werden in ihrer Selbstwirksamkeit bestärkt.

Die geschilderte Unterrichtsreihe stellt eine exemplarische Möglichkeit dar, die angestrebten individuellen Kompositionsprozesse zu einem Topos umzusetzen. Wie in Kapitel 5 allerdings bereits herausgestellt, sind die dadurch initiierten Prozesse der Schüler*innen noch weitgehend unerforscht. Besonders der Umgang der Schüler*innen mit ihren Assoziationen – als Kern und Bindeglied des Kompositionsprozesses – bis hin zum musikalischen Material stellt in diesem Zusammenhang ein Desiderat dar.

Auch wenn durch die Auseinandersetzungen in Kapitel 4.2.3 einige Indizien für mögliche Vorgehensweisen von Schüler*innen entfaltet wurden, sind die individuellen Vorgehensweisen der Schüler*innen inklusive deren Beweg- bzw. Hintergründen noch nicht transparent. Besonders im Hinblick darauf, dass Assoziationen individuelle Verknüpfungen von Gedanken und Erlebtem darstellen, ist das Verstehen dieser Prozesse ein wichtiger Grundstein bei der Förderung der individuellen Ausdrucksmöglichkeiten der Schüler*innen.

Deshalb wird die skizzierte Unterrichtsreihe als Grundlage für eine Untersuchung von individuellen Schüler*innenkompositionen zu einem Topos verwendet. Besonders im Fokus stehen dabei die Umwandlungen assoziierter Inhalte in musikalisches Material. Darüber hinaus werden aufgrund des didaktischen Anliegens der Arbeit (Ermöglichen des individuellen Ausdrucks) die Darstellungsanliegen[24] der Schüler*innen und mögliche Hürden im Prozess in den Blick genommen, um diesen nachfolgend wiederum mit didaktischen Überlegungen zu begegnen.

[24] Der Begriff ‚Darstellungsanliegen' wird im Folgenden der Einfachheit halber gebraucht, um abzubilden, was die Schüler*innen musikalisch darstellen (Bezug zu äußeren Aspekten) bzw. ausdrücken (Bezug zu inneren, emotionalen Aspekten) wollen (vgl. dazu Kap. 2; Brandstätter, 2014, S. 105)

# II. Empirische Untersuchung

## 7. Formulierung der Forschungsfragen

Die vorangegangenen Überlegungen stellen besonders ein Desiderat bezüglich der intrasubjektiven Prozesse von Schüler*innen beim Komponieren zu einem Topos heraus. Das Bilden von Assoziationen bis hin zur konkreten Umwandlung in musikalisches Material[25] lässt sich als gedanklicher Prozess beschreiben, dessen Ablauf und Inhalt bis jetzt unklar ist. Jedoch sind diese Prozesse die Grundlage des Handelns und der kompositorischen Umsetzung der Schüler*innen und somit von immenser Bedeutung für den Kompositionsprozess und das didaktische Interesse dieser Arbeit. Dementsprechend lag der Untersuchungsfokus auf der Rekonstruktion der Assoziationsverläufe der Schüler*innen von der Assoziation zum Topos bis hin zum musikalischen Material. Dies beinhaltet sowohl den Nachvollzug der kognitiven Prozesse als auch die Identifikation der für die Schüler*innen prozessleitenden[26] Faktoren. Dementsprechend war folgende übergeordnete Forschungsfrage für das Forschungsanliegen leitend:

*Welche Strategien wenden Schüler*innen in individuellen Kompositionsprozessen zu einem Topos bei der Umwandlung ihrer assoziierten Inhalte in musikalisches Material an?*

Zur Bearbeitung war eine weitere Differenzierung in untergeordnete Fragestellungen nötig, die verschiedene Dimensionen des Umwandlungsprozesses vom assoziierten Inhalt bis zum musikalischen Material forcierten. Diese resultieren aus den vorangegangenen Überlegungen zum aktuellen Forschungsstand und dem theoretischen Hintergrund. Schlussendlich konnten im Rahmen der Auseinandersetzung fünf untergeordnete Forschungsfragen entwickelt werden. Im Folgenden werden diese dargestellt

---

[25] Als musikalisches Material wird nach Hindrichs (2012) der „Werkstoff" (S. 63) der Komposition bezeichnet. Da die Strategien der Schüler*innen unklar sind, wird für diese Arbeit der Begriff sehr offen verwendet. Dementsprechend werden beispielsweise sowohl konkrete Klänge als auch musikalische Parameter und musikalische Strukturen etc., die Teil des Kompositionsprodukts sein können, als musikalisches Material verstanden.

[26] Als prozessleitend werden sowohl Faktoren verstanden, die den Prozess vorantreiben, als auch solche, die den Schüler*innen hinderlich für den Prozess erscheinen und somit einen Strategiewechsel erfordern.

und zuvor der jeweilige theoretische bzw. empirische Hintergrund kurz skizziert:

Die Auseinandersetzung mit Assoziationen in Kapitel 4.2 macht deutlich, dass die assoziierten Gedächtnisinhalte multisensorisch und facettenreich sind. Auch Schneiders (1995) Schilderungen lassen auf mannigfaltige Assoziationen der Schüler*innen im Kompositionsprozess schließen. Da Schneider (1995) allerdings nur auf die Verschriftlichungen der Assoziationscluster zurückgreifen kann, sind die Charakterisierungen der Assoziationen nicht sehr detailliert und Hintergründe bleiben unklar. Zu klären ist somit bezüglich des Forschungsanliegens, welche Arten von Gedächtnisinhalten die Grundlage für die Umwandlung und den Kompositionsprozess der Schüler*innen bilden:

1. *Welche assoziierten Inhalte greifen die Schüler*innen im Kompositionsprozess auf?*

Die Erkenntnisse aus Kranefelds Untersuchung (2008a; 2008b; 2008c) lassen vermuten, dass nicht zwangsweise die direkten Assoziationen zum Topos umgewandelt werden, sondern die Schüler*innen unter anderem Assoziationsketten vollziehen (vgl. Kap. 4.2.3). Diese zu rekonstruieren und übergreifende Strukturen zu untersuchen, hilft beim Verstehen derartiger Prozesse:

2. *Inwiefern spinnen Schüler*innen Assoziationsketten bis zum musikalischen Material?*

Weiterhin ist bezüglich der Umwandlung relevant, welche Verbindungen die Schüler*innen zwischen ihren Assoziationen und dem musikalischen Material herstellen. Assoziierte Inhalte wie beispielsweise die Bogenform in den Schilderungen des Komponisten Liang (1996), welche als Brücke zwischen der außermusikalischen Assoziation und der Tonabfolge in seiner Komposition dient (vgl. Kap. 4.2.3), bestimmen den Prozess der Umwandlung und waren dementsprechend im Forschungsanliegen zu rekonstruieren:

3. *Welche Verbindungen stellen die Schüler*innen zwischen ihren assoziierten Inhalten und dem musikalischen Material her?*

Bei der Untersuchung von Kompositionsprozessen im schulischen Kontext wurde schon häufig auf prozessbestimmende Einflussfaktoren wie beispielsweise das gegebene Material (Schlothfeldt, 2009, S. 79 ff.), die institutionellen Rahmenbedingungen (Theisohn, 2023, S. 60) oder Lehrer*inneninterventionen (Kranefeld & Mause, 2018) hingewiesen. Zudem erscheinen auch intrasubjektive Faktoren wie ästhetische Präferenzen oder der Wunsch nach Pragmatismus (Janczik & Voit, 2020) mitentscheidend für das kompositorische Handeln der Schüler*innen. Dementsprechend werden auch in diesem Forschungsanliegen die leitenden Faktoren rekonstruiert, um Entscheidungen der Schüler*innen nachvollziehen zu können:

4. *Welche Einflussfaktoren sind bei der Umwandlung der assoziierten Inhalte in musikalisches Material leitend?*

Eine besondere Relevanz für die didaktischen Anliegen dieser Arbeit hat darüber hinaus die Frage, inwiefern diese Einflussfaktoren den Prozess beeinflussen. Erfordern diese einen Strategiewechsel seitens der Schüler*innen oder erweisen sich manche förderlich für den Prozess:

5. *Inwiefern beeinflussen die leitenden Einflussfaktoren den Prozess der Umwandlung der assoziierten Inhalte in musikalisches Material?*

Zur Beantwortung der Forschungsfrage wurde die Unterrichtsreihe an einer Gesamtschule durchgeführt. Im folgenden Kapitel wird die Wahl der Stichprobe näher beschrieben.

## 8. Stichprobe

Die Untersuchung wurde in einer achten Klasse einer Gesamtschule durchgeführt, welche sich aus dreizehn Schülerinnen und elf Schülern zusammensetzte. Die Auswahl der Stichprobe orientierte sich dabei an der skizzierten Unterrichtsreihe, welche für die Klassenstufen 7–10 konzipiert wurde. Zudem bestand die Präferenz, für die Erhebung eine möglichst heterogene Schülerschaft auszuwählen, da hierbei eine Varianz der angewendeten Umwandlungsstrategien wahrscheinlicher erschien. Dahin gehend schien die Schulform Gesamtschule am geeignetsten. In diesem Zusammenhang vielversprechend waren besonders die heterogenen sozioökonomischen Status[27] sowie die kulturellen Hintergründe von Schüler*innen (Blaeschke & Freitag, 2021), die auf unterschiedliche Erfahrungen als Grundlage für die Assoziationen schließen ließen (vgl. Kap. 4.2), und die unterschiedlichen musikalischen Vorerfahrungen (Schurig & Busch, 2014). Diese Aspekte wurden deshalb auch bei der Auswahl der Klasse mitberücksichtigt. Darüber hinaus war für das Forschungsanliegen relevant, dass die Schüler*innen nach Angabe der Klassenlehrerin im Musikunterricht zuvor keine Kompositionsprozesse bzw. Prozesse des Musik-Erfindens vollzogen hatten. Dies wurde auch nochmals im Rahmen der Erhebung (vgl. Kap. 10.2) erfragt. Die Erhebung fand mit der gesamten Klasse statt. Im Rahmen der Auswertung wurde allerdings eine weitere Eingrenzung der Stichprobe im Rahmen eines Theoretical Samplings vollzogen (vgl. Kap. 11.3).

[27] Diese Schlussfolgerungen fußen auf den Zusammenhängen zwischen der Zugehörigkeit sozialer Schichten und des Bildungsabschlusses (Ditton & Maaz, 2011).

# 9. Methode

Das Ziel der vorliegenden Arbeit ist, kognitive Prozesse von Schüler*innen, die in einer bestimmten Unterrichtsreihe im Kontext des Musikunterrichts stattfinden, zu erschließen und aus den Erkenntnissen weiterführende didaktische Schlüsse zu ziehen. Mit diesem Forschungsanliegen ist die Arbeit an die pädagogisch-psychologische Forschung (Hasselhorn & Gold, 2022) angelehnt: „Pädagogische-psychologische Forschung leistet […] einen prinzipiell beschränkten, aber unverzichtbaren Beitrag zum besseren Verständnis der psychologischen Prozesse im pädagogischen Geschehen" (Hasselhorn & Gold, 2022, S. 16).

Durch das Ziel des Forschungsanliegens, die kognitiven Prozesse der Schüler*innen, die zu kompositorischem Handeln führen, zu rekonstruieren, erscheint zudem eine Orientierung an der Kognitionspsychologie bzw. kognitiven Psychologie sinnvoll, welche eine zentrale Bezugsdisziplin der pädagogischen Psychologie darstellt (Hasselhorn, 2020). Das „Erleben und Verhalten nicht nur zu beschreiben, sondern Theorien über zugrundeliegende mentale Prozesse zu entwickeln und damit Erleben und Verhalten zu erklären" (Strobach, 2020, S. 9), sieht Strobach nämlich als zentrales Anliegen der kognitiven Psychologie. Dabei sind nach Tobinski (2017) „Individuum und Umwelt für die Kognitionswissenschaften nicht einfach getrennt voneinander zu betrachten" (S. 2).

Gegenstand der Disziplin ist unter anderem der Nachvollzug kognitiver Prozesse, die „sich der direkten Beobachtung entziehen" (Funke, 1996, S. 515), weshalb Datenerhebungen eine Herausforderung darstellen (Funke, 1996). Ein möglicher Lösungsansatz ist in der Kognitionspsychologie als qualitative Methode der Rückgriff auf verbale Berichte zur Sichtbarmachung kognitiver Prozesse (Sandmann, 2014). Entsprechende Forschungsmethoden werden in diesem Bereich allerdings für Rekonstruktionen dieser Art kontrovers diskutiert, sogar teilweise diskreditiert, da diese keinen unmittelbaren Zugang zu den Prozessen bieten (vgl. Ericsson & Simon, 1993, S. 216). Deshalb folgt im anschließenden Kapitel zunächst eine kritische Auseinandersetzung mit verbalen Berichten als Zugangsmöglichkeit zu kognitiven Prozessen, welche in einer Auswahl für das Forschungsanliegen geeigneter Erhebungsinstrumente mündet, die sowohl das Erkenntnisinteresse als auch die Umsetzbarkeit in Bezug auf die Stichprobe und den Kontext Schule berücksichtigen.

## 9.1 Verbale Berichte als Zugang zu kognitiven Prozessen

Der Zugang zu kognitiven Prozessen durch verbale Berichte kann sowohl introspektiv (gleichzeitig) als auch retrospektiv (rückblickend) geschaffen werden (Heine & Schramm, 2007). Die Gemeinsamkeit besteht darin, „dass die beteiligten Individuen zur Verbalisierung ihrer Gedanken, Wahrnehmung und Empfindungen aufgefordert werden" (Konrad, 2010, S. 476). Verbalisierungen bieten nach Funke und Sperling (2006) dabei „einen „Online-Zugang" zu den handlungsleitenden Kognitionen" (S. 30). So dient die Sprache als Übersetzung der mentalen Repräsentationen. Diese Verbalberichte als Grundlage für wissenschaftliche Auswertungen bezüglich intrasubjektiver Vorgänge zu nutzen, wird allerdings in der Historie kritisch betrachtet. So sieht unter anderem Lashley (1923, S. 352) den Nutzen von Introspektionen (nur) für Pilotstudien bzw. Vorstudien, denen objektive Messungen folgen müssen. „Introspektion so [...] [war] man sich einig, mag für die Entdeckung psychologischer Prozesse nützlich sein; für die Verifikation ist sie wertlos" (Ericsson & Simon, 1980, S. 216, Übers. L. J.). Aufgrund dieser für den wissenschaftlich Nutzen von Verbalberichten unbefriedigenden Auffassung, nahmen sich Ericsson und Simon (1993) einer Methodik für verbale Berichte an, um diese als Daten für Forschungsanliegen nutzbar(er) zu machen. Sie schafften durch die Metaanalyse und nachfolgende Differenzierung von Prozessen, die sich nach der Aufforderung laut zu denken oder retrospektiv zu berichten vollziehen, einen methodischen Rahmen. Infolgedessen unterschieden sie in introspektives, also gleichzeitiges Berichten, und retrospektives, also zeitversetztes Berichten über die kognitiven Prozesse. Im gleichzeitigen Berichten unterscheiden Ericsson und Simon (1993) weiter in lautes Denken und ein Berichten, das auf gezielte Fragen folgt, welche während des Prozesses gestellt werden. Ansätze zur menschlichen Informationsverarbeitung bieten den theoretischen Rahmen der Ausführungen sowie auch heutiger Annahmen zu verbalen Berichten. Das Drei-Speicher-Modell (vgl. Abb. 3.) skizziert in diesem Zusammenhang die Verarbeitung und Aufnahme von Informationen im Gehirn: Entsprechend werden Informationen aus der Umwelt durch unsere Sinne aufgenommen. Falls diese von uns wahrgenommen werden, gelangen sie kurzfristig in das sensorische Register. Richten wir dann unsere Aufmerksamkeit weiter darauf, gelangen die Informationen in den Arbeitsspeicher – andernfalls gehen sie verloren. Der Arbeitsspeicher ermöglicht „mehrere Informationen vorübergehend bewusst zu halten und zueinander in Beziehung zu setzen" (Hasselhorn & Gold, 2022,

S. 72). Der Arbeitsspeicher hat allerdings nur eine begrenzte Kapazität, sodass Informationen auch hier durch beispielweise Wiederholung bzw. Strukturierung entweder in den unbegrenzten Langzeitspeicher übertragen werden oder über die Zeit verloren gehen. Für den Umgang mit verbalen Berichten ist nun relevant, dass nur Informationen aus dem Arbeitsspeicher verbalisiert werden können. Folglich müssen hierfür Informationen entweder unmittelbar verbalisiert oder aus dem Langzeitspeicher erst in den Arbeitsspeicher übertragen werden, um dann verbalisiert werden zu können (Bannert, 2007). Relevant für den Verbalisierungsprozess ist außerdem, in welcher Form die Informationen vorliegen. Sind diese schon in sprachlicher Form vorhanden, müssen diese nur abgerufen und ausgesprochen werden. Liegen die Informationen allerdings nicht in sprachlicher, sondern beispielsweise in bildlicher Form vor, müssen sie erst encodiert werden, um verbalisiert zu werden (Ericsson & Simon, 1993).

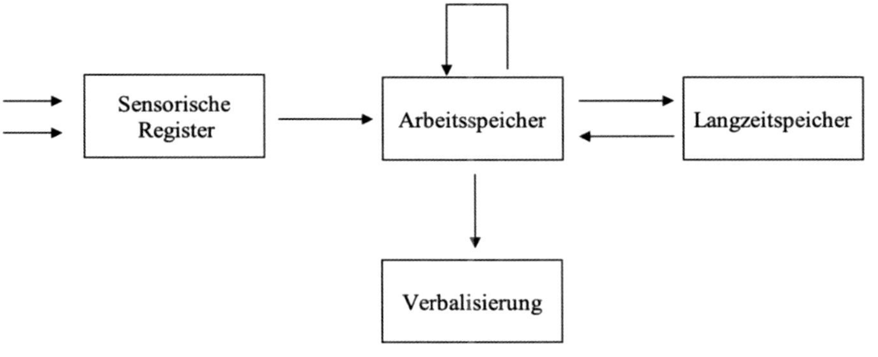


Abbildung 3: Drei-Speicher-Modell mit Einordnung des Zugangs für Verbalisierung in Anlehnung an Konrad (2010, S. 478)

Es wird deutlich, dass Informationen zum Teil mehrfach verarbeitet werden müssen, bis diese verbalisiert werden können. Jeder Verarbeitungsschritt beinhaltet allerdings Gefahren der Veränderung der Information, sodass Konrad (vgl. 2010, S. 480) festhält, dass kognitive Prozesse durch die Verbalisierung subjektiv verzerrt dargestellt werden. Dennoch scheint die Verbalisierung über kognitive Prozesse die einzig praktikable Methode zu sein, etwas über diese Prozesse zu erfahren:

> *Auch wenn nicht alle Forschenden dem folgen wollen [...], teilt doch die Mehrzahl von ihnen die Überzeugung, mit Laut-Denken-Protokollen interessante und aufschlussreiche Daten zu gewinnen, die nicht anders erhoben werden könnten, und die am ehesten die Möglichkeit bieten, handlungssteuernde Kognitionen zu beleuchten. (Konrad, 2010, S. 481)*

Auf ähnliche Weise argumentieren Ericsson und Simon (1993) und plädieren dafür, verbale Berichte als Zugang zu kognitiven Prozessen zu nutzen. „Sie auszulassen, wenn wir die ‚Kette und den Transit der objektiven Messung' tragen, bedeutet nur, große Bereiche auf der Landkarte der menschlichen Kognition, die wir sehr wohl zu vermessen wissen, als Terra incognita zu markieren" (Ericsson & Simon, 1993, S. 246, Übers. L. J.).

Dementsprechend wird die Erhebungsmethode der verbalen Berichte als Zugang zu kognitiven Prozessen für das Forschungsanliegen unter Berücksichtigung der genannten Aspekte weiterverfolgt, die insbesondere in der Diskussion des Forschungsanliegens noch einmal aufgegriffen werden. Um eine möglichst hohe Validität der Ergebnisse zu erreichen, ist es sinnvoll, den zeitlichen Abstand zwischen dem zu untersuchendem Prozess und der Verbalisation so gering wie möglich zu halten. Folglich wäre die Methode der „Introspektion (augenblickliche Verbalisierung)" (Konrad, 2010, S. 476) – bei Knorr und Schramm (2012) als ‚lautes Denken' betitelt – zu präferieren, da hierbei die engste Übereinstimmung zwischen Gedanken und verbalen Berichten nachgewiesen werden kann (Ericsson & Simon, 1993). Allerdings schien dies für das Forschungsanliegen nicht praktikabel, da aufgrund der zeitlichen Länge des zu untersuchenden Prozesses ein gleichzeitiges lautes Denken inklusive einer Aufnahme nicht umsetzbar gewesen wäre. Außerdem ist die Untersuchung einer Introspektion bei der Anzahl der Schüler*innen, die den Prozess gleichzeitig im Kontext der Schule und gegebenenfalls zu Hause durchlaufen, unmöglich. Deshalb wurde bei der Planung der Erhebungsinstrumente primär die (verzögerte) Retrospektion, „die direkt nach der Bearbeitung aller Aufgaben [...] stattfinden kann" (Konrad, 2010, S. 476) bzw. die des lauten Erinnerns (Knorr & Schramm, 2012) verfolgt.

### *9.1.1 Retrospektion*

In der Retrospektion bzw. dem lauten Erinnern berichten Teilnehmende über kognitive Prozesse, die in der Vergangenheit liegen. Dies kann beispielsweise Gefühle bei bestimmten Erfahrungen, Gedankenabläufe oder getroffene Entscheidungen umfassen. Retrospektionen werden allerdings aus zwei Gründen kritisch betrachtet. Zum einen können sich Teilnehmende schlecht bzw. nicht sehr detailliert an interne Zustände erinnern, zum anderen gibt es die Tendenz, dass Zwischenstände von Prozessen nicht behalten und sich nur an Endergebnisse erinnert wird. Entsprechend führen Verbalisierungen zu einer Wiedergabe von Gedächtnisinhalten, die den Teilnehmenden gerade zu Verfügung stehen (Ericsson & Simon, 1993). Dies umfasst allerdings auch das sinngemäße Ausfüllen ‚blinder Flecken' oder die Organisation der Gedächtnisinhalte, sodass die Wiedergabe stringent erfolgen kann (Myers, 2014a).

Ericsson und Simon (vgl. 1993, S. 226) stellten darüber hinaus heraus, dass die Teilnehmer*innen, wenn diese direkt nach dem Prozess über diesen berichten, neben den Informationen aus dem Langzeitspeicher auch auf einige Informationen im Kurzzeitspeicher zurückgreifen können. Folglich wird empfohlen, zeitlich so nah wie möglich am zu untersuchenden Prozess zur Retrospektion aufzufordern. Die Auffassung, die Instruktion zur Verbalisierung beeinflusse den kognitiven Prozess, konnte von Ericsson und Simon (1993) nicht bestätigt werden. Es ist jedoch deutlich, dass retrospektive Berichte nur eine unvollständige Darstellung der kognitiven Prozesse bieten. Die Ursachen hierfür sind vielfältig. So können Informationen entweder von den Teilnehmenden im Rahmen des Berichtens nicht beachtet oder im Kurzzeitspeicher nicht zugänglich sein, da sie a) im Prozess nicht wahrgenommen wurden und deshalb nie im Kurzzeitspeicher waren oder b) zum Zeitpunkt der Verbalisierung nicht aus dem Langzeitspeicher in den Kurzzeitspeicher transferiert werden bzw. nicht abrufbar sind. Als Erinnerungshilfe und zur Unterstützung des Berichtens kann deshalb ein Stimulus im Rahmen eines Stimulated Recall-Interviews genutzt werden.

### *9.1.2 Stimulated Recall-Interview*

Innerhalb der Methode des Stimulated Recall-Interviews dient ein Stimulus als Gesprächsanlass, um „tiefere Einblicke in die Innensicht mit starkem Bezug zur individuellen Handlungspraxis einer Untersuchungsperson [zu] ermöglichen“ (Schneider-Binkl, 2018, S. 3). Hierbei erläutern die Teilnehmenden ihr Handeln sowie handlungsleitende und die Handlung begleitende kognitive Prozesse retrospektiv. Dies soll Rückschlüsse auf Denkschemata bei der vorliegenden Handlung und individuelle Perspektiven ermöglichen. Bei dem „(zeitversetzte[n] bzw. nachträgliche[n]) Sprechen über mentale Prozesse“ (Finkbeiner & Schluer, 2018, S. 28) dient der Stimulus als Erinnerungshilfe und zur Gliederung des Berichtes (Gass & Mackey, 2017).

> *[A] subject may be enabled to relive an original situation with great vividness and accuracy if he is presented with a large number of the cues or stimuli which occurred during the original situation. (Bloom, 1954, S. 25)*

In der Vergangenheit wurde das Stimulated Recall-Interview in verschiedenen Forschungskontexten und verschiedenen Formen eingesetzt. Neben beispielweise der Kommentierung von Audioaufnahmen aus unterschiedlichen universitären Lernsetting durch Studierende (Bloom, 1953; 1954), nutzten Kagan, Krathwohl und Miller (1963) Videoaufnahmen von Beratungsgesprächen, um das Bewusstsein über zwischenmenschliches Verhalten zu untersuchen.

In der Unterrichtsforschung gilt als verbreitetste Methode des Stimulated Recalls das Video-Stimulated Recall-Interview, bei dem die Teilnehmenden – wie in der Untersuchung von Kagan, Krathwohl und Miller (1963) – mit einer Videosequenz konfrontiert werden (Konrad, 2010). Neben der Untersuchung von Lehrer*innenkognitionen bzw. deren individuellen Perspektiven und Intentionen (u. a. Ankney, 2014; Calderhead, 1981; Heberle & Kranefeld, 2016) stehen in einigen Forschungsanliegen auch die Perspektiven der Schüler*innen im Fokus. Morgan (2007) beispielsweise nutzte Videosequenzen von Schulstunden, um in Gruppeninterviews Schüler*innenperspektiven auf Lernprozesse zu erschließen. In der Untersuchung von Leiß, Blum und Messner (2007) wurden Schüler*innen beim Lösen einer Mathematikaufgabe gefilmt, um nachfolgend in einem Video-Stimulated Recall-Interview deren Lösungswege zu thematisieren. Hinzukommend wurde die Methode beispielsweise bei Forschungsinteressen hinsichtlich der Wahrnehmung der eigenen Schüler*innenperson (u. a. Behrens, 2010) oder der Wahrnehmung von klasseninternen Sozialstrukturen (u. a. Grimminger, 2014) eingesetzt. So verdeutlicht sich ein breites Potenzial der Methode für die Erforschung sowohl von Kognitionen von Lehrkräften als auch von Kognitionen von Schüler*innen.

Aus diesem Grund schienen Stimulated Recall-Interviews auch für das vorliegende Forschungsanliegen – der Rekonstruktion von Assoziationen und deren Umwandlung in musikalisches Material – sinnvoll. Videosequenzen erwiesen sich als Stimulus in diesem Zusammenhang jedoch als nicht anwendbar. Da der Kompositionsprozess über mehrere Wochen und auch unabhängig von festen Orten verlief, war es nicht möglich den Prozess der Schüler*innen zu videografieren. Dementsprechend musste im Stimulated Recall auf alternative Stimuli zurückgegriffen werden. Neben der Nutzung von Audio- und Videoaufzeichnungen gibt es mitunter Beispiele in Forschungsvorhaben, in denen Originalmaterialien wie beispielsweise bearbeitete Arbeitsblätter (Gass & Mackey, 2017) als Stimuli verwendet wurden. So lassen sich auch in der Musikwissenschaft Beispiele finden, in denen für die Untersuchung von Kompositionsprozessen Noten und Aufzeichnungen der Komponisten als Stimulus für ein Recall Interview genutzt wurden:

Donin und Féron (2012) verwendeten unter anderem Partituren, Manuskripte, Entwürfe, Instrumentalnotizen und Computerdateien in einem sogenannten ‚situation stimulation interview‘[28] (hierzu auch Donin & Theureau, 2007) als Gedächtnisstützen, um den Kompositionsprozess des Komponisten Stefano Gervasoni chronologisch zu rekonstruieren. Ähnlich ging Pohjannoro (2014) in ihrem Forschungsvorhaben zur Entwicklung und Verfolgung kompositorischer Ideen vor (vgl. Kap. 3). Sie rekonstruierte die Entscheidungs- und Reflexionsmomente mithilfe von Stimulated Recall-Interviews basierend auf Skizzen des Komponisten.

Die dargestellten Beispiele zeigen Möglichkeiten der Gedächtnisstützen bei retrospektiven Berichten, um Einblicke in kognitive Prozesse zu erhalten. Ähnliche Skizzen über den Prozess der Schüler*innen wie in den

[28] Im ‚situation stimulation interview‘ dienen nicht nur Videos oder Dokumente als Erinnerungshilfe, sondern es wird versucht durch mehrere Stimuli die Situation, die im Mittelpunkt des Interviews steht, zu simulieren und dem Teilnehmenden dadurch eine Gedächtnisstütze zu bieten (vgl. Donin & Theureau 2007; Donin & Féron, 2012).

Arbeiten von Donin und Féron (2012) und Pohjannoro (2014) liefert das Portfolio in der Unterrichtsreihe. Diese ‚Originalmaterialien' scheinen als Stimulus für die Stimulated Recall-Interview sinnvoll, um Informationen über den Prozess der Umwandlung von der Assoziation zum musikalischen Material zu erlangen. Aus dieser Erkenntnis folgt die Entscheidung zu einem Portfolio-Stimulated Recall-Interview zur Erhebung der Daten für das Forschungsvorhaben.

## 9.2 Erhebungsinstrumente

Auf Grundlage der vorangegangenen Überlegungen wurde das Portfolio-Stimulated Recall-Interview im Rahmen des Forschungsanliegens als Erhebungsinstrument genutzt. Darüber hinaus wurde durch Auseinandersetzung mit dem Portfolio deutlich, dass auch dieses selbst Erkenntnisse über individuelle Prozesse liefern kann. Portfolioarbeit betreibt eine Art „Spurensicherung" (Häcker, 2017, S. 37) und dient dazu die Prozesse offenzulegen. Besonders nonverbale Darstellungen innerhalb des Portfolios erschienen für das Erkenntnisinteresse gewinnbringend, da durch deren Analyse neben den von den Schüler*innen bewussten auch unbewusst intendierte Sinngehalte offengelegt werden können (Billmann-Mahecha, 2010, S. 710). Des Weiteren beinhalten diese Darstellungen gegebenenfalls auch komplexere Vorstellungen der Schüler*innen, die nicht versprachlicht werden können und somit nicht im Interview zur Sprache kommen (Billmann-Mahecha, 2010, S. 711), aber trotzdem Erkenntnisse für den Nachvollzug der kognitiven Prozesse der Schüler*innen liefern. Deshalb wurden auch die Portfolios der Schüler*innen selbst als Dokumente herangezogen, um weiterführende Erkenntnisse über die individuellen Prozesse zu erlangen. Folglich hatte das Portfolio im Kontext der Erhebung zwei Funktionen: Zum einen diente es als Stimulus für die Interviews, zum anderen stellte es selbst ein Erhebungsinstrument dar.

### *9.2.1 Erhebungsinstrument I: Das Portfolio*

In Studien, in denen das Portfolio als Erhebungsinstrument diente, lag das Forschungsinteresse zumeist in der Umgangsweise mit dem Portfolio selbst. So untersuchte beispielsweise Häcker (2007) den Einfluss des

Portfolios auf die Wahrnehmung der Unterrichtsqualität und der Selbststeuerung der eigenen Lernprozesse. Hierzu nutzte er neben teilnehmender Beobachtung, Gruppendiskussionen und Interviews auch die Portfolios als Grundlage der Auswertung: „Während die Portfolios im Prozess als Lerninstrumente fungierten, wurden die fertigen ‚Produkte' vom Forschungsteam als Forschungsdokumente betrachtet und mit Genehmigung der Schülerinnen, in die Datenauswertung einbezogen" (Häcker, 2007, S. 13). Auch Ehring und Thienenkamp (2020) analysierten das Portfolio einer Studierenden hinsichtlich der Nutzung des Instruments und der vollzogenen Aufzeichnungspraxen. Ein ähnliches Interesse verfolgte Buchborn (2022), der Lerntagebücher von Schüler*innen im Rahmen einer Unterrichtsreihe zum Thema ‚Blues' analysierte und feststellte, dass diese von den Schüler*innen sehr unterschiedlich genutzt wurden. Das Portfolio fungiert in den Untersuchungen in einer Doppelrolle. Es wird als Forschungsinstrument gebraucht, um Erkenntnisse über die Arbeit mit dem Portfolio selbst zu liefern.

Allerdings machen methodologische Beiträge deutlich, dass das erkenntnisgenerierende Potenzial des Portfolios über Einsichten in den Nutzen und die Funktion des Portfolios hinausgeht. So verfolgte Häcker (2007) neben dem oben geschilderten Interesse auch die methodologische Frage, welche „spezifischen Erkenntnismöglichkeiten" (S. 13) das Portfolio als Forschungsinstrument bietet. Er stellte dahin gehend fest, dass sich die Analyse von Portfolios zuerst einmal zur Hypothesengenerierung eignet. Darüber hinaus lassen sich mithilfe des Portfolios Erkenntnisse über den „subjektiv erfahrenen Arbeits- und Lernprozess" (Häcker, 2007, S. 20) erlangen. Allerdings konstatierte er auch, dass das Portfolio für weiterführende Erkenntnisse beispielsweise bezüglich der Kontexte des Lernprozesses und deren individueller Wahrnehmung seitens der Schüler*innen als alleinige Datenquelle unzureichend ist.

Ein etwas weitreichenderes erkenntnisgenerierendes Potenzial des Portfolios konnte in einer eigens durchgeführten explorativen Untersuchung mit Johannes Voit (Janczik & Voit, 2020) festgestellt werden. In diesem Beitrag wurden erste Versuche unternommen, das Portfolio als Forschungsinstrument für die Musikpädagogik zu erschließen. Dementsprechend erfolgte eine Analyse zu Kompositionsprozessen von prozessbegleitend geführten Portfolios. Auf Grundlage der Analyse wurden methodologische Rückschlüsse gezogen. Es stellte sich heraus, dass das Portfolio als Forschungsinstrument unter anderem bei der „Rekonstruktion kompositorischer Vorstellungen zu einem bestimmten Moment im Kompositionsprozess“ (Janczik & Voit, 2020, S. 148) und bei der „Rekonstruktion individueller Sichtweisen auf den Kompositionsprozess“ (Janczik & Voit, 2020, S. 148) genutzt werden kann. Der Erkenntnisgewinn ist hierbei unter anderem abhängig von der Formulierung sowie der Terminierung der Portfolioimpulse (Janczik & Voit, 2020). Darüber hinaus zeigte sich allerdings, dass die Aufzeichnungen in den Portfolios teilweise nicht sehr differenziert scheinen und erst Gespräche über das Portfolio tiefere Einblicke geben. Häcker (2007) erläutert entsprechende Beobachtungen anhand des Reflexionsniveaus, welches sich im Vergleich zu den reinen Dokumenten unterscheidet. Folglich empfiehlt er für Forschungsanliegen, die Denk- und Sichtweisen von Schüler*innen betreffen, das Portfolio triangulierend – in Verbindung mit beispielsweise Interviews oder teilnehmender Beobachtung – einzusetzen. Auch Neuß (1999) sieht den Einbezug der Schüler*innenaussagen besonders bei der Interpretation bildlicher Darstellungen als nötig an: „Bildinterpretationen, die ohne die Beachtung der Kontextualität oder der Aussagen des Kindes gemacht werden, sagen zumeist mehr über den Betrachter aus als über den Beforschten“ (Neuß, 1999, S. 52).[29] Dadurch, dass das Portfolio in der vorliegenden Untersuchung nicht als alleiniges Erhebungsinstrument fungiert, sondern durch das Portfolio-Stimulated Recall-Interview ergänzt wird (zur Beziehung der beiden Datenkorpora s. Kap. 11.2), wird den Einwänden Rechnung getragen.

### *9.2.2 Erhebungsinstrument II: Portfolio-Stimulated Recall-Interviews*

Im Rahmen der Portfolio-Stimulated Recall-Interviews wird eine „dialogische[…] Rekonstruktion“ (Häcker, 2007, S. 21) der individuellen Prozesse angestrebt – unter der Prämisse: Portfolios „gestatten den Autoren und Betrachtern die Lernprodukte und den Lernprozess gemeinsam in den Blick zu nehmen“ (Häcker, 2017, S. 35). In didaktischen Kontexten gilt das Gespräch über das Portfolio als Teil des Konzepts, um Informationen über

[29] In der Literatur lassen sich auch Gegenstimmen finden, die sich auf die Grenzen der Verbalisierung stützen (u. a. Scheid, 2012). Aus diesem Grund wurde in der Auswertung auch auf das Portfolio als singulären Datenkorpus zurückgegriffen, um einen mehrdimensionalen Zugang zu den Daten zu ermöglichen. Die entsprechenden Auswertungen vollzogen sich aber unter Berücksichtigung der Auffassung von Neuß (1999) (vgl. Kap. 11.4.1).

den individuellen Lernweg und die Arbeit mit dem Portfolio zu erhalten (u. a. Pfeifer, 2017). Im Zuge empirischer Untersuchungen ist diese Form der Erkenntnisgenerierung nicht weit verbreitet (Janczik & Voit, 2020, S. 130). In der oben dargestellten eigenen Untersuchung (Janczik & Voit, 2020) wurde festgestellt, dass die Methode des Portfolio-Stimulated Recall-Interviews tiefere Einblicke in kompositorische Entscheidungen von Schüler*innen ermöglicht: Die Methode lässt in „unterschiedlichem Maße auch Rückschlüsse auf die Hintergründe und Chronologie kompositorischer Entscheidungen, individuelle Schwerpunktsetzungen und das Vorgehen im Kompositionsprozess" (Janczik & Voit, 2020, S. 148) zu.

Da in der vorliegenden Untersuchung diese Entscheidungsprozesse Teil der zu untersuchenden Umwandlungen sind, erscheint das in der genannten Untersuchung (Janczik & Voit, 2020) beschriebene Vorgehen auch für dieses Forschungsvorhaben gewinnbringend und wurde dementsprechend adaptiert.[30] Deshalb wurde das Vorgehen in den Interviews hinsichtlich des Erkenntnisinteresses konkretisiert. Für die nähere Spezifizierung der Interviews im Rahmen der vorliegenden Untersuchung orientieren sich die folgenden Darstellungen an den „**sechs wichtigsten Klassifikationskriterien** [Hervorhebung im Original] für die Forschungspraxis" (Döring & Bortz, 2016, S. 358):

> *1. Grad der Strukturierung der Interviewsituation,*
>
> *2. Anzahl der gleichzeitig interviewten Befragungspersonen,*
>
> *3. Art des Interviewkontaktes bzw. des Interviewmodus,*
>
> *4. Anzahl der Interviewenden,*
>
> *5. Art der Befragungspersonen,*
>
> *6. Art der Interviewtechnik (vgl. Döring & Bortz, 2016, S. 358 ff.).*

Bei den durchgeführten Portfolio-Stimulated Recall-Interviews handelt es sich um halbstandardisierte Interviews (Kriterium 1). Neben der Struktu-

[30] Für die nähere Beschreibung der durchgeführten Interviews s. Kap. 10.2.

rierung durch das Portfolio als Stimulus gliederte ein Leitfaden[31] mit Leitfragen, die weitgehend auf die verschiedenen Phasen im Kompositionsprozess abzielten, das Gespräch (Kriterium 6). Aufgrund der Undurchsichtigkeit der Prozesse wurden die Fragen offen gestaltet.

Da es sich bei den zu untersuchenden Prozessen um individuelle Prozesse handelte, fand das Interview in der Interviewform der Einzelbefragung statt (Kriterium 2). Die Entscheidung wurde dadurch bestärkt, dass Gruppen- bzw. Paarinterviews in der qualitativen Forschung in der Regel angewendet werden, um Informationen über ein Diskussionsthema (Fokusgruppen Diskussion) oder soziale Dynamiken zu erhalten. Gruppen- bzw. Paarinterviews wurden allerdings hinsichtlich des Forschungsanliegens als eher hinderlich angesehen, da die Gefahr bestanden hätte, dass die Schilderungen der Schüler*innen durch die Anwesenheit weiterer Schüler*innen beeinflusst würden.

Aufgrund des Einbezugs des Portfolios erfolgten die Interviews persönlich im Face-to-Face-Kontakt[32] (Kriterium 3). Dabei konnten die Schüler*innen durch direktes Zeigen auf den Stimulus Bezug nehmen. Auch wenn mehrere Interviewende für diese besondere Interview-Situation sinnvoll erscheinen würden, da zusätzlich zu verbalsprachlichen Aspekten auch die visuellen Darstellungen im Portfolio berücksichtigt werden mussten, erfolgten die vorliegenden Interviews aus forschungspraktischen Gründen durch einen Interviewenden (Kriterium 4).

---

[31] „Durch den Interview-Leitfaden [Hervorhebung im Original] und die darin angesprochenen Themen erhält man […] ein Gerüst für Datenerhebung und Datenanalyse, das die Ergebnisse unterschiedlicher Interviews vergleichbar macht. Dennoch lässt das Leifaden-Interview genügend Spielraum, spontan aus der Interviewsituation heraus neue Fragen und Themen einzubeziehen" (Döring & Bortz, 2016, S. 372).

[32] Ausnahme stellten zwei Interviews dar, die aus verschiedenen Gründen nachgeholt werden mussten und deshalb online via der Kommunikationssoftware Zoom durchgeführt wurden. Zum einen konnte ein Schüler aus Krankheitsgründen nicht an den regulären Interviews teilnehmen, zum anderen ergaben sich im Rahmen der Auswertung Unklarheiten beim Interview mit einer Schülerin, sodass die Chance, diese durch ein weiteres Interview zu beseitigen, wahrgenommen wurde. In diesen Fällen wurden die eingescannten Portfolios während des Interviews geteilt.

Die befragten Schüler*innen wurden in dem Interview als Laien angesehen, da sie keine Fachexpertise bezüglich der zu untersuchenden Kompositionsprozesse hatten (Kriterium 5). Zudem fand Berücksichtigung, dass es sich bei den Interviewpartner*innen um Jugendliche handelte. Diese beiden Faktoren nahmen Einfluss auf die Formulierung des Leitfadens (s. Anhang).

# 10. Durchführung

Die Durchführung der Erhebung erfolgte von Oktober bis November 2020. Die Unterrichtsreihe wurde entsprechend der Darstellungen in Kapitel 6.3 durchgeführt. Auch die Impulse für das Portfolio[33] wurden weitgehend entsprechend Kapitel 6.3 formuliert.[34]

Nach zwei Doppelstunden zur Vorbereitung auf den Kompositionsprozess begannen die Schüler*innen wie geplant individuell mit der eigentlichen zweiwöchigen kompositorischen Arbeit, welche durch die Portfolioarbeit begleitet wurde. Direkt im Anschluss daran wurden mit den Schüler*innen einzeln Portfolio-Stimulated Recall-Interviews geführt und so die Interviewdaten generiert.

Im Folgenden wird zuerst die Durchführung der Unterrichtsreihe mit Schwerpunkt auf dem entsprechenden Lehrer*innenhandeln thematisiert. Anschließend erfolgt eine nähere Auseinandersetzung mit der Durchführung der Portfolio-Stimulated Recall-Interviews.

## 10.1 Durchführung der Unterrichtsreihe zur Initiierung der Prozesse

Im forschungsmethodischen Kontext diente die Unterrichtsreihe zur Initiierung und Erforschung der individuellen kognitiven Prozesse der Schüler*innen während des Komponierens zu einem Topos und wurde dementsprechend durchgeführt. Die Unterrichtsreihe wurde von mir und nicht von einer Lehrkraft durchgeführt. Die Gründe dafür waren vielfältig. Erstens war ich durch die Entwicklung der Unterrichtsreihe mit dieser vertraut und kannte die Hintergründe der einzelnen Elemente. Zweitens beinhaltete das Forschungsanliegen die Untersuchung von individuellen Prozessen der

[33] In Absprache mit der Klassenlehrerin wurde der Begriff „Skizzenbuch“ in den Einheiten verwendet, da dieser für die Schüler*innen zugänglicher schien als der Begriff des Portfolios.

[34] In Absprache mit der Klassenlehrerin wurde der Begriff „Klang“ in den Impulsen durch „Ton“ ersetzt, da dieser für die Schüler*innen verständlicher war. Zudem gab es vereinzelt Änderungen in den Vorschlägen zu den Dokumentationsweisen im Portfolio, um an den vorherigen Unterricht der Schüler*innen anzuknüpfen.

Schüler*innen im unterrichtlichen Kontext. Der Unterricht an sich war somit nicht zentraler Gegenstand der Forschung, sondern wurde als Einflussfaktor angesehen. Im Sinne der Validität (Döring & Bortz, 2016) mussten deshalb Reaktionen auf beispielsweise Fragen der Schüler*innen so ausfallen, dass den Schüler*innen einerseits Orientierung für ihr Handeln gegeben werden konnte. Andererseits sollten die Umwandlungen nicht so weit gelenkt werden, dass infolgedessen nur die Folgen des Lehrer*innenhandelns hätten untersucht werden können, denn „Lehrer haben mit ihren Kompetenzen und ihrem unterrichtlichen Handeln erheblichen Einfluss auf die Lernentwicklung von Schülern" (Lipowsky, 2006, S. 64). Mit dem Wissen über das Forschungsanliegen erschien entsprechendes Handeln leichter. Meine Handlungen als Lehrkraft wurden zusammenfassend durch die Prämisse geleitet, den Schüler*innen eine Orientierung durch Inhalte zu geben, dabei allerdings den Handlungsspielraum so weit wie möglich zu fassen. So wurden immer mehrere Optionen zur Verfügung gestellt, wenn Beispiele zur Orientierung bei der Erläuterung von Aufgabenstellungen sinnvoll erschienen. Außerdem war das Ziel, thematisch wenig Anknüpfungspunkte für den späteren Kompositionsprozess zu liefern, um einer Imitation entgegenzuwirken. So wurde beispielsweise für das Erproben des Assoziationsclusters (vgl. Kap. 6.3) bewusst das Thema *Liebe* gewählt, da dieses keine offensichtlichen Parallelen zum späteren Kompositionstopos *Kälte* aufweist. Folglich waren meine Handlungen als Lehrkraft an einigen Stellen forschungsmethodisch motiviert. Dennoch gab es auch durch mich Eingriffe in diese Prozesse, die es in der Diskussion der Ergebnisse zu reflektieren gilt. Eine Grundlage dieser Reflexion ist ein Postskriptum, das von der in den Stunden anwesenden Klassenlehrerin, und mir nach jeder Stunde angefertigt wurde. Inhalt dessen war eine kurze Skizzierung des Ablaufs der Unterrichtsstunde und notierte Auffälligkeiten im Rahmen der Unterrichtsstunde. Im Anschluss an die Unterrichtsreihe wurden die Portfolio-Stimulated Recall-Interviews durchgeführt, auf die im Folgenden näher eingegangen wird.

## 10.2 Durchführung der Portfolio-Stimulated Recall-Interviews

Um den zeitlichen Abstand vom Interview zum Prozess möglichst gering zu halten (vgl. Kap. 9.1), schlossen sich direkt an die Ergebnispräsentationen die ersten Portfolio-Stimulated Recall-Interviews an. Je Interview wurde eine halbe Stunde Zeit eingeplant. Da die Schüler*innen nach der Ergebnispräsentation noch fünf Zeitstunden vor Ort waren, konnten an diesem Tag zehn Interviews durchgeführt werden. Am folgenden Tag konnten wiederum zehn Interviews stattfinden[35] (die Schüler*innen wurden für diese Zeit von ihrem regulären Unterricht befreit). Die Portfolio-Stimulated Recall-Interviews erfolgten in einem Klassenraum der Schule. In Anlehnung an die eigens durchgeführte Untersuchung mit Johannes Voit (Janczik & Voit, 2020) wurde eine Kamera so positioniert, dass sie auf ein auf die Größe des Portfolios angepasstes Rechteck filmte (vgl. Abb. 4). Durch die Aufforderung an die Schüler*innen, mit dem Finger auf den Teil in ihrem Portfolio zu zeigen, über den sie gerade sprechen, konnten Gesprächsanlässe nachvollzogen werden. Die verbalen Äußerungen der Schüler*innen wurden zusätzlich mit einem Audioaufnahmegerät erfasst.

Abbildung 4: Kamerasicht auf das Portfolio

[35] Ein Schüler war an beiden Tagen krank, sodass sein Interview zwei Wochen später via Zoom durchgeführt wurde. Allerdings erwies sich der zeitliche Abstand zum Prozess als zu groß, sodass der Schüler sich an wenig erinnern konnte. Folglich wurde dieses Interview nicht in den Datenkorpus übernommen. Eine weitere Schülerin kam nicht zum Interviewtermin und somit konnte auch entsprechende Interviewdaten nicht in die Daten aufgenommen werden. Hinzu kamen zwei Schüler*innen, die ihre Datenschutzerklärung nicht abgegeben hatten und somit auch nicht interviewt werden durften.

Zu Beginn des Interviews erhielten die Schüler*innen eine kurze Einführung. Dabei wurde betont, dass im Vordergrund die Wahrnehmung und Perspektive der Schüler*innen auf den kompositorischen Prozess steht und nichts von dem Besprochenen mit anderen Schüler*innen oder Lehrkräften geteilt wird. Zudem war Teil der Einführung des Interviews, dass die Interviewführung sich an den Ausführungen im Portfolio orientiert und durch Leitfragen[36] strukturiert wird. Folglich wurden die Schüler*innen als Erstes aufgefordert ihre Ideensammlung zum Thema *Kälte* zu erläutern. Hierbei zielten die zusätzlichen Leitfragen auf die Assoziationsentstehung und die möglicherweise schon vorhandene Verknüpfung mit musikalischem Material ab. Des Weiteren wurde erfragt, ob Assoziationen weiterverfolgt wurden, die nicht im Portfolio festgehalten wurden. Nachfolgend sollten die Schüler*innen durch die weiteren Visualisierungen im Portfolio auf den anschließenden Kompositionsprozess eingehen. Daher war der Interviewverlauf an dieser Stelle je nach individuellen Aufzeichnungen unterschiedlich. Nachfolgend zielten die Leitfragen auf Hürden im Prozess bzw. Ideen ab, die nicht weiterverfolgt wurden. Im Anschluss ergab sich durch das Abspielen der finalen Komposition in der App *Pocket Composer* ein weiterer Stimulus, um über die konkrete musikalische Umsetzung zu sprechen. Hierbei wurde erfragt, was die Schüler*innen mit ihrer Komposition bzw. den einzelnen Klängen darstellen wollten und welchen Teil sie besonders präferierten. Zum Abschluss des Interviews erfolgte die Abklärung eventueller Vorerfahrungen und den Schüler*innen wurde die Möglichkeit zur Ergänzung gegeben. Der Umgang mit den entstandenen Daten wird im folgenden Kapitel thematisiert.

[36] Für den konkreten Leitfaden s. Anhang.

# 11. Datenaufbereitung und Auswertung

Das Ziel der Datenaufbereitung besteht darin, die gewonnenen Rohdaten in eine (qualitativ) auswertbare Form zu bringen (Döring & Bortz, 2016). Bei der vorliegenden Untersuchung liegt dabei der Fokus auf den beiden Datenkorpora *Portfolios* und *Videos der Portfolio-Stimulated Recall-Interviews*. Wie das unterschiedliche Datenmaterial dabei in Beziehung gesetzt wird, wird im Anschluss an die Beschreibung der Fallauswahl – welche in Anlehnung an das Theoretical Sampling von Glaser und Strauß (vgl. Kelle & Kluge, 2010, S. 47 ff.) erfolgte – erläutert. Am Ende des Kapitels wird die Vorgehensweise bei der Auswertung des Datenmaterials beschrieben.

## 11.1 Aufbereitung des Datenmaterials

Die Portfolios der Schüler*innen wurden nach den Interviews eingesammelt und eingescannt. Dabei wurden die Namen der Schüler*innen aus Datenschutzgründen unkenntlich gemacht, falls diese in den Scans sichtbar waren. Des Weiteren erhielt jede*r Schüler*in einen Aliasnamen und eine Nummer, welche mit dem Klarnamen und dem Alter der*des Schülers*in in einer Tabelle aufgeführt wurden, um mit den Daten strukturiert weiterarbeiten zu können. Die gescannten Portfolios wurden zuerst einmal nicht transkribiert, sondern anschließend in bildlicher Form als PDF-Datei in die Analysesoftware MAXQDA[37] eingepflegt.

Die Interviews wurden vollständig transkribiert, um „mündliche Rede und das flüchtige Gesprächsverhalten für wissenschaftliche Analysen dauerhaft in Schriftsprache verfügbar [zu] machen“ (Langer, 2013, S. 515). Die Transkriptionen erfolgten nach den festgelegten Transkriptionsregeln der Musikpädagogischen Forschungsstelle Bielefeld, welche an den Konventionen für das Minimaltranskript des GAT 2 (Gesprächsanalytisches Transkriptionssystem) (Selting et al., 2009) angelehnt sind. Diese erwiesen sich für das Forschungsvorhaben als günstig, da die Transkription hierbei an der Standardorthografie orientiert ist, welche eine vereinfachte Transkriptionsweise darstellt (Langer, 2013). Eine „literarische Umschrift“ (Langer, 2013, S. 519) oder eine „phonetische Umschrift“ (Langer, 2013, S. 519),

---

[37] https://www.maxqda.com/de/ (zuletzt geprüft am 09.05.2023).

welche auch die phonetische Ebene darstellt, wurde nicht benötigt, da für das Forschungsanliegen phonetische Aspekte zweitrangig erschienen. Obwohl eine Teiltranskription weniger zeitaufwendig gewesen wäre, wurde eine Volltranskription präferiert, da die Charakterisierung des Forschungsgegenstands als offen und prozesshaft impliziert, dass Aspekte und Zusammenhänge erst im Rahmen der Codierung erkannt werden könnten. Somit gab es bei der Transkription keine Beschränkungen auf Teile der Interviews.

Im Anschluss an die Transkriptionen wurden die Transkripte in die Analysesoftware MAXQDA eingepflegt und mit den Videos der Portfolio-Stimulated Recall-Interviews gekoppelt, damit bei den entsprechenden Teilen des Transkripts deutlich wird, welcher Aspekt im Portfolio thematisiert wird. Darüber hinaus wurden zum gegebenenfalls näheren Verständnis der Transkripte auch die Kompositionsprodukte der Schüler*innen als MP4-Datei[38] beigefügt. Folglich entstand ein Datensatz für jede*n Schüler*in aus Scan des Portfolios, Transkript, Video des Interviews und Kompositionsprodukt.

## 11.2 Beziehung der Datenkorpora

Um die vorhandenen Daten angemessen hinsichtlich des Forschungsanliegens auswerten zu können, musste erst einmal der Stellenwert bzw. das Verhältnis der einzelnen Datenkorpora zueinander geklärt werden. Hierbei war besonders relevant, welche Funktion das Portfolio sowohl im Interview als auch im Kompositionsprozess einnahm. Zudem wurde die Frage verfolgt, ob die beiden Datenkorpora Erkenntnisse auf der gleichen Ebene liefern und somit in der Auswertung kombiniert werden können.

Im Prozess nutzten die Schüler*innen das Portfolio weitestgehend zu Dokumentationszwecken. Darüber hinaus lassen sich in den Dokumenten vereinzelt kürzere Reflexionspassagen entdecken, wie beispielsweise eine subjektive Einordnung eines Klangs. Bezogen auf das Forschungsanliegen zeigen sich damit zwei verschiedene Ebenen. Zum einen lassen sich durch

[38] Das Video beinhaltet den abgefilmten Bildschirm beim Abspielen des Kompositionsprodukts in der App. Dementsprechend konnten die Struktur und die Klangwechsel auch visuell nachvollzogen werden.

die Dokumentation explizit Prozesse nachvollziehen, zum anderen gibt das Portfolio Einblicke in subjektive Sichtweisen über Prozessinhalte. Dies galt es im Rahmen der Auswertung zu berücksichtigen und klar zu trennen.

Die Portfolio-Stimulated Recall-Interviews fungierten in Bezug auf das Portfolio zumeist als Erläuterung – dies wurde durch die Leitfragen des Interviews auch angeregt. So führte S15 beispielsweise über eine skizzierte Jacke aus: *„ich hab mir hier gedacht dass man hier die Jacken zumacht weil man halt, weil es halt kalt wird“* (S15, 34–35)[39] oder S04 erläuterte durchgestrichene Elemente: *„hm ich habe Sachen durchgestrichen, weil ich andere Ideen hatte- und weil ich die nicht mehr so gut fand“* (S04, 118–119). Daher konnte die Auswertung der Interview-Transkripte nur in Verbindung mit dem Scan des Portfolios erfolgen. Des Weiteren konnte jedoch festgestellt werden, dass die Schüler*innen im Interview nicht auf alle Aspekte im Portfolio eingingen. Dementsprechend wurde das Portfolio auch unabhängig vom Interview ausgewertet. Da beide Datenkorpora dazu beitragen, verschiedene Merkmale der Umwandlungsprozesse identifizieren zu können, konnten diese in der Auswertung im Sinne einer Datentriangulation (Flick, 2011) additiv kombiniert und der Erkenntnisgewinn somit angereichert werden.

Die beiden Datenkorpora werden in der vorliegenden Untersuchung als gleichwertig und als sich ergänzend angesehen. Auch aufgrund der unterschiedlichen Daten, die mitunter auf unterschiedliche Weise miteinander vernetzt sind, gestaltete sich die Auswertung als aufwendig. Deshalb wurden aus forschungsökonomischen Gründen nach der angesprochenen Vollerhebung der Klasse einzelne Fälle für die Transkription und Auswertung in Anlehnung an das Theoretical Sampling (Kelle & Kluge, 2010) ausgewählt.

[39] Kürzere Zitate aus den Transkripten werden kursiv und in Anführungszeichen gesetzt. Längere Zitate werden eingerückt, in verringerter Schriftgröße dargestellt und kursiv gesetzt. Des Weiteren wird in Klammern nach dem Zitat die entsprechende Schüler*innennummer und die Zeilennummer des Transkripts (z. B. S15, 34–35) oder die Seitennummer im Portfolio (z. B. S01, Portfolio S. 6) kenntlich gemacht. Im Sinne der besseren Lesbarkeit wurden die Zitate geglättet.

## 11.3 Theoretical Sampling

Im Rahmen der qualitativen Forschung ist das „Verfahren einer bewussten (d. h. nicht zufälligen!) kriteriengesteuerten Fallauswahl und Fallkontrastierung“ (Kelle & Kluge, 2010, S. 43) unabdingbar. Nachdem die Klasse, in der die Untersuchung durchgeführt wurde, bereits nach gewissen Kriterien ausgewählt wurde (vgl. Kap. 8), wurden innerhalb dieser wiederum gezielt Fälle ausgewählt, die für das Forschungsanliegen als besonders relevant erschienen. Die entsprechende Auswahl vollzog sich in Anlehnung an das Theoretical Sampling „auf der Basis theoretischer und empirischer Vorkenntnisse“ (Döring & Bortz, 2016, S. 302). Im Idealfall erfolgt eigentlich schon die Datenerhebung sukzessive nach dieser Methode, indem der Forschende einen zyklischen Prozess zwischen Auswertung und Datenerhebung vollzieht, der von der „zu erwartenden theoretischen Relevanz zu einem gegebenen Zeitpunkt des Forschungsprozesses“ (Kelle & Kluge, 2010, S. 48) bestimmt wird. Da allerdings die Portfolio-Stimulated Recall-Interviews zeitlich nah am beschriebenen Prozess liegen mussten, damit die Schüler*innen sich möglichst gut an diesen erinnern konnten (vgl. Kap. 9.1), war eine gesamte Datenerfassung durch eine Vollerhebung der Klasse nötig. Die vorgenommene Auswahl der Fälle hinsichtlich Transkription und Auswertung erfolgten hingegen in Anlehnung an das Theoretical Sampling (Kelle & Kluge, 2010) selektiv und absichtsvoll. Nach Sichtung der Videos wurde der erste Fall anhand der Sequenzen ausgewählt, die die Forschungsfragen (vgl. Kap. 7) betreffen. Danach wurden im Sinne der Fallkontrastierung weitere Fälle sukzessive hinzugefügt, die „entweder relevante Unterschiede oder große Ähnlichkeiten“ (Kelle & Kluge, 2010, S. 48) in Bezug auf die Arten assoziierter Inhalte und die Verbindungen zwischen assoziiertem Inhalt und musikalischem Material aufwiesen.

Der Samplingprozess wurde so lange durchgeführt bis „keine theoretisch relevanten Ähnlichkeiten und Unterschiede mehr im Datenmaterial entdeckt werden“ (Kelle & Kluge, 2010, S. 49) konnten. Im Rahmen der Untersuchung konnte der Codierprozess dementsprechend nach der Auswertung des Datenmaterials von 15 Schüler*innen abgeschlossen werden.

## 11.4 Auswertungsmethode

Das nachfolgende Unterkapitel thematisiert die Auswertungsmethode der vorliegenden Untersuchung. Im Zentrum des Forschungsanliegens stand die Rekonstruktion der verschiedenen Umwandlungsstrategien. Um diese systematisch zu erfassen und zu kontrastieren, wurde fallübergreifend eine Bildung von Typen angestrebt. Grundlegend für eine Typenbildung ist die Festlegung eines ‚Merkmalsraums' (vgl. Kuckartz, 2018, S. 146f.), in welchem die Typen verortet werden können. Dieser setzt sich aus mehreren Dimensionen zusammen, die die vergleichenden Merkmale zwischen den Typen und deren Ausprägung abbilden. Diese wurden im Rahmen der Auswertung der Interview-Transkripte und der Portfolios herausgearbeitet (vgl. Kapitel 12.1–12.4). Leitend waren dabei die untergeordneten Forschungsfragen (vgl. Kap. 7). Die Auswertung der Interview-Transkripte orientierte sich an der inhaltlich strukturierenden qualitativen Inhaltsanalyse nach Kuckartz (2018). Die Wahl einer geeigneten Auswertungsmethode für das Portfolio gestaltete sich aufgrund der Verbindung verbaler und nonverbaler Inhalte hingegen als problematisch. Im Folgenden werden deshalb verschiedene Auswertungsmethoden diskutiert und eine für das Forschungsanliegen passende Methode adaptiert.

### *11.4.1 Auswertung des Portfolios – Verbindung verbaler und nonverbaler Darstellungen*

Die Auswertung von Portfolios ist aufgrund der multimedialen Dokumentationsweisen eine Herausforderung. Sabisch (2015) macht das methodologische Problem deutlich, indem sie konstatiert, dass „eine serielle inter- oder transmediale Untersuchungsmethode" (S. 193) ein Desiderat darstellt. „Entweder interpretiert man ein Bild oder einen Text" (Sabisch, 2015, S. 192). Deshalb untersuchte sie die Portfolios auf eine holistische Art und identifizierte ‚Brüche' „durch eine mediale oder materielle Veränderung" (Sabisch, 2015, S. 202) als Indizien für ästhetische Erfahrungen.

Ehring und Thienenkamp (2020) gingen in ihrer Untersuchung hingegen auch auf einzelne Aspekte im Portfolio ein und orientierten sich bei der Analyse von künstlerischen Portfolios an der dokumentarischen Bildinterpretation nach Bohnsack, Michel und Przyborski (2015). Aufgrund der Komplexität des Verfahrens bedienten sich die beiden Kunstpädagoginnen nur an den Grundschritten – der formulierenden und reflektierenden Interpretation. Im Zuge der formulierenden Interpretation setzen sich Ehring und Thienenkamp (2020) auf einer deskriptiven Ebene mit dem Portfolio einer Studierenden auseinander. Sie beschreiben unter anderem Maße, äußere Aufmachung und Inhalte der Portfolioseiten. Im zweiten Schritt – der reflektierenden Interpretation – gehen Ehring und Thienenkamp (2020) auf die Art und Weise ein, wie etwas dargestellt ist, um „Denk-, Handlungs- und Reflexionsprozesse" (Ehring & Thienenkamp, 2020, S. 160) zu rekonstruieren.

Buchborn (2022) verwendet in seiner Analyse zum individuellen Umgang von Lehrtagebüchern ein eher offenes Verfahren und fokussiert dabei sowohl die verschiedenen Darstellungs- bzw. Nutzungsweisen als auch inhaltliche Aspekte. Im Zuge dessen geht er weitgehend auf verschriftlichte Inhalte ein und interpretiert diese hinsichtlich der Reflexionsprozesse der Schüler*innen. Nonverbale Inhalte wie beispielsweise Notationen oder Zeichnungen benennt Buchborn (2022) in ihrer medialen Gestalt und beschreibt deren Kontext im Lerntagebuch.

Weitere Untersuchungen, welche multimediale Inhalte von Portfolios in den Fokus nehmen, verbleiben zum Großteil auf einer deskriptiven Ebene der nonverbalen Inhalte. So brachte Häcker (2007) alle Inhalte im Portfolio auf eine sprachliche Ebene, indem er verbale Darstellungen direkt transkribierte und nonverbale Darstellungen benannte. In diesem Kontext fertigte er „selektive Transkripte" (S. 13), welche er als „Diaskripte" (S. 13) bezeichnete, an. Häcker (2007) transkribierte hierbei die verschriftlichten Hauptteile der Portfolios vollständig. Mit nonverbalen Darstellungen ging er wie folgt um: „Bei mehrseitigen Fotokopien oder Internetausdrucken werden die Überschriften genannt, bei Bildern das jeweilige Motiv, Gegenstände werden benannt bzw. charakterisiert. Darüber hinaus sollte alles auffällig erscheinende Erwähnung finden" (Häcker, 2007, S. 13). Er kritisierte allerdings selbst an diesem Vorgehen, dass „Kontextinformationen, wie z. B. liebevolle Gestaltung, Lesbarkeit, Einbettung usw." (Häcker, 2007, S. 14) nicht weiter berücksichtigt werden konnten. Der Fokus auf inhaltliche Aspekte wurde so jedoch geschärft. Allerdings liegt in der Analyse von Gestaltungsmerkmalen ein besonderes Potenzial: „Eine darüber hinausgehende Einbeziehung der gestalterischen Qualitäten (im Sinne von qualitas = Beschaffenheit) wäre sicher gerade im Kontext der ästhetischen Unterrichtsfächer erkenntnisreich" (Janczik & Voit, 2020, S. 129). Diese Untersuchung von ‚gestalterischen Qualitäten' hat unter anderem eine lange Tradition in der Analyse von Kinderzeichnungen. Zumeist stehen bei dieser Art des methodischen Zugangs „das kindliche Ausdrucks- und

Darstellungsvermögen“ (Lehmann-Wermser, Jessel-Campos & Krupp-Schleußner, 2014, S. 105) und die Rekonstruktion von „Weltsichten, die sich in Kinderbildern manifestiert“ (Lehmann-Wermser, Jessel-Campos & Krupp-Schleußner, 2014, S. 105), im Fokus des Erkenntnisinteresses. Darüber hinaus wird der Analyse von Kinderzeichnungen ein Potenzial bei der Einsicht in tiefenpsychologische Strukturen nachgesagt (vgl. Wiehelhaus, 1987, S. 111). Maßgeblich für die Analyse von Kinderzeichnungen sind kunstspezifische Auswertungsmethoden wie Bildhermeneutik (u. a. Boehm, 1978) oder die ikonografische und ikonologische Interpretation nach Panofsky (1975) (Neuss, 2017; Scheid, 2012).

Auch im Kontext musikpädagogischer Forschung lassen sich vereinzelt Studien finden, die auf die Analyse von Kinderzeichnungen zurückgreifen. So untersuchte Kleinen (1986) Kinderzeichnungen, um Erkenntnisse über die Musiksozialisation von Schüler*innen zu erlangen. Die Analyse erfolgte in zwei Schritten: Zum einen wurden gemalte Aspekte quantitativ ausgewertet, zum anderen untersuchte er qualitativ Besonderheiten in den Zeichnungen hinsichtlich der Größenverhältnisse, der Genauigkeit der Zeichnung, der Darstellung der eigenen Person und der Darstellung anderer Personen, um unter anderem Erkenntnisse über die subjektive Wahrnehmung der Schüler*innen, mögliche Idole oder Beziehungsgeflechte zu erlangen. Ähnlich gingen Kleinen und Schmitt (1991) bei der Untersuchung zu musikalischen Lebenswelten vor, in der sie 5.000 Bilder von Schüler*innen (1. bis 9. Schulklasse) auswerteten. Die beiden Musikwissenschaftler kategorisierten Aspekte auf den Bildern anhand einer „Merkmalsliste“ (Kleinen & Schmitt, 1991, S. 149) auf der Grundlage einer inhaltsanalytischen Auswertung. Diese bestand unter anderem aus den Kategorien ‚Musikinstrumente‘, ‚Personen‘ und ‚Aktionsformen‘. Folgend wurden diese quantitativ ausgewertet und beispielsweise die verschiedenen Altersklassen in Beziehung gesetzt.

Auch Schmid (2014) kombinierte in ihrer Studie zu Dimensionen des Musikerlebens qualitative und quantitative Forschungsmethoden und nutzte im Zuge dessen Kinderbilder als eine ergänzende Alternative zu ihren quantitativen Daten mit dem Fokus auf der „Variable der ‚Opernaffinität‘“ (Schmid, 2014, S. 248). Bei der Auswertung der Bilder, welche im Rahmen einer Prae- und Postbefragung entstanden (dementsprechend waren von jedem Kind in der Regel zwei Bilder vorhanden), orientierte die Musikpädagogin sich an den fünf Analyseebenen für Kinderzeichnungen von

Neuß (1999) und entwickelte darauf aufbauend ein eigenes Konzept der Bildanalyse bestehend aus (Schmid, 2014, S. 254):

1. Repräsentation (Was ist auf dem Bild abgebildet?)
2. Interaktion und Kommunikation (Was passiert auf dem Bild?)
3. Inkonologie (Wie sind Aufteilungen und Größenverhältnisse auf dem Bild dargestellt?)
4. Symbolisierung und Hintergrund (Was thematisiert das Kind mit Symbolen?)

Durch eine nachfolgende Protokollanalyse der Sitzungen ihres Auswertungsteams konnte Schmid (2014) verschiedene Einflussgrößen auf die Opernaffinität der Schüler*innen feststellen.

Lehmann-Wermser, Jessel-Campos und Krupp-Schleußner (2014) wählten in ihrer Untersuchung zu kultureller Teilhabe einen eher deskriptiven Zugang für die Analyse von Schüler*innenzeichnungen. Sie analysierten in diesem Zusammenhang sogenannte Malmappen von Schüler*innen, welche aus je fünf Bildern zu dem Thema „Was ich mit Musik erlebt habe“ (S. 104) bestanden. Bei der Auswertung des Gemalten kategorisierten Lehmann-Wermser, Jessel-Campos und Krupp-Schleußner (2014) die dargestellten Aspekte zu der Frage „welche Erlebnisse dargestellt wurden“ (S. 106). Gestaltungsspezifische Aspekte wurden untergeordnet betrachtet, da es laut den Forscher*innen nicht „um die zeichnerischen Kompetenzen ging“ (S. 106).

Im Rahmen der vorliegenden Arbeit schien allerdings eine Auswertung in Anlehnung an Lehmann-Wermser, Jessel-Campos & Krupp-Schleußner (2014) und somit der Analyse anhand einer Leitfrage aufgrund der Komplexität und Undurchsichtigkeit der zu untersuchenden Prozesse nicht vollends sinnvoll. Eine holistische Betrachtung und Untersuchung von Medienwechseln war aber bezüglich der Forschungsfragen in Anlehnung an Sabisch (2015) ebenfalls nicht der ideale Zugang, da auch inhaltliche Komponenten im Fokus der Analyse stehen sollten. Aufgrund der Transmedialität und der Vielzahl an kleineren Skizzen bzw. Bildfragmenten schien es ebenso wenig zielführend, sich bei der Analyse nur an klassischen Verfahren der Bildanalyse anzulehnen. Folglich musste für die Auswertung der Portfolios ein Vorgehen adaptiert werden. Als Anregung dienten hierfür, wie bei Schmid (2014), die Ebenen von Kinderzeichnungen nach Neuß (1999). Allerdings wurde diese aufgrund der heterogenen Skizzierungen noch weiter zusammengefasst, sodass Ebenen je nach Darstellung individuell angewendet werden konnten. Folglich entstanden zwei Schritte der Auswertung:

1. *Repräsentation*: Diese Ebene ist äquivalent zu der von Neuß (1999). Dementsprechend beinhaltete sie folgende Leitfragen (vgl. Neuß, 1999, S. 64):
   - *Was ist zu sehen?*
   - *Was ist unmittelbar abgebildet?*
   - *Welche Farben und Formen zeigt das Bild?*
2. *Deutung*: Diese Ebene beinhaltet die weiteren vier Bereiche von Neuß (1999, S. 64):
   - *Imagination (Was ist an Gegenständen oder Personen unsichtbar in das Bild assoziiert, also nicht direkt abgebildet?)*
   - *Handlung und Kommunikation (Was passiert auf dem Bild?)*
   - *Zeiten (Was ist gleichzeitig abgebildet oder imaginiert, findet jedoch nacheinander statt?)*
   - *Symbolisierung & biografischer Hintergrund (Was thematisiert das Kind mit seinen selbstgefundenen Symbolen?)*

Die Analyse bezog sich sowohl auf die gesamten Seiten im Portfolio – somit wurden diese auch streng genommen als Bild betrachtet, auch wenn sie schriftliche Darstellungen beinhalteten – als auch auf einzelne komplexere Darstellungen auf einer einzelnen Seite, die im Sinne der Forschungsfrage relevant erschienen.[40] Zum besseren Verständnis wird folgend das Auswertungsverfahren exemplarisch anhand einer Seite aus einem Portfolio (vgl. Abb. 5) und zwei bildlichen Darstellungen (vgl. Abb. 6 & Abb. 7) konkret angewendet.

[40] Die Auswertung vollzog sich in einem iterativen Prozess. So wurde die Relevanz einzelner Darstellungen zum Teil erst durch die Auswertung der Interviews deutlich und dementsprechend erst im Anschluss an diese analysiert. Die Analysen erschlossen wiederum gegebenenfalls andere Sichtweisen auf die Interviews, sodass die so gewonnenen Erkenntnisse auch in die Auswertung einflossen.

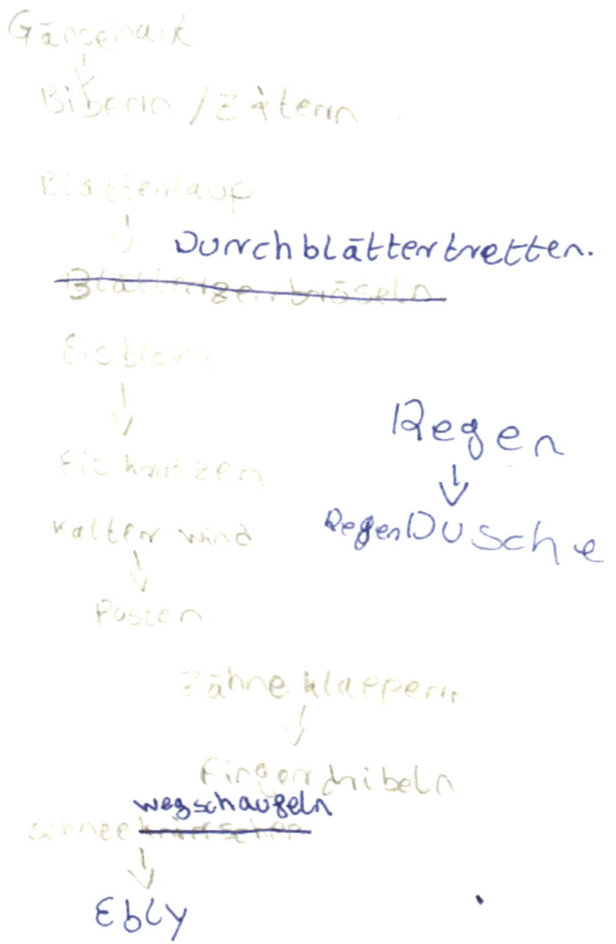


Abbildung 5: Auszug Portfolio S05, S. 4

*Repräsentation*

Die vorliegenden Skizzierungen auf der Seite eines Portfolios sind mit grauer und blauer Farbe angefertigt und zeigen eine Anordnung von Wort-Pfeil-Verbindungen. Jeweils ein Pfeil verbindet zwei Wörter oder Wortverbindungen aus beispielsweise Substantiv und Verb oder Adjektiv und Substantiv sowie einmal ein Wort mit zwei Wörtern, die durch einen Schrägstrich getrennt sind. Die Wörter sind übereinander angeordnet, sodass der Pfeil von oben nach unten zeigt. Teilweise sind Wörter bzw. Wortteile durchgestrichen und mit anderen überschrieben.

*Deutung*

Auf der Ebene der Deutung sind zwei Interpretationen möglich. Eine Lesart wäre, dass S05 auf dieser Seite des Portfolios ihre verschiedenen Umwandlungen von assoziierten Inhalten darstellt. Dementsprechend stünden die Pfeile symbolisch für den Umwandlungsprozess. So würde die Schülerin darstellen, dass sie beispielsweise im Verlauf des Kompositionsprozesses Regen mithilfe einer Regendusche umsetzt und kalten Wind durch Pusten usw. Inhaltlich fällt auf, dass die Umsetzung der assoziierten Inhalte zumeist durch klingende Bewegungen erfolgt (u. a. durch Blätter treten, Eis kratzen etc.).

Eine weitere Möglichkeit der Interpretation wäre, dass die Darstellungen das Weiterspinnen von Assoziationen darstellen. Die Unterschiede der beiden Deutungsweisen sind zwar nur marginal, für die Rekonstruktion der Umwandlungen aber doch relevant, sodass zur weiteren Klärung das Interview herangezogen werden muss (vgl. Fußnote 40).

Übergreifend kann festgehalten werden, dass die verschiedenen Farben Aufschluss auf eine zeitliche Abfolge im Prozess geben. So ist zu schlussfolgern, dass die Darstellungen mit Bleistift (grau) vor den Darstellungen mit Füller (blau) vollzogen worden sind. Des Weiteren zeigen die durchgestrichenen Wörter verworfene Aspekte und die oberhalb geschriebenen bilden die neuen Ideen ab. Außerdem kann vermutet werden, dass die Abfolge der dargestellten Umwandlungen ein Indiz für die Abfolge in der Komposition ist.

Wie bereits erwähnt, wurden auch einzelne Darstellungen näher analysiert, um Rückschlüsse auf die Denkweisen der Schüler*innen zu erhalten und somit den Stellenwert des Dargestellten für den Umwandlungsprozess deuten zu können. Im Folgenden werden die Analysen von zwei verschiedenen Skizzierungen von Wind (vgl. Abb. 6 & Abb. 7) dargestellt, um auch hier den Mehrwert der Bildinterpretation deutlich zu machen.

Abbildung 6: Auszug aus Portfolio von S06, S. 3

Abbildung 7: Auszug aus Portfolio von S16, S. 6

*Repräsentation Abbildung 6*

Abbildung 6 bildet eine Zeichnung in blauer Tinte ab. Diese beinhaltet ein Strichmännchen mit ausgestreckten Armen und Beinen ohne Gesicht, welches rechts und links von jeweils drei übereinander gezeichneten Wellenlinien umgeben ist. Über der Zeichnung steht das Wort „Windgeräusche".

*Deutung Abbildung 6*

Zusammenfassend stellt S06 mit der Zeichnung eine Szene dar, die ein Individuum im Wind zeigt. Aufgrund der Bein- und Armhaltung lässt sich schlussfolgern, dass der Wind eine gewisse Intensität hat. Die Bedeutung der Wellenlinien lässt sich auf zwei Arten interpretieren. Zum einen könnten diese den Schall der Windgeräusche darstellen, welche das Individuum umgeben. Zum anderen könnten die Wellenlinien den Wind darstellen. Das Wort ‚Windgeräusche' wäre damit ein Verweis auf die Umsetzung und die Zeichnung beinhaltet ein Individuum, welches von Wind umgeben ist und somit diesen als umfassendes, ganzheitliches Ereignis wahrnimmt.

Die unterschiedlichen Deutungsweisen erscheinen auch hier zuerst einmal marginal. Bezogen auf das Forschungsanliegen bilden sich aber in den unterschiedlichen Interpretationen auch unterschiedliche Arten assoziierter Inhalte ab, welche auch unterschiedliche Anknüpfungspunkte für eine Umwandlung mit sich bringen. Für ein Verständnis der Prozesse gilt es deshalb, den unterschiedlichen Interpretationsweisen nachzugehen und auch mit Erkenntnissen aus den Interview-Transkripten abzugleichen (vgl. Fußnote 40).

*Repräsentation Abbildung 7*

Abbildung 7 bildet eine Zeichnung mit Buntstiften ab. Diese zeigt links ein Strichmännchen, welches aus hellblauen und dunkelblauen Strichen besteht. Bei diesem ist ein Gesichtsausdruck mit einem weit aufgerissenen Mund erkennbar. Die Arme und Beine sind vom Körper weg gestreckt. Neben dem Strichmännchen sind auf der rechten Seite direkt angrenzend unregelmäßige hellblaue Kreise und Wirbel dargestellt. Diese sind übereinander angeordnet und mit einem Pfeil mit der Aufschrift ‚Wind' gekennzeichnet. Daneben ist rechts ein braun ausgemaltes Rechteck zu sehen, welches ca. doppelt so hoch und doppelt so breit ist wie das Strichmännchen. Auf dem Rechteck ist auf der linken Seite auf mittlerer Höhe ein hellblauer Winkel abgebildet.

*Deutung Abbildung 7*

Die Zeichnung bildet eine Szene ab. Der Wind kommt durch die offene Tür frontal auf das Individuum zu, wodurch dieses erschrocken reagiert. Folglich ist durch die Zeichnung auch eine emotionale Komponente des assoziierten Inhalts zu erkennen. Aufgrund des Gesichtsausdrucks, der Arm- und Beinhaltung und der Größe, Anzahl und Dichte der Kreise ist auf eine gewisse Intensität des Windes zu schließen.

Zusammenfassend werden auf beiden Zeichnungen assoziierte Szenen dargestellt, die ein Erleben von Wind beinhalten. Trotz der Gemeinsamkeiten lassen sich allerdings auch einige Unterschiede ausmachen. Besonders relevant ist, dass bei Abb. 6 mehr das Klangerleben bzw. die klangliche Umsetzung fokussiert wird, wohingegen bei Abb. 7 eher ein ganzheitlicher Fokus auf der assoziierten Szene (inkl. emotionalen Empfindungen etc.) liegt.

Neben den Portfolios stellten die Interview-Transkripte den zweiten auszuwertenden Datenkorpus dar. Diese wurden wie nachfolgend dargestellt in Anlehnung an die inhaltlich strukturierende qualitative Inhaltsanalyse nach Kuckartz (2018) ausgewertet.

### *11.4.2 Auswertung der Interview-Transkripte: Die inhaltlich strukturierende qualitative Inhaltsanalyse*

Ziel der Auswertung war es, „am Material ausgewählte inhaltliche Aspekte zu identifizieren, zu konzeptualisieren und das Material im Hinblick auf solche Aspekte systematisch zu beschreiben“ (Schreier, 2014, S. 6). Dabei lag, wie bereits angesprochen, der Fokus der Auswertung auf der Identifikation und Systematisierung der verschiedenen Merkmale der Umwandlungen, um durch diese den Merkmalsraum der Strategien der Umwandlung festzulegen und dadurch zu charakterisieren. Besonders die Offenheit bezüglich der Kategorien im Rahmen der inhaltlich strukturierenden qualitativen Inhaltsanalyse (Kuckartz, 2018) war dabei für das Forschungsvorhaben gewinnbringend:

> *In Bezug auf die Entwicklung der Kategorien, mit denen in der inhaltlich strukturierenden Inhaltsanalyse gearbeitet wird, lässt sich ein weites Spektrum konstatieren, das von der vollständig induktiven Kategorienbildung am Material bis hin zur weitgehend deduktiven Bildung von Kategorien reicht. (Kuckartz, 2018, S. 97)*

Folglich konnten die Dimensionen der Umwandlungen sowohl anhand der untergeordneten Forschungsfragen durch deduktive Hauptkategorien abgebildet, aber auch induktiv ausdifferenziert und ergänzt werden. Das Verfahren der inhaltlich strukturierenden qualitativen Inhaltsanalyse gliedert sich dabei in sieben Arbeitsschritte, welche im Auswertungsprozess iterativ durchlaufen werden (vgl. Abb. 8). Im Folgenden werden nun die einzelnen Phasen beschrieben und in Bezug auf die vorliegende Untersuchung konkretisiert.

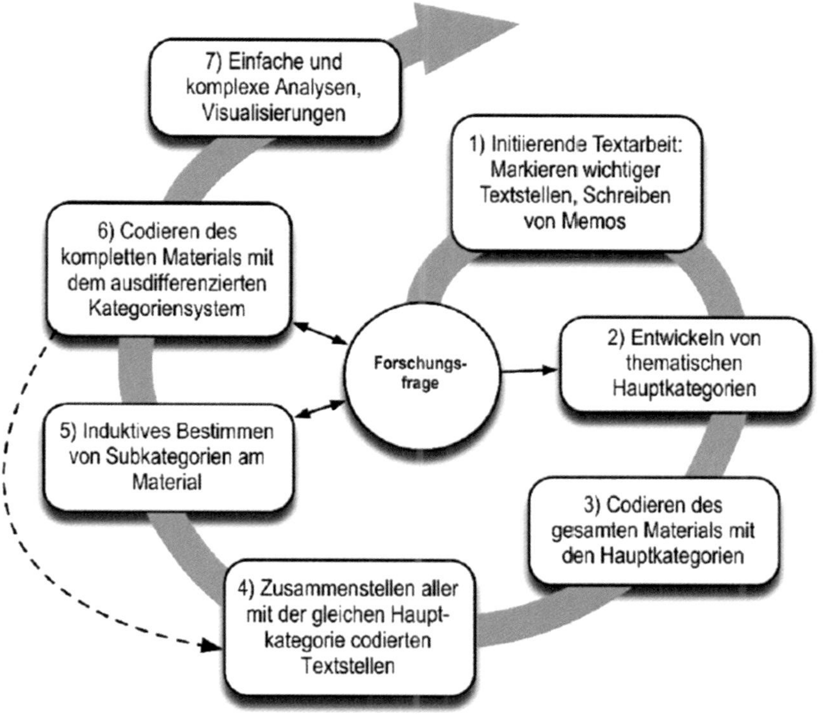


Abbildung 8: Ablaufschema einer inhaltlich strukturierenden qualitativen Inhaltsanalyse nach Kuckartz (2018, S. 100)

*Phase 1: Initiierende Textarbeit: Markieren wichtiger Textstellen und Schreiben von Memos*

Die erste Phase beinhaltet die Auseinandersetzung mit dem Datenmaterial – also den Interview-Transkripten, welche Verweise zu den jeweiligen Seiten des Portfolios beinhalteten (vgl. Kap. 11.1). Dabei wurden wichtige Textstellen markiert und auffällige bzw. als wichtig erachtete Stellen kenntlich gemacht und mit Memos versehen. Neben der Auseinandersetzung mit den Interview-Transkripten wurden im Rahmen der Phase erste Fallzusammenfassungen angefertigt, um die Merkmale der einzelnen Fälle in einem ersten Schritt zu konkretisieren und eine Möglichkeit des schnellen Vergleichens zwischen den Fällen zu schaffen.

*Phase 2: Entwickeln von thematischen Hauptkategorien*

Die in der zweiten Phase entwickelten Hauptkategorien wurden zuerst einmal deduktiv anhand der Forschungsfragen abgeleitet. Hierbei entstanden zur ersten Systematisierung die Hauptkategorien *assoziierte Inhalte*, *Assoziationsketten*, *musikalisches Material*, *Verbindung zwischen assoziierten Inhalten und musikalischem Material* und *Einflussfaktoren*, da diese Faktoren als grundlegend für die Rekonstruktion der Umwandlungen angesehen wurden. Die Hauptkategorien wurden daraufhin erprobt, indem sie auf einen Teil des Datenmaterials angewendet wurden.

*Phase 3: Codieren des gesamten Materials mit den Hauptkategorien*

Mit der dritten Phase beginnt der eigentliche Codierprozess. Hierfür wurde das Datenmaterial „sequenziell, d. h. Zeile für Zeile vom Beginn bis zum Ende ... [durchgegangen] und Textabschnitte den Kategorien [zugewiesen]" (Kuckartz, 2018, S. 102) – auch eine Mehrfachcodierung einer Sequenz war hierbei möglich. Textstellen, die keiner Kategorie zugeordnet werden konnten, blieben uncodiert. Die Codierung wurde in Bezug auf das Gesamtmaterial vorgenommen – im Sinne „der aus der Hermeneutik stammenden Regel [...], dass, um einen Text in Gänze zu verstehen, alle seine Teile verstanden werden müssen" (Kuckartz, 2018, S. 102).

*Phase 4: Zusammenstellung aller mit der gleichen Hauptkategorie codierten Textstellen* und *Phase 5: Induktives Bestimmen von Subkategorien am Material*

Die Zusammenstellung aller mit der gleichen Hauptkategorie codierten Textstellen erfolgte in der Analysesoftware MAXQDA. In einem weiteren Schritt wurden die besagten Textstellen wiederum codiert, um induktiv Subkategorien zu bilden. Die „Identifikation der relevanten Dimensionen" (Kuckartz, 2018, S. 106) war ein wichtiger Bestandteil der zugehörigen Definitionen, welche durch Passagen aus dem Datenmaterial illustriert wurden. Neben den Subkategorien konnten im Codierprozess auch weitere Hauptkategorien identifiziert werden, die in das Kategoriensystem aufgenommen wurden. Des Weiteren wurde das Kategoriensystem umsortiert, sodass beispielsweise aus Hauptkategorien Subkategorien wurden.

*Phase 6: Codieren des kompletten Materials mit dem ausdifferenzierten Kategoriensystem*

Der sechste Analyseschritt beinhaltete die Codierung des gesamten Materials durch die angelegten Haupt- und Subkategorien. Falls dabei neue Kategorien zur Systematisierung des Datenmaterials hinsichtlich der Forschungsfragen benötigt wurden, wurde das Kategoriensystem durch diese erweitert und bisher systematisiertes Datenmaterial musste erneut codiert werden. Im Laufe des Prozesses erschien es zur Erfassung von beispielsweise Assoziationsketten sinnvoll, das Datenmaterial der einzelnen Fälle nach dem geschilderten Ablauf des Kompositionsprozesses umzusortieren. Durch die zuvor getätigte Kategorisierung konnten die Textstellen dementsprechend hinsichtlich einer zeitlichen Ebene im Kompositionsprozess einsortiert werden. Das strukturierte Datenmaterial wurde wiederum mit dem Kategoriensystem ausgewertet.

*Phase 7: Einfache und komplexe Analysen, Visualisierungen*

Kuckartz (2018) unterscheidet in seinen Darstellungen zwischen sechs verschiedenen Auswertungsformen (S. 118 ff.). Da durch die Inhaltsanalyse das primäre Anliegen verfolgt wurde, die Merkmale und Dimensionen der Umwandlungen zu ergründen und somit den Merkmalsraum der Strategien der Umwandlung festzulegen, beschränkte sich die Analyse auf die Auswertungsformen 1–3. Dies implizierte eine kategoriebasierte Auswertung entlang der Hauptkategorien (vgl. Auswertungsform 1), eine differenzierte Darstellung der Hauptkategorien mit den dazugehörigen Subkategorien und deren Zusammenhängen (vgl. Auswertungsform 2) und eine Analyse der Zusammenhänge zwischen den Hauptkategorien (vgl. Auswertungsform 3). Durch die inhaltlich strukturierende qualitative Inhaltsanalyse und die Auswertung der Portfolios wurden verschiedene Merkmale und die Dimensionen der Umwandlungen identifiziert. Dadurch konnte ein Merkmalsraum festgelegt werden, der die Grundlage für die angestrebte Typenbildung darstellt.

### *11.4.3 Bildung merkmalsheterogener natürlicher Typen*

Die Bildung der verschiedenen Typen wurde in Anlehnung an Kuckartz (2018) vollzogen. Ziel war die Zusammenfassung der einzelnen Umwandlungen in merkmalsheterogene natürliche Typen (Kuckartz, 2018, S. 150), um mehrdimensionale Muster (Kuckartz, 2018, S. 143) zu identifizieren und so ein Verständnis über die Prozesse vom assoziierten Inhalt bis zum musikalischen Material zu ermöglichen. Die Typen wurden induktiv aus dem Material gewonnen und nicht wie die ‚künstlichen Typologien' „ohne direkte Bezugnahme auf die empirische Existenz nur aus der Kombination von Merkmalen bzw. Merkmalsausprägungen konstruiert" (Kuckartz, 2018, S. 150). Kuckartz (2018) stellt fest, dass ‚natürliche Typologien' „faktisch fast immer polythetisch sind, d. h. die zu einem Typ gehörenden Individuen sind bezüglich der Merkmale des Merkmalsraums nicht alle völlig gleich, sondern einander nur besonders ähnlich" (Kuckartz, 2018, S. 151).

Um die verschiedenen Umwandlungen in Form von natürlichen Typen zusammenzufassen, wurden nach der Festlegung des Merkmalsraums die verschiedenen von den Schüler*innen vollzogenen Umwandlungen unter Berücksichtigung der vergleichenden Merkmale zusammenfassend beschrieben und dabei die jeweiligen Merkmalsausprägungen fokussiert. Nachfolgend wurden die Zusammenfassungen nach „Kriterien der Ähnlichkeit sortiert, geordnet und gruppiert" (Kuckartz, 2018, S. 151). Die daraus resultierenden Gruppen wurden mit einer Typenbezeichnung versehen und durch die „Konstruktion von Modellfällen" (Kuckartz, 2018, S. 158) näher beschrieben:

> *Dieses Verfahren löst sich vom Einzelfall und weist gewisse Ähnlichkeiten mit der Idealtypenbildung bei Max Weber auf. Es werden allerdings keine wirklichen Idealtypen gebildet, denn die polythetischen Typen und ihre Position im Merkmalsraum liegen ja bereits vor der typologischen hinterleuchteten Textinterpretation fest, d. h. sie existieren real, denn es lassen sich Individuen des Samples bezeichnen, die zu dem Typ gehören. Es werden lediglich einschlägige Textsegmente nach dem Kriterium der Plausibilität für den zu beschreibenden Typ ausgewählt und fallübergreifend montiert. (Kuckartz, 2018, S. 158)*

Die Typen fassen dabei nicht das gesamte Vorgehen einzelner Schüler*innen zusammen, sondern einzelne Umwandlungen. Folglich kann ein*e

Schüler*in im Laufe des Prozesses unterschiedliche Strategien angewendet haben und die verschiedenen Umwandlungen können unterschiedlichen Typen zugeordnet werden.

# 12. Ergebnisteil

In diesem Kapitel werden die Ergebnisse der Studie und somit die einzelnen Typen, die die Strategien der Schüler*innen zur Umwandlung assoziierter Inhalte in musikalisches Material zusammenfassen, präsentiert. Zunächst erfolgt die Darstellung der verschiedenen für die Typenbildung vergleichenden Merkmale. Diese speisen sich sowohl aus den Ergebnissen der Auswertung der Portfolios als auch aus den Ergebnissen der Auswertung der Interview-Transkripte. Die Ergebnisse der beiden Datenkorpora werden dabei nicht einzeln aufgeführt, sondern direkt in Verbindung dargestellt. Diese Darstellungsweise wurde gewählt, da im Zuge der beiden Auswertungsverfahren ähnliche Ergebnisebenen – die Merkmale der Umwandlungsprozesse – verfolgt wurden (vgl. Kap. 11.2). Dementsprechend reichern sich die Ergebnisse der Analyse der Portfolios und die Ergebnisse der Auswertung der Interview-Transkripte gegenseitig an. Die Erkenntnisse können auf diese Weise verdichtet dargelegt werden.

Als zentrale Bestandteile der Umwandlungsprozesse und somit als vergleichende Merkmale der Umwandlungsstrategien wurden gemäß der untergeordneten Forschungsfragen (vgl. Kap. 7) die *assoziierten Inhalte* (Kap. 12.1), die *prozessleitenden Einflussfaktoren* (Kap. 12.3) und die *Verbindungen zwischen assoziierten Inhalten und musikalischem Material* (Kap. 12.4) festgelegt. Diese wurden als deduktive Kategorien angewendet und im Auswertungsprozess induktiv weiter ausdifferenziert. Darüber hinaus zeigte sich im Rahmen der Auswertung, dass Schüler*innen ihre assoziierten Inhalte zum Teil im Umwandlungsprozess veränderten. Dementsprechend konnte mit der *Wandlung der assoziierten Inhalte* (Kap. 12.2) eine weitere Hauptkategorie induktiv bestimmt und somit als vergleichendes Merkmal festgelegt werden.

Die Merkmalsausprägungen innerhalb des Datenmaterials bilden die Grundlage für das zentrale Anliegen der Arbeit: die Bildung natürlicher merkmalsheterogener Typen, die die Umwandlungsstrategien der Schüler*innen verkörpern (Kap. 12.5). Die nähere Charakterisierung der Typen erfolgt durch die ‚Konstruktion eines Modellfalls' (vgl. Kuckartz, 2018, S. 158), indem einzelne Segmente des Materials aus verschiedenen Fällen plausibel zusammengeführt werden (vgl. Kap. 11.4.3). Im Folgenden werden allerdings zuerst die vergleichenden Merkmale beschrieben und charakterisiert.

## 12.1 Die assoziierten Inhalte

Den Startpunkt der zu untersuchenden Prozesse bilden die Assoziationen der Schüler*innen zum Topos *Kälte*. Wie schon in Kapitel 6.2 beschrieben, regte ein Portfolioimpuls die Schüler*innen dazu an, ihre Assoziationen zum Topos *Kälte* zu dokumentieren. Die daraus gebildeten Assoziationscluster erläuterten die Schüler*innen im Portfolio-Stimulated Recall-Interview. Im Rahmen der Auswertung wurde deutlich, dass der Topos *Kälte* – wie gewünscht – facettenreiche Assoziationen bei den Schüler*innen auslöste. Aus den Darstellungen der Schüler*innen ließen sich dementsprechend verschiedene Arten assoziierter Inhalte ausmachen und somit konnten mehrere induktive Subkategorien bezüglich der assoziierten Inhalte aus dem Datenmaterial herausgearbeitet werden: *Dinge*, *Handlungen*, *Wetterphänomene*, *Atmosphären*, *Klänge*, *sensorische Empfindungen*, *Gefühle, Szenen*.

Die Subkategorie *Dinge*[41] beinhaltete assoziierte Gegenstände, wie beispielsweise Kleidungsstücke (z. B. S17, 74), Eiswürfel (z. B. S20, 38) oder Geschenke (z. B. S01, Portfolio S. 6). Eine Zuordnung erfolgte, wenn der dargestellte assoziierte Inhalt „eine tastbare Materie aufweist und ohne Zutun keine (sichtbare) Bewegung ausführen kann“ (Janczik, 2022, S. 115). „Einen Grenzfall stellen dabei Bäume und Pflanzen dar, die zu der Kategorie der Dinge in den Assoziationen zugeordnet wurden, wohlwissend, dass es sich hierbei um Lebewesen handelt. Die Einordnung schien nichtsdestotrotz sinnhaft, da diese die Spezifika *unbeweg*t und *tastbare Materie* [Hervorhebung im Original] der Kategorie aufweisen.“ (Janczik, 2022, S. 115). Des Weiteren assoziierten die Schüler*innen mit dem Topos *Kälte* konkrete *Handlungen,* wie beispielweise anziehen (z. B. S11, 201–202), trinken (z. B. S01, 35) etc. Ebenfalls konnten assoziierte Inhalte identifiziert werden, die *Wetterphänomene* beinhalten. Diese führten die Schüler*innen in ihren Äußerungen entweder in Bezug auf eine Art Atmosphäre an (*„wenn es windig ist“* [S11, 28]) oder sie benannten die konkreten Substantive wie zum Beispiel *„Schnee“* (z. B. S13, 47), *„Regen“* (z. B. S09, 92), *„Wind“* (z. B. S14, 124) etc. Falls die Schüler*innen das assoziierte Wetter als eine Art Atmosphäre darstellten, wurde der assoziierte Inhalt auch in die Subkategorie der assoziierten *Atmosphären* einsortiert. Hierbei beschrieben die Schüler*innen etwas Umgebendes, wie zum Beispiel

[41] Diese Subkategorie wurde bereits in Janczik (2022) beschrieben.

Dunkelheit (vgl. S19, 225 & S06, 109). Auch die in Kapitel 11.4.1 dargestellte Skizze von S06 (vgl. Abb.6), die eine Szene im Wind zeigt, wurde dementsprechend gedeutet.

Zum Teil wird bei den Beschreibungen der Schüler*innen deutlich, dass sie die assoziierten Inhalte schon mit einer konkreten auditiven Vorstellung verbinden. So fügt S18 zu seiner Assoziation an: *„wie Sturm im Winter dieses Pfeifen"* (S18, 43–44). Folglich konnten diese assoziierten Inhalte sowohl der Subkategorie der *Wetterphänomene* als auch der Subkategorie *Klänge* zugeordnet werden. Assoziierte Inhalte wurden in diese Subkategorie einsortiert, wenn Schüler*innen explizit einen Klang darstellten bzw. beschrieben. So hat auch S05 beispielsweise im Rahmen ihres Assoziationsclusters im Portfolio das Wort *„Schneeknirschen"* (S. 4) aufgeschrieben und somit in ihrer Darstellung den Fokus auf den Klang gelegt.

In einer weiteren Subkategorie wurden assoziierte *sensorische Empfindungen* zusammengefasst. So fügt beispielsweise S01 zu ihrer Beschreibung von Weihnachten hinzu: *„und man friert halt auch"* (S01, 38). In diesem Zusammenhang nimmt die Schülerin auf das verschriftlichte Wort ‚frieren' in ihrem Portfolio Bezug, welches in Verbindung mit einer abstrakten dunklen Skizzierung dargestellt ist (vgl. Abb. 9). Es ist möglich, dass S01 dadurch Anknüpfungspunkte für die musikalische Umsetzung schafft. Im Gegensatz dazu verbildlicht S14 das Verb durch ein Gesicht, welches mit überdimensionalen Zähnen gezeichnet ist, sodass die Deutung des Zähneklapperns naheliegt. Auch hier könnte die musikalische Umsetzung bei der Zeichnung von dem Schüler mitgedacht worden sein (Klang aufeinanderschlagender/klappernder Zähne) (vgl. Abb. 10).

Abbildung 9: Auszug Portfolio S01, S. 5

Abbildung 10: Auszug Portfolio S14, S. 5

Eine weitere Subkategorie der assoziierten Inhalte, die auf Grundlage von mehreren Assoziationen herausgearbeitet wurde, stellte die Assoziation von *Gefühlen* dar. Die Schüler*innen, die assoziierte Inhalte dieser Art beschrieben, verbanden den Topos *Kälte* mit einem Gefühl, das sie entweder explizit äußerten wie zum Beispiel *„Angst“* (S06, 109), *„Herzschmerz“* (S04, Portfolio S. 5), *„Liebeskummer“* (S04, Portfolio S. 5) oder das durch ihre Beschreibungen deutlich wurde.

Bei der Auswertung der Interview-Transkripte wurde zudem deutlich, dass die Schüler*innen nicht nur einzelne Aspekte, sondern auch ganze *Szenen* assoziierten. So beschrieb beispielsweise S06:

> *ja- damals da- äh ja war es ja eher so mit - zum Beispiel wir waren in Spanien 2018- und da war auch- ich weiß nicht mehr genau- ne 2016 war das. Da war auch zum Beispiel war es mit äh mit so - ein so immer welchen (die) entführt worden sind und so- und abends und so- und dann wo ich so- bei uns immer so- über das Feld gegangen bin und so- wenn es etwas dunkler war- ja und daran hat mich das dann immer so erinnert und so. (S06, 164–168)*

> *ja das war damals häu/ bei mir auch so- immer wenn es so dunkel war- dann ich wollte ich immer so nach Hause und so- wenn hier wenn ich dann draußen unterwegs war und so- ja weil mir das dann immer so unangenehm war. Zum Beispiel auf dem Feld war so immer die Bäum/ von den Bäumen die Geräusche und so- ja da hatte ich immer so das Gefühl so- ich will weg jetzt hier ich will nach Hause (S06, 119–123)*

Charakteristisch für die assoziierten Szenen ist, dass diese eine zeitliche Abfolge und einen Ort des Geschehens beinhalten. Innerhalb der Darstellungen können darüber hinaus verschiedene und vielfältige assoziierte Inhalte identifiziert werden, die auch anderen Subkategorien zugeordnet werden können. So dokumentierte auch S06 in seinem Portfolio die Szene nur durch Einzelaspekte in seinem Assoziationscluster: *„unangenehm“*, *„dunkel“*, *„Rauschen“*, *„Angst“*, *„Will-weg-Gefühl“* (Portfolio S. 3). Die Spezifizierung durch die Dokumentationen von S06 macht eine gewisse Flexibilität bzw. Wandelbarkeit der assoziierten Inhalte deutlich.

Durch die Assoziation der Szene, welche der Schüler *„wegen dem Dunkeln“* (S06, 188; vgl. auch 131–132) mit dem Topos *Kälte* verknüpft, öffnet der Schüler erst einmal den Möglichkeitsraum, indem er eine Vielzahl von Anknüpfungspunkten für die Umwandlung in musikalisches Material schafft. Aufgrund der Dokumentation im Assoziationscluster ist S06 allerdings erst einmal – wie alle Schüler*innen – zu einer Spezifizierung gezwungen und hält die assoziierte Szene aus dem Urlaub im Portfolio durch die oben beschriebenen Einzelaspekte fest. Hierdurch wird der Möglichkeitsraum für eine musikalische Umwandlung zugespitzt. Die Einzelaspekte können allerdings wieder weitere Assoziationen anstoßen, welche in Form von Assoziationsketten weitergesponnen werden. Solche Wandlungen der assoziierten Inhalte konnten im Rahmen der Auswertung mehrfach rekonstruiert und so die *Wandlung assoziierter Inhalte* als induktive Hauptkategorie gebildet werden.

## 12.2 Die Wandlung assoziierter Inhalte

Innerhalb der Umwandlungsprozesse wurden die assoziierten Inhalte durch die Schüler*innen von ihrem Ursprung bis zur Umsetzung in musikalisches Material zum Teil spezifiziert, erweitert, verändert etc. Im Rahmen der Auswertung konnten zwei verschiedene Wandlungsarten und somit Subkategorien identifiziert werden: *Kopplung assoziierter Inhalte* und *Assoziationsketten*.

### *12.2.1 Kopplung assoziierter Inhalte*

Schon durch das Koppeln eines assoziierten Inhalts mit einem weiteren assoziierten Inhalt ergeben sich für die Schüler*innen zusätzliche Anknüpfungspunkte für die Erstellung musikalischen Materials. So assoziierte beispielsweise S18 mit dem Topos *Kälte* Geschenke (s. Abb. 11). Der Schüler koppelte im Laufe des Umwandlungsprozesses den assoziierten Inhalt, der der Subkategorie *Dinge* (s. o.) zugeordnet wurde, mit einer *Handlung*: *„wenn man das so aufreißt“* (S18, 150).

Abbildung 11: Auszug Portfolio S18, S. 3

Folglich konnte S18 nicht nur auf das assoziierte Geschenk an sich zurückgreifen, sondern auch Facetten der dazugehörigen Handlung bei der Vertonung berücksichtigen. Ähnliches machte sich S16 zunutze, die in ihrem Assoziationscluster Winterkleidung (S16, Portfolio S. 3) assoziierte und diese mit der Handlung des Anziehens koppelte (S16, 200). Unter der hier genannten Kategorie werden somit Kopplungen von Arten assoziierter Inhalte gefasst, die in Verbindung fokussiert werden. Dies schließt allerdings nicht aus, dass diese auch Teil von Assoziationsketten oder von dargestellten Situationen sind – die Kopplung wird in dem codierten Abschnitt des Datenmaterials nur fokussiert.

### *12.2.2 Assoziationsketten*

Der Subkategorie *Assoziationsketten* wurden Reihungen von Assoziationen zugeordnet, die entweder explizit von den Schüler*innen benannt wurden oder deren Zusammenhänge im Rahmen der Auswertung des Datenmaterials deutlich wurden. Durch Assoziationsketten können mehrere Arten assoziierter Inhalte in Beziehung zueinander gesetzt bzw. weiterentwickelt werden. Damit ging auch eine Erweiterung der Anknüpfungspunkte für das musikalische Material einher. Die herausgearbeiteten Assoziationsketten entstehen häufig durch Ursache-Wirkungszusammenhänge („*wenn es schneit dann baut man halt Schnee:männer*“ (S01, 36–37) oder Kausalzusammenhänge („*Schneemann dacht ich auch dabei weil in der Winterzeit macht man ja meistens Schneemann*“ [S09, 59–60]). Darüber hinaus kann bei der Darstellung der Assoziationsketten auch eine logische Folge von Ereignissen leitend sein: *„also wenn halt zum Beispiel Regen- kaltes Wasser halt- auf die Haut fällt dann gehen wird das halt direkt zur Gänsehaut. und dann fängt man halt an zu bibbern und zu zittern"* (S05, 246–247). Demnach lässt sich hier nachverfolgen, wie S05 vom Topos *Kälte* über den Regen (*„wenn halt der Regen auf die Haut kommt dann dann ist das halt auch so richtig kalt im Winter"* [S05, 142–143]) auf Bibbern und Zittern kommt. Auch in den Darstellungen von S18 wird deutlich, dass der Schüler Assoziationen in Form einer Assoziationskette weitergesponnen hat:

> *aber dann irgendwie wenn man auf eins kam zum Beispiel habe ich gedacht was ist denn so Kälte. Da denkt man an Winter direkt meistens Dann Schnee da kommen halt direkt so manche Sachen in den Kopf. Weihnachtsbaum habe ich gedacht. Dann habe ich gedacht was ist zum Beispiel ein Weihnachtsbaum- dann kam ich zum Beispiel auf eine Glocke. (S18, 26–30)*

Im späteren Verlauf des Interviews schildert S18 (75–78), dass durch den Weihnachtsbaum für ihn Erinnerungen zu erlebten Weihnachtsfesten hervorgerufen wurden. Somit wurde der Möglichkeitsraum bezüglich der Verklanglichung auf Grund der Wandlung wieder erweitert und es ergaben sich weitere Anknüpfungspunkte.

Zusammenfassend changieren die assoziativen Prozesse zwischen einer Öffnung und einer Eingrenzung des Möglichkeitsraums bis zur Festlegung auf Aspekte, die die Schüler*innen in musikalisches Material umsetzen wollen. Dieser Prozess wird unter anderem von Präferenzen der Schüler*innen und Hürden, mit denen diese konfrontiert werden, gelenkt. Thematisiert werden diese Einflussfaktoren im folgenden Kapitel.

## 12.3 Prozessleitende Einflussfaktoren

Im Rahmen der Auswertung konnten bestimmte Faktoren identifiziert werden, die Einfluss darauf nahmen, ob Assoziationen bzw. Darstellungsanliegen von den Schüler*innen weiterverfolgt wurden und die daraus resultierenden Klänge in das Kompositionsprodukt einflossen oder ob Ideen verworfen bzw. abgeändert wurden. Die vorliegenden Einflussfaktoren lassen sich in diesem Zusammenhang in *intrasubjektive Einflussfaktoren* wie beispielsweise Vorstellungen oder Präferenzen der Schüler*innen selbst und *externe Einflussfaktoren* wie Begebenheiten oder Rahmenbedingungen unterteilen (Zusammenfassung der Faktoren in Abb. 13). Zu beachten ist, dass dieses Kapitel nur die Einflussfaktoren darstellt, die mithilfe des Materials rekonstruiert werden konnten. Es ist zu vermuten, dass der Prozess der Schüler*innen durch weitere Faktoren gelenkt wurde, die ausgehend vom Material jedoch nicht identifiziert werden konnten.

### *12.3.1 Intrasubjektive Einflussfaktoren*

Ein zentraler Faktor für die Umwandlung eines Darstellungsanliegens in musikalisches Material war die Idee der Schüler*innen, wie sie das Assoziierte in musikalisches Material überführen wollten. Diese *Umwandlungsideen* gestalteten sich unterschiedlich konkret. So konnte in manchen Fällen festgestellt werden, dass die Schüler*innen zu ihren Assoziationen schon konkrete Umwandlungsideen wie beispielsweise Klänge im Kopf hatten: *„ja das also während ich das also ich wusste schon die Klänge waren schon halt in meinem Kopf so"* (S16, 141–142); *„ja also ich hatte schon ne Vorstellung wie es eigentlich klingen sollte"* (S03, 151–152) oder wie S15 seine Klangvorstellung zur Assoziation ‚Jacke' konkretisiert: *„ja ich wusste auch direkt einfach so Jacke zumachen"* (S15, 146). Dabei wird deutlich, dass S15 sowohl über eine konkrete Klangvorstellung als auch eine Idee für einen Klangerzeuger verfügte. Darüber hinaus wurden aber auch konkrete Umwandlungsideen erst im Laufe des Prozesses durch eine Auseinandersetzung mit dem Darstellungsanliegen oder der Exploration von Klängen entwickelt (vgl. u. a. S03; S06). Weiterhin konnte anhand des Materials häufiger festgestellt werden, dass die Schüler*innen bei manchen Darstellungsanliegen keine Idee für die Umwandlung entwickeln konnten. Daraufhin wurden assoziierte Inhalte häufig verworfen und andere Darstellungsanliegen kamen im Prozess zum Tragen:

> *B (Befragter): ich habe Sachen durchgestrichen, weil ich andere Ideen hatte- und weil ich die nicht mehr so gut fand.*
> *I (Interviewer): okay warum fandst du die nicht mehr so gut?*
> *B: weil ich nicht wusste wie ich das alles umsetzen sollte. (S04, 118–123)*

Zusammenfassend war der Grad der Konkretisierung der Umwandlungsidee mit entscheidend dafür, ob ein Darstellungsanliegen weiterverfolgt oder verworfen wurde. War dieses zum Beispiel mit einer konkreten Klangvorstellung oder Umsetzungsidee gekoppelt, so wurden die Umwandlung des Assoziierten in der Regel weiterverfolgt.

Die klangliche Umsetzung des Darstellungsanliegens wurde im weiteren Verlauf des Kompositionsprozesses durch verschiedene individuelle Wünsche bzw. Präferenzen der Schüler*innen beeinflusst, mit welchen sie das erzeugte musikalische Material abglichen und daraufhin gegebenenfalls ihre Vorgehensweise veränderten. Im Rahmen der Auswertung konnten dahin gehend vier *Orientierungen* identifiziert werden, die während der klanglichen Umsetzung bzw. der Klangsondierung relevant waren: *Wunsch nach identischer Nachbildung der Klangvorstellung*, *Ästhetische Präferenz*, *Wunsch nach Nachvollziehbarkeit der Umwandlung*, *Wunsch nach Originalität*.

Mit einer konkreten Klangvorstellung ging häufig der Wunsch der Schüler*innen einher, diese möglichst *identisch nachzubilden*. Es konnte aus dem Material herausgearbeitet werden, dass es den Schüler*innen schwerfiel, bei einer konkreten Klangvorstellung davon abzuweichen und das Darstellungsanliegen musikalisch abweichend davon zu verfolgen. So schildert beispielsweise S03, dass er deshalb Klänge gelöscht habe: *„Ja, also ich habs ja also ich hatte schon ne Vorstellung wie es eigentlich klingen sollte und es hat halt nicht immer so funktioniert deswegen hab ich die meisten Töne immer gelöscht“* (S03, 151–153).

Neben dem Abgleich mit den konkreten Vorstellungen spielten auch *ästhetische Präferenzen* eine Rolle für die Entscheidung, ob konkrete Umsetzungen in das finale Kompositionsprodukt mit einflossen: *„Ja es gibt ja manchmal auch so Töne die mag man vielleicht nicht so. Dann habe ich erstmal so ein kleines System gemacht in der App was ich wirklich mag oder was ich haben wollen würde und habe die dann aussortiert“* (S18, 220–222).

Bei der Wahl der Klänge für das Kompositionsprodukt scheint darüber hinaus auch eine gewisse *Nachvollziehbarkeit* eine Rolle zu spielen. Manche Schüler*innen verfolgten demnach das Ziel, dass der*die Zuhörer*in das Darstellungsanliegen durch das musikalische Material versteht (vgl. u. a. S15, 287–288). So gibt S05 bezüglich ihres Kompositionsprodukts an, dass sie wollte, *„dass man halt nachvollziehen kann, warum man dann das mit Kälte verbindet“* (S05, 238). Allerdings war den Schüler*innen trotzdem wichtig, dass auch ihre klangliche Umsetzung möglichst *originell* ist:

> *I: Alles klar. Was würdest du sagen ist dir denn besonders gut gelungen an deiner Komposition?*
> *B: So manche Geräusche*

*I: Welche zum Beispiel?*
*B: Das wenn Blätter fegen.*
*I: Okay warum fandest du das besonders gut?*
*B: Ich glaube weil die Anderen nicht drauf gekommen sind. (S14, 267–275)*

Neben den zuvor geschilderten intrasubjektiven Faktoren nahmen auch externe Faktoren Einfluss auf den Prozess, die im Folgenden dargestellt werden.

### *12.3.2 Externe Einflussfaktoren*

Eine konkrete Umwandlungsidee der Schüler*innen beinhaltete, wie oben bereits heraus, gestellt häufig eine konkrete Klangvorstellung sowie eine konkrete Vorstellung hinsichtlich des Klangerzeugers (vgl. S15, 146). Folglich stand es auch in Abhängigkeit von verfügbaren Klängen, ob ein Darstellungsanliegen umgesetzt werden konnte. So beschreibt beispielsweise S18:

> *ja also zum Beispiel hier. Ich hatte halt so kleine Vorstellungen welche Richtung ich machen wollen würde. Zum Beispiel wenn man vor dem Kamin sitzt, dass man das Knistern des Feuers hört, wenn da so Holz halt abbrennt. Das war eine Idee aber die konnte ich einfach nicht machen, weil wir haben kein Kamin und dann Feuer ist schwer so zu machen, dass man dieses Holzknistern hat. (S18, 180–184)*

Der Schüler wollte dementsprechend den Klang des Kamins real darstellen und das Holzknistern aufnehmen. Da diese Möglichkeit nicht zur Verfügung stand, hatte er entweder die Möglichkeit das Darstellungsanliegen zu ändern oder den Klang durch andere Klangerzeuger zu imitieren, was S18 bei dem Klang ‚Eis abkratzen von einer Windschutzscheibe' versuchte:

> *ja das wie ich gesagt habe mit dem Eis abkratzen vom Auto. Das konnte ich ja nicht identisch machen, weil es einfach noch nicht das Wetter so ist, dass ich vom Auto Eis abkratzen muss […] und habe ich probiert ungefähr so einen Sound zu bekommen, der sich sehr identisch anhört. (S18, 101–108)*

Neben den geschilderten Faktoren, welche punktuell Einfluss auf den Prozess nahmen, schienen auch übergreifend zeitliche Faktoren prozessbestimmend. Diese beziehen sich zum einen auf die zeitlich begrenzten Doppelstunden, die zeitweise ein Pausieren der Prozesse mit sich brachten.

Zum anderen beinhaltet diese Subkategorie die begrenzte Zeitspanne, in der das Kompositionsprodukt erstellt werden sollte. So schildert S06:

> *ja zum Beispiel war das Problem jetzt wir haben ja Deutsch- da gibt es immer so viele Hausaufgaben und dann hab und dann neun Stunden meistens [...] und dann habe ich halt nicht so viel Zeit. Ich habe zum Beispiel noch Training und so hat man halt nicht so viel Zeit. Ja und dann beim nächsten Mal gucken, dass ich mir dafür dann eher Zeit nehme. (S06, 376–383)*

Der Faktor Zeit scheint auch bei S03 eine Rolle im Kompositionsprozess zu spielen. Die Schülerin bewertet in ihrem Portfolio (S. 4) einen schnellen Aufnahmeprozess eines Klangs als positiv, wohingegen längere Aufnahmezeiten von ihr als negativ betrachtet wurden (s. Abb. 12). Folglich scheint es ein Bestreben für S03 zu sein, den Kompositionsprozess so schnell wie möglich zu vollziehen.

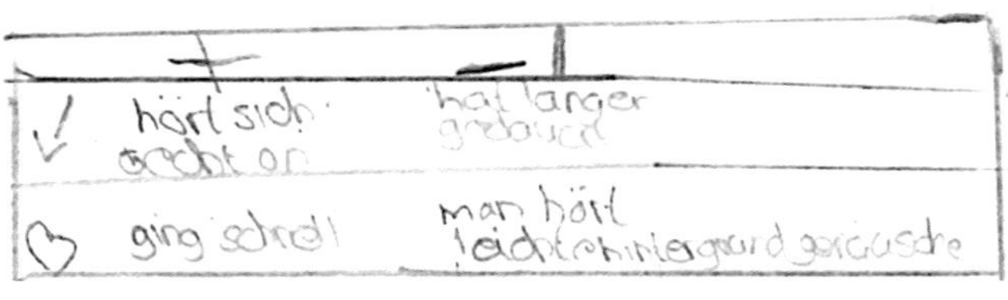


Abbildung 12: Auszug Portfolio S03, S. 4

Hierbei wird deutlich, dass externe Einflussfaktoren beispielsweise zu Präferenzen seitens der Schüler*innen führen und somit in intrasubjektive Einflussfaktoren übergehen. Ob diese Adaption daraus resultiert, dass die S03 die Zeitspanne, in der der Kompositionsprozess vollzogen werden soll, als (zu) kurz ansieht oder eventuell andere Gründe vorrangig sind, ist aus dem Material nicht ersichtlich. Gerade für das didaktische Anliegen der Arbeit scheint aber besonders relevant, den Einfluss von externen Faktoren nachzuvollziehen, da diese möglicherweise beeinflusst werden können. Deshalb wird dies im Zuge von Kapitel 13.3 näher diskutiert. Im Folgenden wird jedoch zuerst einmal die konkrete Umwandlung eines assoziierten Inhalts in musikalisches Material behandelt. Dabei werden die Verbindungen, welche die Schüler*innen zwischen diesen beiden Bereichen vollzogen haben, fokussiert.

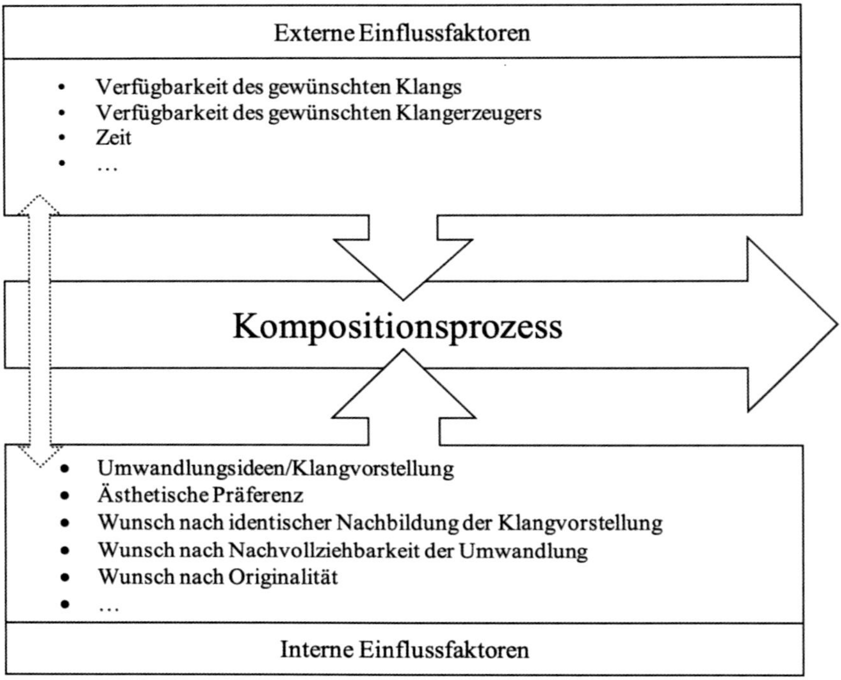


Abbildung 13: Prozessleitende Einflussfaktoren auf den Kompositionsprozess

## 12.4 Verbindungen zwischen assoziierten Inhalten und musikalischem Material

Die Rekonstruktion der Verbindungen zwischen assoziierten Inhalten und musikalischem Material stellte im Rahmen der Auswertung eine Herausforderung dar. Dies lag unter anderem daran, dass die Verbindungen von den Schüler*innen selten explizit gemacht wurden. Zudem waren die assoziierten Inhalte, die die Grundlage der Umwandlung darstellten, aufgrund der Komplexität und Wandelbarkeit der Assoziationen (vgl. Kap. 12.2) nicht immer eindeutig und somit die Bereiche nicht trennscharf. Folglich wurden bei der Interpretation des Materials häufig mehrere Lesarten für eine Umwandlung verfolgt. Beispielhaft werden folgend Umwandlungen von S04 und S05 behandelt, um das Vorgehen und die daraus resultierenden Erkenntnisse bezüglich der Verbindungen näher zu skizzieren:

S04 bezog sich in ihrer Komposition unter anderem auf zwei assoziierte Szenen. Die erste Szene wurde von der Schülerin musikalisch durch das mehrfache Aneinanderschlagen von zwei Flaschen umgesetzt:

> *dass der andere irgendwas macht- und dann der eine sauer auf den anderen ist- und dann halt so äh nicht weiß was los ist, aber der eine dann plötzlich richtig sauer ist- und dann weiß man nicht genau was man gemacht hat- (S04, 196–198)*

Im Rahmen der Auswertung waren zwei Deutungen bezüglich der Verbindungen zwischen der geschilderten Szene und dem musikalischen Material möglich. Zum einen könnte das wiederholte Aufeinanderschlagen der Glasflaschen für die gegensätzlichen Verständnisweisen stehen und das daraus resultierende Missverständnis symbolisieren. Dementsprechend wäre die Verbindung zwischen den Bereichen die Geschehnisse der assoziierten Szene, welche durch den Akt der Klangerzeugung von der Schülerin (nach)gespielt wurden. Zum anderen wäre es denkbar, dass der durch die Glasflaschen resultierende klirrende, perkussive Klang ein Ausdruck für das mit der Situation einhergehende Gefühl des Unbehagens ist, welches somit die Verbindung darstellt. Zu dieser Lesart würde passen, dass S04 im weiteren Verlauf des Interviews schildert, dass sie die Situation *„ein bisschen"* (S04, 211) mit dem Gefühl *„Herzschmerz"* (S04, 211) verbindet. Bei den Erläuterungen zur geschilderten Szene verweist sie dementsprechend auf ihr Portfolio (s. Abb. 14).

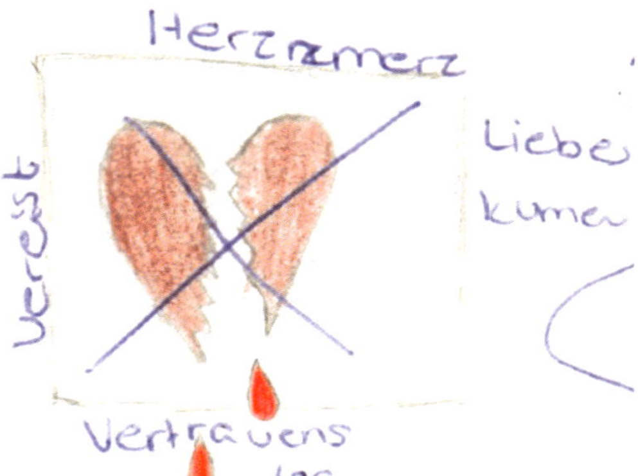


Abbildung 14: Auszug Portfolio S04, S. 5

Die zweite von S04 dargestellte Szene weist einige Parallelen zu der zuvor behandelten auf:

> *ich halt irgendwo bin und dann kommt jemand zu mir und macht dann einfach irgendwas- irgendwas blödes- oder lästert irgendwie über mich, weil ich auch gar nicht weiß, was ich halt falsch gemacht habe. (S04, 273–276)*

Diese wird von S04 umgewandelt, indem sie einen Schlüssel in eine Heizung *„reingeschlagen"* (S04, 272) hat. Als Begründung für diese Umsetzung, gibt S04 an, dass es sich für sie *„halt so anhört"* (S04, 273) und somit macht die Schülerin auch hier den konkreten Bezugspunkt nicht explizit. Über Hintergründe dieser uneindeutigen Schilderung durch S04 wurden im Rahmen der Auswertung verschiedene Vermutungen angestellt. So wäre es denkbar, dass die Schülerin eine Verbindung zwischen Assoziiertem und Klang nur aufgrund der Frage, was sie darstellen wollte (vgl. S04, 268), vollzogen hat. Dementsprechend könnte es sein, dass während des Kompositionsprozesses aus der Sicht von S04 keine Verbindungen zwischen Assoziiertem und musikalischen Charakteristika bestanden. Eine andere Deutung wäre, dass die Schülerin die konkreten Verbindungen nicht versprachlichen will bzw. kann.

Deshalb gilt es auch hier verschiedene Indizien für mögliche Verbindungen zusammenzutragen und auf dieser Grundlage verschiedene Interpretationen zu verfolgen. Im Rahmen der Auswertung wurden dementsprechend zwei Deutungen vollzogen. Die Erste zielt auch bei dieser Szene auf das mit der Situation einhergehende Gefühl ab, welches durch den klirrenden Klang des Schlüssels von der Schülerin dargestellt wurde.

Die zweite Deutung wurde im Zusammenhang mit der Analyse einer weiteren Umwandlung bzw. Klangerzeugung von S04 vollzogen. Die Schülerin schilderte im Interview:

> *B: ich habe dann mit einer Gabel gegen mein Fenster geschlagen.*
> *I: okay. Um was darzustellen?*
> *B: irgendwie die Wut rauszulassen ein bisschen. (S04, 234–239)*

Hierbei macht die Schülerin explizit, dass die Klangerzeugung dazu diente, *„(die) Wut"* (S04, 239) – also das aus dem Assoziierten resultierende Gefühle – *„rauszulassen"* (S04, 239). In diesem Beispiel wird deutlich, dass die Charakteristik des musikalischen Materials (zuerst) nicht im Vordergrund stand, sondern der Akt der Klangerzeugung. Der konkrete Klang hat somit in der Klangerzeugung eine beiläufige Funktion und entstand mit der

Reaktion auf das Assoziierte. Eine Verbindung als Bindeglied zwischen Assoziiertem und musikalischem Material lässt sich demnach nicht direkt ausmachen, da das Assoziierte Einfluss auf den Akt der Klangerzeugung und nicht primär auf musikalische Charakteristika hat. Diese Interpretation wäre anschlussfähig an die Deutung, dass S04 die Verbindung zwischen Klang und assoziiertem Inhalt (*„weil sich für mich das halt so anhört"* [S04, 273]) nachträglich auf Grund der Interviewfrage *„was wolltest du darstellen?"* (S04, 268) hergestellt hat.

Auffällig im Rahmen der Auswertung war die gleiche Wortwahl des Verbs *(rein)geschlagen* von S04 in Bezug auf die beiden musikalischen Umsetzungen. Dies ließ die Interpretation zu, dass auch in der oben geschilderten Szene das Schlagen des Schlüssels gegen die Heizung eine Reaktion auf das Assoziierte ist.

Die Interpretation der Umwandlungen von S05 verdeutlichen noch einmal besonders die Problematik im Rahmen der Auswertung bezüglich der oben angesprochenen Wandelbarkeit der Assoziationen. Die Schülerin beschreibt im Interview ihre assoziierten Inhalte wie folgt: *„also wenn halt Winter kommt, dann kommt ja meistens immer so ein richtig kräftiger kalt kühler Wind [...] und dann fangen direkt an meine- krieg ich direkt Gänsehaut- fang ich an zu bibbern und dann fangen auch an meine Zähne zu klappern" (S05, 119–125).* Dazu skizzierte die Schülerin im Portfolio einen Pfeil, der von dem Wort ‚Gänsehaut' auf ‚Bibbern/Zittern' zeigt (s. Abb. 15).

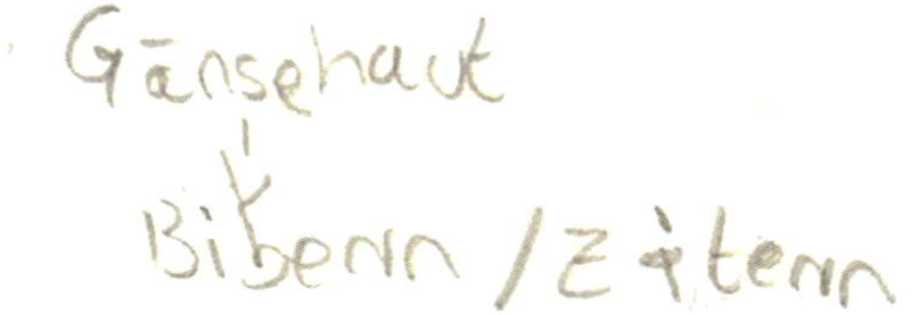


Abbildung 15: Auszug Portfolio S05, S. 5

Bezüglich der konkreten Umwandlung und der damit verbundenen Rekonstruktion von Verbindungen ergeben sich hierbei zwei verschiedene Interpretationsmöglichkeiten. Erstens: Der assoziierte Inhalt, der umgewandelt wird, ist das Bibbern, welches analog durch den Klang des Bibberns dargestellt wird. Zweitens: Der assoziierte Inhalt, der umgewandelt wird, ist die Gänsehaut, welche durch den Klang des Bibberns dargestellt wird. Die Verbindung wäre bei der zweiten Deutung somit die Handlung, welche mit der Gänsehaut einhergeht. Es wird folglich deutlich, dass nicht klar ist, ob der Übergang von Gänsehaut zu Bibbern Teil der Assoziationskette oder Teil der Umwandlung ist. Dementsprechend ist der Bereich zwischen assoziiertem Inhalt und musikalischem Material nicht wie in den in Kapitel 4.2.3 geschilderten Bereichen klar abgegrenzt. Der Übergang zwischen den Bereichen erscheint eher fließend. Allerdings konnten im Rahmen der Auswertung auch Umwandlungen rekonstruiert werden, die eindeutiger zu definieren waren. So erläutert S01 beispielsweise die Umsetzung ihrer Assoziation zum Topos *Kälte* wie folgt: *„Hintergrundgeräusche, weil es kalt und gehn viele ins Restaurant und wenn man mit Familie essen tut"* (S01, 136–137). Die musikalische Umsetzung des Assoziierten ist folglich durch das Assoziierte selbst gegeben und es bedarf demnach keines Umwandlungsprozesses, da der Klang des Assoziierten von den Schüler*innen verwendet wird. Diese Vorgehensweise ist vermehrt im Material zu finden. So erklärt auch S11 die Umsetzung des assoziierten Schnees: *„Schnee [...] habe das bei YouTube eingegeben - den Sound - und ja habe ich einfach aufgenommen"* (S11, 101–102). Ähnlich geht S19 vor, die angibt an, dass sie *„Wind"* (S19, 66) durch *„Windgeräusche"* (S19, 66) darstellt.

Im Rahmen der Auswertung konnten außerdem Umwandlungen von assoziierten Inhalten in musikalisches Material rekonstruiert werden, in denen das Assoziierte als Klangerzeuger verwendet wurde und somit die Materialität des Assoziierten als Verbindung fungierte. So assoziierte S17 Eis und stellte dies dar, indem er Eiswürfel aneinanderschlug und den dabei entstehenden Klang aufnahm. Diese Art der Umwandlung konnte auch bei S01 rekonstruiert werden. Die Schülerin schreibt in ihrem Portfolio (S01, Portfolio S. 9), dass sie die Assoziation zu einem Tannenbaum durch das Anfassen einer Pflanze bzw. den Klang, der durch diese Handlung entsteht, umgesetzt hat.

Zusammenfassend konnte auf Grund der Analyse eine zentrale Unterscheidung zwischen den Umwandlungen gemacht werden: Verfolgten die Schüler*innen assoziierte Inhalte, die eine Klanglichkeit innehatten, so waren diese nicht gezwungen, eine Verbindung herzustellen, sondern konnten den Klang analog darstellen. Brachte der assoziierte Inhalt jedoch keine auditiven Fragmente mit sich bzw. wurde dieser nicht von den Schüler*innen fokussiert, so mussten diese für die Umwandlung zu einem Klang erst einmal eine Verbindung zwischen ‚Nichtklingendem' und Klang forcieren.

Die vorangegangenen Darstellungen der Ergebnisse gaben einen Einblick, in welchem Merkmalsraum sich die Umwandlungen der Schüler*innen bewegten. Für die angestrebte Typenbildung wurde jede Umwandlung hinsichtlich der dargelegten Hauptkategorien zusammengefasst. Folgende Fragen waren dabei leitend:

- Welche assoziierten Inhalte wurden verfolgt?
- Wurden die assoziierten Inhalte gewandelt?
- Was waren prozessleitende Einflussfaktoren?
- Wurden Verbindungen zwischen ‚Nichtklingendem' und Klang gebildet?
- Welche Verbindungen zwischen Assoziiertem und musikalischem Material wurden gebildet?

Die Zusammenfassungen wurden anschließend gruppiert und die im Folgenden dargestellten Typen konnten gebildet werden.

## 12.5 Die Typen der Umwandlungsstrategien

Durch die Gruppierung der rekonstruierten Umwandlungen konnten fünf verschiedene natürliche merkmalsheterogene Typen gebildet werden, die die Umwandlungsstrategien der Schüler*innen darstellen:

- *Nachbildung eines assoziierten Klangs*
- *Wandlung des Assoziierten für Nachbildung eines assoziierten Klangs*
- *Akt der Klangerzeugung als Reaktion auf Assoziiertes*
- *Deutung nach der Exploration*
- *Assoziiertes als Klangerzeuger*

Die einzelnen Typen werden nacheinander jeweils durch einen Modellfall beschrieben (vgl. Kap. 11.4.3), der aus Passagen mehrerer Umwandlungen zusammengesetzt ist und den Typ somit anschaulich beschreibt.

### *12.5.1 Nachbildung eines assoziierten Klangs*

Der Typ *Nachbildung eines assoziierten Klangs* lässt sich mit dem Typ *Wandlung des Assoziierten für Nachbildung eines assoziierten Klangs* mit Abstand am häufigsten im Material identifizieren. Grundlage dieser Umwandlungsstrategie ist ein klingender assoziierter Inhalt, der analog übertragen wird. Zu diesem Typ wurde beispielsweise die Umwandlung des assoziierten Regens von S05 zugeordnet. Im Interview gibt die Schülerin einen direkten Bezug zum Topos an: *„wenn halt der Regen auf die Haut kommt, dann ist das halt auch so richtig kalt im Winter“* (S05, 142–143). Bezüglich der musikalischen Umsetzung erklärt S05: *„Regen was ich mit der Regendusche, was wir zu Hause haben nachgemacht hab“* (S05, 101–102). Den Klang der Regendusche nimmt die Schülerin auf und nutzt diesen für ihre Komposition.

Mit der Klanglichkeit in den Assoziationen geht einher, dass die Schüler*innen eine konkrete Klangvorstellung haben, der sie bei der Umwandlung nacheiferten: *„Ne ich wusste halt schon zum Beispiel beim Regen, dass- also ich hatte diese Klänge schon in meinem Kopf so diese Regentropfen“* (S16, 129–130). Dabei waren ihnen auch Klangcharakteristika bewusst: *„Wind wie ein Rauschen“* (S20, Portfolio S. 5).

Die Darstellungen wurden dabei durch die Absicht geleitet, musikalische Umsetzungen an assoziierten Klängen zu orientieren und diese möglichst identisch nachzuahmen. So beschreibt S06, dass er Klänge verworfen hat, die *„eher nicht so gepasst“* (S06, 161) haben und er deshalb etwas anstrebt, *„womit man das halt identischer machen kann“* (S06, 163). Eine passende musikalische Umsetzung ist dementsprechend möglichst nah am assoziierten Klang, der an einem realen Klang orientiert ist. Grundlegend für diese Umwandlungsstrategie ist somit, dass ein Klangbestand verfügbar ist, mit dem sich der assoziierte Klang möglichst identisch nachbilden lässt.

Die Schüler*innen präferierten dabei eine direkte Aufnahme des assoziierten Originalklangs wie beispielsweise die Darstellung der Assoziation Wind durch den Klang von realem Wind. So beschreibt auch S01 in ihrem Portfolio, dass sie ihr Handy aus dem Fenster gehalten und so den Wind draußen aufgenommen hat (vgl. S01, Portfolio S. 9). In einigen Fällen war der Rückgriff auf den realen Klang aber nicht zufriedenstellend oder dieser konnte nicht verwendet werden, da beispielsweise der reale Klang nicht verfügbar war. Dementsprechend musste auf alternative Klänge zurückgegriffen werden: *„Ne, aber das ging dann leider nicht und habe ich probiert* *ungefähr so einen Sound zu bekommen der sich sehr identisch anhört.*" (S18, 107–108). Die Umwandlung des assoziierten Inhalts erfolgte dann durch alternative Klangerzeuger, die der Klangvorstellung nahekamen. So versuchte S05 beispielsweise den Wind durch Pusten zu imitieren (S05, Portfolio S. 5). S13 hingegen griff für eine Imitation des Windklangs neben der direkten Aufnahme auf digitale Klangerzeuger wie YouTube-Videos zurück (S13, 207–208), von denen die Schülerin den Sound aufnahm.

### *12.5.2 Wandlung des Assoziierten für Nachbildung eines assoziierten Klangs*

Verfolgten die Schüler*innen die Strategie *Wandlung des Assoziierten für Nachbildung eines assoziierten Klangs,* erweiterten, veränderten und spezifizierten sie ihre Assoziationen zum Topos, um die assoziierten Inhalte umwandeln zu können. Dies war in der Regel vonnöten, wenn der assoziierte Inhalt keine Klanglichkeit innehatte. Die Schüler*innen nutzten in diesen Fällen die Variabilität der Assoziationen, da sie sonst in der Regel keine Idee für eine Umsetzung hatten bzw. nur eine imitative Umsetzung als zufriedenstellend empfanden: Wenn der Klang fehlte, wurden Assoziationsketten beispielsweise weitergesponnen oder in assoziierten Szenen nach Klängen gesucht. Im Folgenden wird diese ‚Suche' nach dem Klang näher charakterisiert, indem die Substrategien *Assoziationsketten zum Klang*, *Klänge in assoziierten Szenen* und *Erweiterung des Assoziierten durch klingende Handlung* konkreter dargestellt werden.

#### 12.5.2.1 Assoziationsketten zum Klang

Ein Beispiel für eine Assoziationskette zum Klang wurde bereits in Kapitel 12.2 dargestellt. Die geschilderte Abfolge beginnt mit der Assoziation von Weihnachten durch den Topos *Kälte* und endet beim Klang einer Glocke, die als Weihnachtsschmuck an einem Weihnachtsbaum hing: „*aber man hat einfach so Bilder im Kopf wie zum Beispiel, wenn man an Weihnachten denkt, dann sieht man den Weihnachtsbaum. Dann hat man direkt so Schmuck am Weihnachtsbaum hängen. […] letztes Jahr Weihnachten. Da hatten wir den Weihnachtsbaum mit einer Kirchenglocken dran" (S18, 68–76).*

Durch die Spezifizierung des Assoziierten zur Glocke erreicht S18 eine Klanglichkeit mithilfe der Assoziationskette und dementsprechend eine konkrete Klangvorstellung. Zudem ist die Glocke ein konkreter Gegenstand und als Klangerzeuger verfügbar: *„Und da habe ich mich dran erinnert und dann habe ich meine Mutter gefragt zu Hause: Haben wir vielleicht die Glocken zu Hause, die wir für Weihnachten hatten? Ja und die hatten wir dann und dann habe ich das aufgenommen." (S18, 76–79)*

Es wird deutlich, dass der assoziierte Inhalt mehrmals verändert und spezifiziert wird. S18 kann den Weihnachtsbaum offenbar nicht direkt vertonen, weshalb er stattdessen den Weihnachtsschmuck assoziiert, insbesondere eine bestimmte Glocke. Bei genauerer Betrachtung der Beschreibungen von S18 fällt zudem auf, dass er zwischen einer unpersönlichen "man"- und der Ich-Form wechselt. Zuerst stellt S18 seine Assoziation allgemeingültig dar. Nachfolgend spezifiziert er diese jedoch durch eine persönliche Bezugnahme. Dies betont erneut die Wechsel zwischen den assoziierten Inhalten und dem Vollzug der Assoziationskette.

### 12.5.2.2 Klänge in assoziierten Szenen

Eine weitere Strategie der Schüler*innen zur Assoziation von Klängen beinhaltet die Suche nach Klängen in assoziierten Szenen. S06 beschreibt, wie oben schon geschildert, eine assoziierte Szene, welche der Schüler mit dem Topos *Kälte* assoziiert, sehr konkret (zur besseren Nachvollziehbarkeit werden die Segmente nochmals aufgeführt):

> *ja- damals da- äh ja war es ja eher so mit - zum Beispiel wir waren in Spanien 2018- und da war auch- ich weiß nicht mehr genau- ne 2016 war das. Da war auch zum Beispiel war es mit äh mit so - ein so immer welchen (die) entführt worden sind und so- und abends und so- und dann wo ich so- bei uns immer so- über das Feld gegangen bin und so- wenn es etwas dunkler war- ja und daran hat mich das dann immer so erinnert und so. (S06, 164–168)*

> *ja das war damals häu/ bei mir auch so- immer wenn es so dunkel war- dann ich wollte ich immer so nach Hause und so- wenn hier wenn ich dann draußen unterwegs war und so- ja weil mir das dann immer so unangenehm war. Zum Beispiel auf dem Feld war so immer die Bäum/ von den Bäumen die Geräusche und so- ja da hatte ich immer so das Gefühl so- ich will weg jetzt hier ich will nach Hause (S06, 119–123)*

Das daraus entwickelte Darstellungsanliegen stellte S06 vor eine Herausforderung. Die emotionsgeladene Szene verknüpfte S06 erst einmal mit abstrakteren Inhalten wie *„dunkel"* (S06, 109, 131; Portfolio S. 3) oder *„Angst"* (S06, 109; Portfolio S. 3), die er umwandeln wollte. Allerdings blieben die Ideen des Schülers für deren Umwandlung eher vage (*„unangenehmes Geräusch"* vgl. S03, Portfolio S. 3) und er orientierte sich an den Klängen in der Szene, an die er sich erinnerte wie beispielsweise das Rascheln der Blätter durch den Wind und fokussierte somit einzelne Aspekte seines assoziierten Inhalts:

> *da hab ich so Geräusche äh so so Blätt/ nasse Blätter von den Bäumen so- wenn das Wasser da runterkommt- so Geräusche gemacht- so dran gewackelt oder-auch so auf einem Gebüsch so ein so leicht getreten so- dass es dann so ja dieses Geräusch dann so gab- […] Bäumengeräusche so nehmen- also wackeln und so. Dieses Knistern, hab ich oft versucht nachzustellen (S06, 73–79).*

Folglich musste S06 nicht die beschriebenen abstrakteren Inhalte umwandeln, sondern konnte die Klänge der Szene analog verwenden. In der Umsetzung stellen die einzelnen Klänge den assoziierten Inhalt nicht, wie in den vorangegangenen Beispielen, allein dar, sondern repräsentieren diesen durch ihre Kombination. Der Möglichkeitsraum für die Umwandlung wurde dementsprechend erweitert *(vgl. Kap. 12.2). Da „* die Klangerzeuger (die Bäume; der Wind) von damals in dieser Form nicht […] [vorlagen, erfolgte] die Klangaufnahme nicht wie bei der Glocke (S18) direkt, sondern als Nachstellung" (Janczik, 2022, S. 119). Diese erwies sich jedoch auf Grund des Strebens nach Klängen, die möglichst analog zu den Klängen des Assoziierten sind, als Herausforderung:

> *dann habe ich das versucht und das hat halt nicht so geklappt und dann hab ich mir gedacht, dann mache ich eher Sachen die passen, die dazu dann besser klingen halt […] womit man das halt identischer machen kann. (S06, 161–163)*

Die aufgenommenen Klänge waren demnach nicht Teil des finalen Kompositionsprodukts von S06.

#### 12.5.2.3 Erweiterung des Assoziierten durch klingende Handlung

Die *Erweiterung des Assoziierten durch eine klingende Handlung* gab den Schüler*innen einen konkreten Klang als Orientierung bzw. eine Vorstellung für die Umwandlung. S15 schildert beispielsweise die Assoziation einer *„Jacke" (S15, Portfolio S. 2),* welche von dem Schüler durch die Verbindung mit der Handlung „des Zumachens dementsprechend mit dem Klang eines auf und zu gehenden Reißverschlusses vertont wird" (Janczik, 2022, S. 118):

> *B: ja also die Ideen kamen halt. Ich wusste halt nicht direkt, was ich so machen soll und woher ich jetzt die Töne aufnehmen soll, aber dann hab ich in mein Portfolio geschaut und dann hab ich kurz überlegt. Dann ist mir- ist mir alles so aufgefallen- zum Beispiel hier jetzt das mit der Jacke musste ich nicht lange überlegen. […] ja ich wusste auch direkt einfach so Jacken zumachen. (S15, 138–146)*

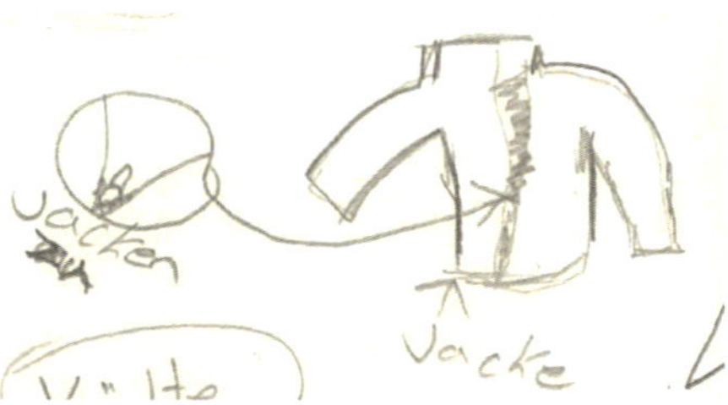


Abbildung 16: Auszug Portfolio S15, S. 2

Im Rahmen der Auswertung konnte oftmals festgestellt werden, dass auch assoziierte Weihnachtsgeschenke durch eine klingende Handlung, nämlich das Ein- bzw. Auspacken vertont wurden. Die Schüler*innen strebten dabei auch hier danach, den originalen Klang der Handlung zu erfassen. Falls dieser nicht verfügbar oder schwer umsetzbar war, griffen sie auf alternative Materialien zurück, die dem Klang ähnelten, oder nutzten digitale Medien wie YouTube-Videos, um den realen Klang der Handlung aufzunehmen: *„Geschenke einpacken habe ich auch von Youtube genommen, weil ich nichts zum Einpacken hatte" (S01, Portfolio S. 11).*

Zusammenfassend wandelten die Schüler*innen, die die Strategie *Wandlung des Assoziierten für Nachbildung eines assoziierten Klangs* verfolgten, bei einer fehlenden Klanglichkeit die assoziierten Inhalte bis zum Klang. Dabei griffen sie zum Beispiel auf einzelne Inhalte in assoziierten Szenen oder mit dem Assoziierten verbundenen Handlungen zurück und erweiterten dadurch ihren Möglichkeitsraum für die Umwandlung. Die

Wandlung bis zu einer Klanglichkeit ermöglichte ihnen dann eine Nachbildung des assoziierten Klangs.

Die Klangvorstellung war aufgrund der Orientierung an dem assoziierten Klang, der sich an einem realen Klang orientierte, sehr konkret. Die Umwandlung und die Exploration von Klängen erfolgte dementsprechend auch hier mit dem klaren Ziel einer Nachahmung des Klangs, welche bestenfalls durch den Realklang selbst erfolgte. Dieser hatte im Zuge dessen die Funktion, das Assoziierte darzustellen und die Klangerzeugung erfolgte demnach als Mittel zum Zweck. Einen wesentlich höheren Stellenwert hatte der Akt der Klangerzeugung bei dem folgenden Typ, bei dem der Akt der Klangerzeugung als Reaktion auf das Assoziierte fungiert. Diese Strategie wurde nur von einer Schülerin vollzogen. Aufgrund des starken Unterschieds zu den Vorgehensweisen der anderen Schüler*innen wurde dafür ein eigener Typ gebildet.

### *12.5.3 Akt der Klangerzeugung als Reaktion auf Assoziiertes*

Wie bereits in Kapitel 12.4 ausgeführt, hatte der erzeugte Klang bei Umwandlungen von S04 nicht – wie bei den Umwandlungen der anderen Schüler*innen – eine darstellende Funktion, sondern entstand aus einer Klangerzeugung, die die Schülerin als Reaktion auf ihren assoziierten Inhalt vollzog:

> *B: ich habe dann mit einer Gabel gegen mein Fenster geschlagen.*
> *I: okay. Um was darzustellen?*
> *B: irgendwie (die) Wut rauszulassen ein bisschen. (S04, 234–239)*

Die durch diese Strategie von S04 umgewandelten Inhalte schienen für die Schülerin stark emotional beladen zu sein, sodass daraus das Gefühl ‚Wut' resultierte. Dieses wandelte S04 wiederum in das Schlagen der Gabel gegen ihr Fenster um. Im Gegensatz zu den zuvor behandelten Strategien schien der daraus entstehende Klang hierbei eher nebensächlich.

Zudem musste der assoziierte Inhalt nicht, wie bei der zuvor geschilderten Strategie (*Wandlung des Assoziierten für Nachbildung eines assoziierten Klangs*), verändert werden, um Klänge für das Kompositionsprodukt zu erzeugen. Jedoch ist ein starker persönlicher Bezug des assoziierten Inhalts relevant für eine derartige Umwandlung. Deutlich wird dies besonders in

Form der von S04 assoziierten Szene, die die Schülerin durch das Schlagen des Schlüssels gegen die Heizung umgewandelt hat:

> *ich halt irgendwo bin und dann kommt jemand zu mir und macht dann einfach irgendwas- irgendwas blödes- oder lästert irgendwie über mich, weil ich auch gar nicht weiß, was ich halt falsch gemacht habe. (S04, 273–276)*

Die Umwandlung dieser assoziierten Szene konnte zwar nicht zweifelsfrei der Strategie *Akt der Klangerzeugung als Reaktion auf Assoziiertes* zugeordnet werden, im Rahmen der Auswertung konnten allerdings mehrere Indizien für eine entsprechende Einordnung erarbeitet werden (vgl. Kap. 12.4). Unklar ist, wie konkret die Klangvorstellung der Schülerin bei Umwandlungen dieser Strategie war, da musikalische Charakteristika bei der Klangerzeugung, wie bereits angeführt, nicht vorherrschend sind. Zwar schildert S04, dass sich der erzeugte Klang für sie *„halt so anhört"* (S04, 273), allerdings ist unklar, ob diese Verknüpfung durch die Schülerin erst im Rahmen des Interviews getroffen wurde (vgl. Kap. 12.4).

Im Folgenden wird der vierte Strategie-Typ, *Deutung nach der Exploration,* beschrieben, der im Rahmen der Auswertung gebildet werden konnte. Dieser beinhaltet ein Vorgehen, welches nicht wie bei den anderen Strategien von den assoziierten Inhalten, sondern vom musikalischen Material ausging.

### *12.5.4 Deutung nach der Exploration*

Bei der *Deutung nach der Exploration* erfolgte die Zuordnung des musikalischen Materials zu den assoziierten Inhalten erst nachträglich. Dies impliziert aber nicht immer, dass die Schüler*innen in der Klangexploration kein explizites Darstellungsanliegen verfolgten. So wurden auch Klänge in der Exploration umgedeutet:

> *ja halt bei dem Schneeknirschen. Das hab ich zuerst weg gemacht danach, weil das gar nicht nach Schneeknirschen klang- da hab ich dann sofort gedacht, dass das eher nach den Schnee wegsch/ wenn man Schnee wegschaufelt dann klingt. (S05, 192–194)*

Die (Um)Deutung fand dementsprechend nach einer nicht zufriedenstellenden Umwandlung eines Darstellungsanliegens statt. Ähnlich ging S06 vor, der eigentlich *„Regen"* (S06, 258) imitieren wollte und sich bei der

Klangexploration an den konkreten Klang, der beim Gehen durch Schnee entsteht, erinnert:

> *und da habe ich mir gedacht, kann ich mal versuchen Regen nachzustellen oder ich hatte auch auf- ich weiß nicht mehr, wie ich- das war auf einmal so ein Geräusch- das hat sich angehört, als wenn man durch Schnee geht. So wenn zum Beispiel im Winter ist es ja auch kalt- und dann schneit es oft- und wenn man dann dadurch geht dann gibt es auch mal diese so dieses Kni/ so. (S06, 258–262)*

Zudem bearbeitete S06 im Prozess weitere aufgenommene Klänge und stellte auch bei diesen im Nachhinein einen Bezug zu seinen Assoziationen zum Topos *Kälte* her:

> *am Anfang hat man zum Beispiel Wassergeräusche gehört. Das hab ich auch am Waschbecken gemacht so- mit den Händen da durch gehen- und dann habe ich das so ein bisschen bearbeitet. Das hat dann sich so angehört, als wenn man auf nassem Boden geht- [...] der matschig ist. [...] ja und das ist mir halt dann auch wieder zu dem Regen eingefallen und dem Wasser. (S06, 304–315)*

> *und das andere war zum Beispiel durch Blätter gehen. Da hatte ich dann auch so- hab also- das war ein anderes Geräusch, aber dann habe ich das bearbeitet- hat sich auch angehört, als wenn man so durch gefrorene Blätter geht. [...] das hab ich halt eher so mit der Kälte verbunden- und dann ist mir dazu ja wieder das mit dem schlechten Wetter eingefallen- da habe ich auch an Schnee gedacht und wenn es gefroren ist. (S06, 320–342)*

Ähnlich wie bei den Typen *Nachbildung eines assoziierten Klangs* und *Wandlung des Assoziierten für Nachbildung eines assoziierten Klangs* ist bei diesem Strategiemuster der Wunsch nach identischer Nachbildung eines assoziierten Klangs leitend. Da im Gegensatz zu den beiden anderen Typen das Klangmaterial für eine zufriedenstellende Nachbildung nicht vorhanden ist, wird das Darstellungsanliegen hinsichtlich der Passung zum erzeugten Klang umgedeutet.

### *12.5.5 Assoziiertes als Klangerzeuger*

Grundlegend für den fünften und letzte Strategie-Typ – *Assoziiertes als Klangerzeuger* – ist ein assoziierter Inhalt, der keine Klanglichkeit, jedoch eine Materialität enthalten muss (Subkategorie *Dinge*). Folglich ist mit dieser Strategie eine Umwandlung abstrakter Inhalte wie beispielsweise Atmosphären oder Gefühle nicht möglich. Die Materialität des Assoziierten dient den Schüler*innen als Verbindung zwischen Assoziiertem und musikalischem Material, indem das Assoziierte als Klangerzeuger verwendet wird. S17 erzeugt mit Eiswürfel ein Klopfgeräusch, um auf Eis zu verweisen: *„ja hier zum Beispiel so klopfen ((spielt Ton ab)) sowas halt. Das waren dann halt so Eiswürfel, die man dann so zusammen kombiniert hat" (S17, 203–204).* Dabei ist eine Orientierung an realen Klängen wie sie zum Beispiel in der vorherigen Strategie *Deutung nach der Exploration* leitend ist, nicht gegeben. Wichtig für die Umsetzung der Strategie jedoch ist, dass das Assoziierte oder zumindest etwas, was diesem materiell ähnelt, als Klangerzeuger verfügbar ist. Im Folgenden werden die fünf gebildeten Typen nochmals zusammengefasst und in einem Schaubild (vgl. Abb. 17) zusammengeführt.

## 12.6 Zusammenfassung der Strategie-Typen

Im Rahmen der Auswertung konnten fünf verschiedene Typen von Umwandlungsstrategien gebildet werden: *Nachbildung eines assoziierten Klangs*, *Wandlung des Assoziierten für Nachbildung eines assoziierten Klangs*, *Akt der Klangerzeugung als Reaktion auf Assoziiertes*, *Deutung nach der Exploration* und *Assoziiertes als Klangerzeuger.* Diese unterschieden sich in den Merkmalen *Arten assoziierter Inhalte*, *Wandlung assoziierter Inhalte*, *prozessleitenden Einflussfaktoren* und *Verbindungen zwischen Inhalten und musikalischem Material*.

Die *Nachbildung eines assoziierten Klangs* bezeichnet eine Strategie, die die Umwandlung eines klingenden assoziierten Inhalts forciert. Die Umwandlung erfolgt über den assoziierten Klang, der im Rahmen der Klangerzeugung nachgebildet wird. Dabei sind eine konkrete Klangvorstellung und der Wunsch nach identischer Nachbildung leitend. Für die *Nachbildung eines assoziierten Klangs* ist es nötig, dass durch die verfügbaren Klangerzeuger der gewünschte Klang umgesetzt werden kann.

Die *Wandlung des Assoziierten für Nachbildung eines assoziierten Klangs* beginnt bei einem assoziierten Inhalt, der keine Klanglichkeit beinhaltet. Dies stellt die Schüler*innen vor eine Herausforderung, da sie keine Idee für eine derartige Umwandlung haben und/oder auch nur eine imitative Umsetzung als zufriedenstellend empfinden. Deshalb wandeln diese den assoziierten Inhalt um und verfolgen Assoziationsketten. Dadurch assoziieren die Schüler*innen vom klingenden assoziierten Inhalt weiter und ‚suchen' dabei nach einem Klang. Den assoziierten Klang wandeln die Schüler*innen dann wiederum wie der Typ *Nachbildung eines assoziierten Klangs* um.

Auch der Typ *Akt der Klangerzeugung als Reaktion auf Assoziiertes* hat einen nichtklingenden assoziierten Inhalt als Ausgangspunkt des Umwandlungsprozesses. Im Gegensatz zu den beiden vorherigen Typen spielt dabei der konkrete Klang als Endprodukt der Umwandlung nur eine untergeordnete Rolle. Vielmehr steht der Akt der Klangerzeugung im Mittelpunkt der Strategie. Durch diesen reagieren die Schüler*innen auf den assoziierten Inhalt und erzeugen so den Klang dabei eher beiläufig. Grundlegend für diese Strategie ist, dass der assoziierte Inhalt emotional beladen ist und so eine Reaktion in Form des Aktes der Klangerzeugung hervorrufen kann.

Die *Deutung nach der Exploration* geht wiederum von einem klingenden assoziierten Inhalt aus. Die Umwandlung erfolgt zuerst einmal wie die *Nachbildung eines assoziierten Klangs*. Folglich streben die Schüler*innen auch hier an, einen assoziierten Klang analog darzustellen. Auch eine konkrete Klangvorstellung und der Wunsch nach identischer Nachbildung besteht bei den Schüler*innen. Im Gegensatz zur *Nachbildung eines assoziierten Klangs* lässt sich der gewünschte Klang allerdings nicht durch die verfügbaren Klangerzeuger zur Zufriedenheit der Schüler*innen realisieren. Deshalb verändern die Schüler*innen den darzustellenden assoziierten Inhalt hinsichtlich der Passung zum erzeugten Klang.

Das fünfte und letzte Strategiemuster wurde im Rahmen der Typenbildung als *Assoziiertes als Klangerzeuger* bezeichnet. Hierbei wandeln die Schüler*innen nichtklingende assoziierte Inhalte um. Die Schüler*innen erzeugen dabei Klänge durch das reale Pendant des Assoziierten. Als Verbindung zwischen Assoziiertem und musikalischem Material fungiert somit die Materialität des Assoziierten. Deshalb ist Bedingung für diese Strategie, dass der assoziierte Inhalt aus Materie besteht. Zudem ist für eine Umsetzung vonnöten, dass das Assoziierte oder Ähnliches als Klangerzeuger verfügbar sein muss.

Das folgende Schaubild veranschaulicht die Kompositionsprozesse der fünf Strategie-Typen. Die Schematische Darstellung zeigt den jeweiligen Startpunkt (klingender bzw. nicht klingender assoziativer Inhalt) der Umwandlung und die Wege zum Klang inklusive der verschiedenen Einflussfaktoren.

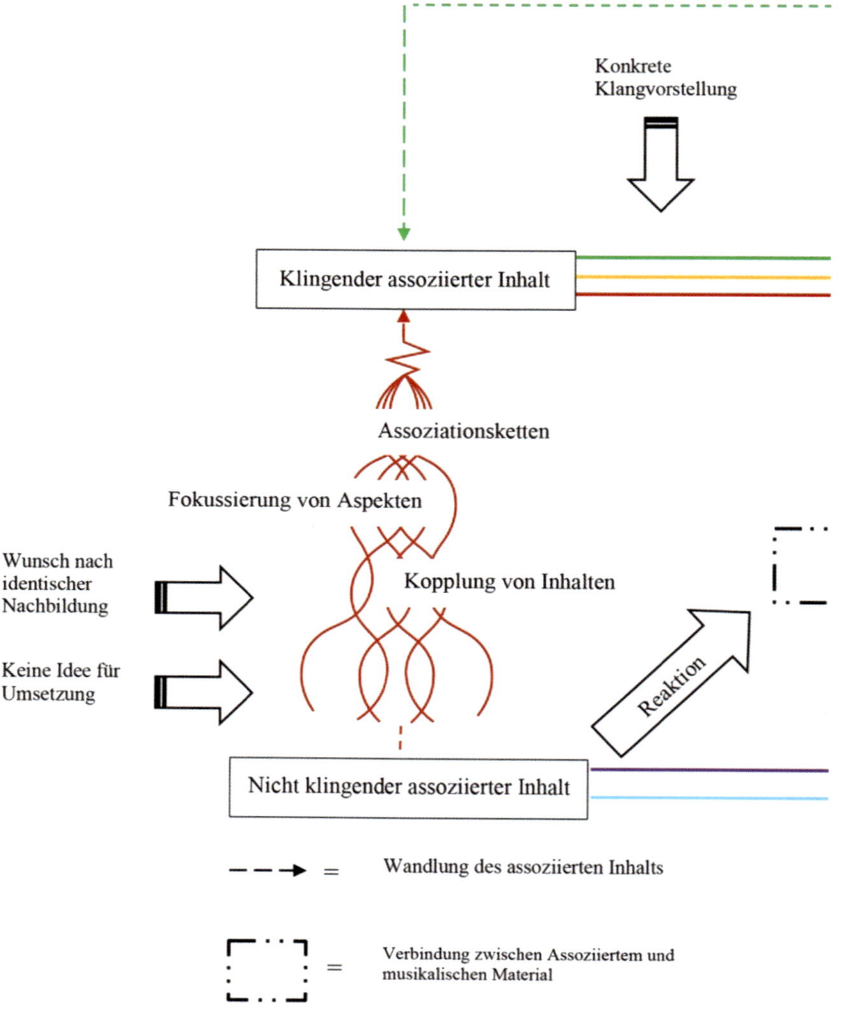
Konkrete
Klangvorstellung
Klingender assoziierter Inhalt
Assoziationsketten
Fokussierung von Aspekten
Wunsch nach
identischer
Nachbildung
Kopplung von Inhalten
Keine Idee für
Umsetzung
Reaktion
Nicht klingender assoziierter Inhalt
= Wandlung des assoziierten Inhalts
= Verbindung zwischen Assoziiertem und
musikalischen Material

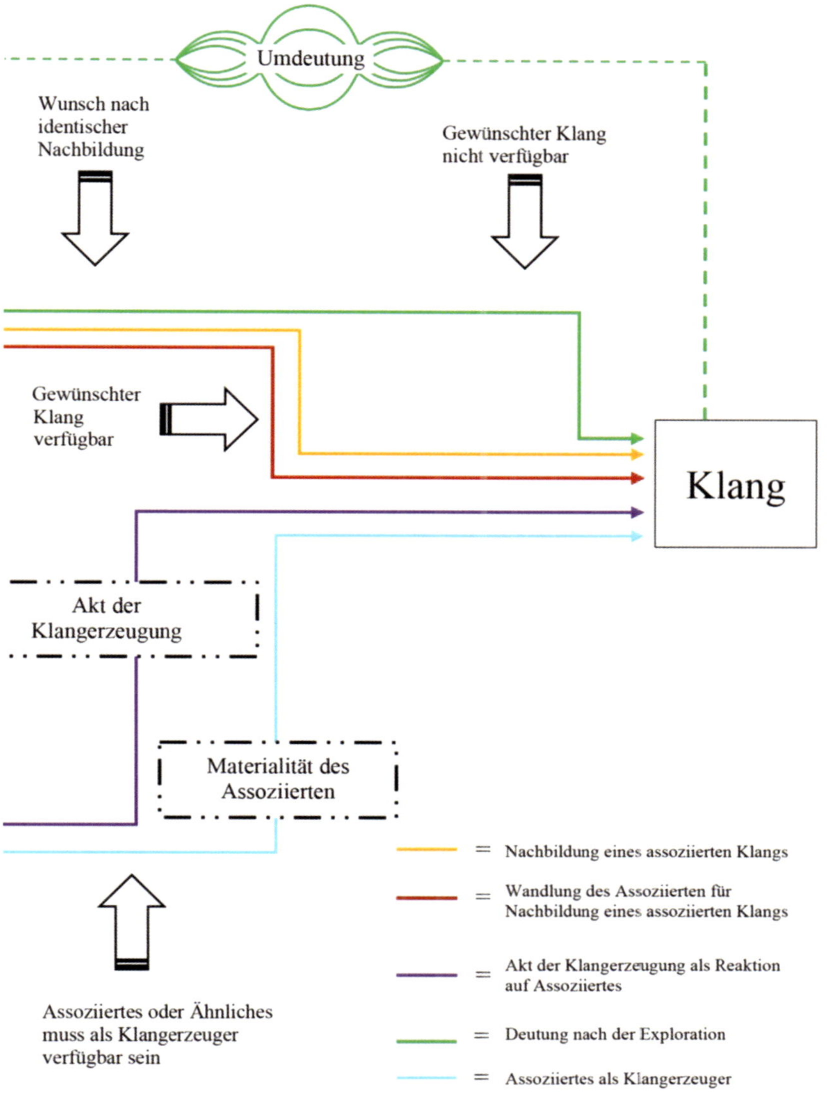


Abbildung 17: Prozessmodell der Umwandlungsstrategien

# 13. Diskussion der Ergebnisse

Im Rahmen der Auswertung konnten, wie bereits geschildert, fünf verschiedene Umwandlungsstrategiemuster abgeleitet werden. Auch wenn es sich bei der vorliegenden Studie nicht um eine quantitative Untersuchung handelt, war auffällig, dass die Anzahl der Umwandlungen, die den einzelnen Typen zugeordnet werden konnten, sich sehr unterschied. So waren die Typen *Akt der Klangerzeugung als Reaktion auf Assoziiertes*, *Deutung nach der Exploration* und *Assoziiertes als Klangerzeuger* nur vereinzelt zu identifizieren, wohingegen *Nachbildung eines assoziierten Klangs*, *Wandlung des Assoziierten für Nachbildung eines assoziierten Klangs* häufig im Material auszumachen waren. Beiden letzteren Typen ist gemein, dass diese eine möglichst identische Nachbildung eines assoziierten Klangs anstreben. Dieses Streben ist sowohl bei der Strategie *Wandlung des Assoziierten für Nachbildung eines assoziierten Klangs* als auch bei der *Deutung nach der Exploration* mitentscheidend für eine Änderung des umzuwandelnden assoziierten Inhalts. Besonders hinsichtlich des Interesses der vorliegenden Arbeit, den Schüler*innen eine Möglichkeit des individuellen Ausdrucks zu bieten, erscheint diese Präferenz nochmals umso relevanter, da diese leitend für die Wandlung bzw. das Verwerfen assoziierter Inhalte war, welche die Schüler*innen eigentlich präferierten. Deshalb soll der Wunsch nach identischer Nachbildung in den Mittelpunkt der Diskussion rücken.

Zuerst einmal werden jedoch die Umwandlungsstrategien der Schüler*innen in bestehende theoretische und empirische Auseinandersetzungen eingeordnet. Darüber hinaus werden, wie bereits in Kapitel 12.2 angedacht, Hypothesen für die Gründe der jeweiligen Strategie diskutiert. Hierbei erfolgt unter anderem auch ein Rückgriff auf die Mitschriften in den Unterrichtsreihen und das Postskriptum (vgl. Kap. 10.1). Nachfolgend wird der Einfluss des unterrichtlichen Kontextes reflektiert. In diesem Zusammenhang wird unter anderem das Komponieren mit der App *Pocket Composer* und der Einsatz von Alltagsgegenständen als Klangerzeuger diskutiert. Zudem werden die institutionellen Rahmenbedingungen näher beleuchtet und diskutiert. Am Ende des Kapitels wird abschließend die Methode der Studie reflektiert.

## 13.1 Einordnung der rekonstruierten Umwandlungsstrategien aus zeichentheoretischer Perspektive

Die Verbindung zwischen assoziiertem Inhalt und musikalischem Material wurde in der vorliegenden Studie als zentrales Merkmal der Umwandlungsstrategien identifiziert (vgl. Kap. 12.4). Zentral war in diesem Zusammenhang, auf welche Weise die Schüler*innen durch das musikalische Material Bezug auf ihre Assoziationen nahmen. Die Ergebnisse zeigten, dass das musikalische Material häufig die assoziierten Inhalte repräsentiert und somit als Zeichen für assoziierte Inhalte fungiert. Dementsprechend werden folgend die Umwandlungsstrategien aus zeichentheoretischer Perspektive betrachtet.

Die Zeichentheorie, auch Semiotik genannt, beschäftigt sich mit Zeichensystemen und untersucht diese unter anderem in Bezug auf ihr Entstehen, ihre Wirkung bzw. ihre Bedeutung. Mitunter grundlegend für das Verständnis der Beziehung zwischen Zeichen und Bezeichnetem gilt in der Literatur das Modell von Saussure (2001), welches Anfang des 20. Jahrhunderts veröffentlicht wurde. Die grundlegenden Aspekte werden im Folgenden zum besseren Verständnis kurz skizziert.

Saussures Überlegungen beziehen sich in erster Linie auf sprachliche Zeichen. Eine Übertragung auf andere Zeichensysteme ist dadurch aber nach Nöth (2000, S. 73) nicht ausgeschlossen. Saussure (2001) unterscheidet in seinem bilateralen Zeichenmodell zwischen Signifikat und Signifikant. Der Signifikant entspricht der Bezeichnung und verweist auf das Signifikat, welches den bezeichneten Inhalt meint, so wie beispielsweise das Wort *Pferd* (Signifikant) auf die Vorstellung eines Pferdes (Signifikat) verweist. Dabei stellt Saussure (2001) heraus, dass es sich bei dem Signifikat und dem Signifikanten jeweils um mentale Konzepte handelt: „Das sprachliche Zeichen vereinigt in sich nicht einen Namen und eine Sache, sondern eine Vorstellung und ein Lautbild“ (S. 77). Dabei ist das sprachliche Zeichen arbiträr:

> *Das Band, welches das Bezeichnete mit der Bezeichnung verknüpft, ist beliebig; und da wir unter Zeichen das durch die assoziative Verbindung einer Bezeichnung mit einem Bezeichneten erzeugte Ganze verstehen, so können wir dafür auch einfacher sagen: das sprachliche Zeichen ist beliebig. (Saussure, 2001, S. 79)*

Auch wenn die Verbindung zwischen der Bezeichnung und der Vorstellung willkürlich erscheint, so ist diese in der Sprachgemeinschaft „nicht frei, sondern auferlegt“ (Saussure, 2001, S. 83). Die sprachlichen Zeichen unterliegen demnach Konventionen, die eine überindividuelle Kommunikation möglich machen. Dieses Phänomen lässt sich auch in Bezug auf andere Zeichensysteme feststellen. So ist beispielsweise klar, dass eine rote Ampel mir zeigt, dass ich stehen bleiben soll, obwohl diese an sich keinerlei Verbindung zu dieser Handlung hat.

Bei den Umwandlungen der Schüler*innen ist allerdings sehr wohl eine natürliche Kopplung zwischen dem bezeichneten assoziierten Inhalt und dem musikalischen Material erkennbar. Das musikalische Material hat nicht wie Sprache oder andere konventionelle Zeichen eine denotative Funktion, sondern repräsentiert den assoziierten Inhalt. Brandstätter (2014), die Musik als eigenes Zeichensystem versteht, unterscheidet dabei zwischen buchstäblicher und metaphorischer Repräsentation. Als buchstäbliche Repräsentation bezeichnet sie eine Bezugnahme der Künste auf die Wirklichkeit, ohne den Sinnesbereich zu verlassen.

> *Voraussetzung für die repräsentierende ‚Abbildfunktion‘ sind Eigenschaften und Merkmale, die vom Zeichen und dem Bezeichneten gemeinsam besessen werden und die den Eindruck von Ähnlichkeit erzeugen. Ähnlichkeit im buchstäblichen Sinn kann nur dort entstehen, wo Zeichen und Bezeichnetes im selben Sinnesbereich angesiedelt sind. (Brandstätter. 2014, S. 113)*

So kann bildende Kunst buchstäblich nur auf Visuelles und Musik nur auf Auditives verweisen. Die Künste verfügen dabei über die tatsächlichen Merkmale des Bezeichneten. So repräsentiert beispielsweise das Bild von einer Vase eine tatsächliche Vase, indem es über die gleiche Form (wenn auch zweidimensional) und gegebenenfalls die gleiche Farbe verfügt. Aber auch in der Musik – wenn auch seltener als in der bildenden Kunst – kann Kunst die Wirklichkeit buchstäblich repräsentieren, wie beispielsweise das Pfeifen von Wind oder das Rauschen der Wellen.

Bei der metaphorischen Repräsentation „kommen dem Zeichen die Eigenschaften nur im *metaphorischen* [Hervorhebung im Original] Sinn zu“ (Brandstätter, 2014, S. 102). Beispielsweise kann ein gemalter Apfel das Leben oder die Sünde repräsentieren und stellt somit nicht (nur) das Objekt dar, sondern verweist auf eine weitreichendere Bedeutung, die zumeist auf kulturellen Konventionen beruht. Im musikalischen Kontext wäre ein Moll-Akkord, der auf ein Gefühl der Trauer verweist, ein Beispiel für eine metaphorische Repräsentation (vgl. Brandstätter, 2014, S. 103).

Betrachtet man die rekonstruierten Umwandlungen vor dem Hintergrund der vorangegangenen zeichentheoretischen Auseinandersetzungen, streben die Schüler*innen bei ihrer Darstellung vorwiegend eine buchstäbliche Repräsentation an. Dementsprechend unterscheidet sich hier die Vorgehensweise der Schüler*innen von den geschilderten Beispielen in Kapitel 4.2.3 aus der Studie von Katz und Gardner (2012) mit professionellen Komponist*innen, die zumeist durch Metaphorik eine Verbindung zwischen musikalischem Material und Wirklichkeit schaffen.

Wie Brandstätter (2014) schildert, kann bei der buchstäblichen Repräsentation nur auf den Bereich des künstlerischen Produkts – also die Musik – Bezug genommen werden. Für eine solche Bezugnahme war demnach für die Schüler*innen ein klingender assoziierter Inhalt unabdingbar. Die Verbindung zwischen musikalischem Material und assoziiertem Inhalt liegt dabei im Klang selbst. Die erzeugten Klänge sollten dementsprechend Ähnlichkeiten zum assoziierten Klang aufweisen, indem Merkmale buchstäblich übernommen wurden. Bei den untersuchten Umwandlungen forcierten die Schüler*innen allerdings nicht nur gewisse Merkmale, sondern sie versuchten den assoziierten Klang zu imitieren bzw. wie S12 es schildert, diesen möglichst *„identisch“* (S12, 108) nachzubilden. Im Prozess wurden dabei die erzeugten Klänge von den Lernenden wiederholt auf Passung überprüft (vgl. Kap. 12.3) und resultierend daraus das musikalische Material angeglichen. Ziel der Schüler*innen war es zumeist, dass das musikalische Material möglichst eindeutig auf den assoziierten Inhalt verweisen sollte. Gründe dafür lagen gegebenenfalls in dem Wunsch, dass Zuhörende die Verbindung nachvollziehen können und somit das Bezeichnete erkennen (vgl. Kap. 12.3).

Diese Bestrebungen der Schüler*innen hatten allerdings nicht nur Einfluss darauf, wie diese ihre assoziierten Inhalte umwandelten, sondern auch auf die Wahl der umzuwandelnden assoziierten Inhalte selbst. Diese mussten zum einen klangliche Merkmale aufweisen, die eindeutig auf den jeweiligen Inhalt zurückzuführen waren. Zum anderen war es nötig, dass der assoziierte Inhalt möglichen Zuhörer*innen bekannt war. Folglich geht mit diesem Anliegen auch eine mögliche Hürde im Umwandlungsprozess einher.

Als Beispiel kann in diesem Zusammenhang die assoziierte konkrete Szene von S06 (vgl. Kap. 12.1). fungieren. So wäre es mit dem Anspruch der Nachvollziehbarkeit für den Schüler nicht möglich gewesen, diese durch musikalisches Material zu repräsentieren, da mögliche Zuhörer*innen mit der konkreten Szene wahrscheinlich nicht vertraut waren. Allenfalls wäre mit diesem Anliegen nur eine stereotype Szene darstellbar. Ob S06 in seinem Umwandlungsprozess mögliche Zuhörer*innen dementsprechend berücksichtigt hat, konnte nicht eindeutig rekonstruiert werden. Allerdings könnte darin möglicherweise eine Begründung für das Verwerfen dieses assoziierten Inhalts durch S06 liegen.

Im Gegensatz zu den in diesem Kapitel behandelten Umwandlungen hatte das musikalische Material bei S04 zum Teil keine Repräsentationsfunktion. Vielmehr reagierte die Schülerin auf ihre assoziierten Inhalte durch die Klangerzeugung (vgl. Kap. 12.5.3) und unterschied sich somit in ihrer Vorgehensweise von den anderen Schüler*innen. Die dabei angewendete intensive Spielweise als Reaktion auf emotional beladene Inhalte, lässt den Schluss zu, dass die Klangerzeugung für S04 eine regulierende Funktion einnahm. Dies soll im Folgenden näher betrachtet werden.

## 13.2 Klangerzeugung als Emotionsregulation

Die anhand der Darstellungen von S04 rekonstruierte Vorgehensweise, durch den Akt der Klangerzeugung auf die assoziierten Inhalte, welche emotional beladen sind, zu reagieren, ist anschlussfähig an eine Studie zur Emotions- bzw. Stimmungsregulation durch das Musikmachen bei Jugendlichen. Im Folgenden soll diese in Beziehung mit der Strategie gesetzt werden, um die Vorgehensweise von S04 transparenter zu machen.

Saarikallio und Erkilä (2007) untersuchten die Stimmungsregulation durch Musik mithilfe von Musiktagebüchern von acht Jugendlichen. Sie konnten im Zuge dessen sechs Regulationsstrategien rekonstruieren (vgl. Tab. 2), die sich sowohl auf rezeptive als auch produktive musikalische Aktivitäten beziehen, und als Ziel die Stimmungskontrolle (Controlling mood) und das ‚gut-Fühlen' (Feeling good) hatten (vgl. Saarikallio & Erkilä, 2007, S. 92):

| Regulatory strategy | Typical mood before | Typical musical activity | Typical social situation | Typical changes in mood |
|---|---|---|---|---|
| ENTERTAINMENT | No specific moods, feeling ok, sometimes boredom | Mainly listening, music is usually in the background | Mostly alone but also with others | Lifting up spirits, maintaining positive mood |
| REVIVAL | Stress and treadmill, need for relaxation, need for energy | Mainly listening, but also singing, playing, writing songs … | Mostly alone but also with others | Feelings of reviving, relaxing, and getting energy |
| STRONG SENSATION | No specific moods | Any kind of musical activity, involvement is strong | Both alone and with others | Intensity and attention become stronger, sometimes thrills |
| DIVERSION | Anger, sadness, 'depression', stress, disruptive and annoying thoughts | Listening, singing, music is happy and pleasant | Both alone and with others | Forgetting about current negative mood |
| DISCHARGE | Anger, sadness, and 'depression' | Mainly listening, sometimes playing, music is aggressive or sad | Alone | Music gives form to the expression of current negative mood |

| | | | | |
|---|---|---|---|---|
| MENTAL WORK | Issues that require thinking, like personal conflicts, on mind | Listening, writing songs | Alone | Music promotes imagery, insights, clarification and reappraisal of experiences |
| SOLACE | Sad and troubled | Listening, attention to lyrics | Alone | Feeling understood and comforted |

Tabelle 2: The characteristics of the regulatory strategies nach Saarikallio und Erkilä (2007, S. 96)

Die Beschreibungen und Vorgehensweisen von S04 ähneln den Beschreibungen der regulierenden Strategie *Discharge* (Entladung). Die Darstellungen der intensiven Akte des ‚Reinschlagens' (vgl. Kap. 12.5.3) lassen darauf schließen, dass S04 die Klangerzeugung als eine Art Ventil für ihre Emotionen, die aus den assoziierten Inhalten resultierten, gebrauchte. Zumal die Schülerin angab, dies getan zu haben, *„um die Wut rauszulassen"* (S04, 239). Im Folgenden soll deshalb der Bereich ‚Musik als Entladung' näher spezifiziert werden, um das Vorgehen von S04 besser einordnen zu können.

Saarikallio und Erkilä (2007) führen aus, dass die Strategie *Discharge* von den Jugendlichen angewendet wurde, um „emotionalen Druck" (S. 99; Übers. L. J.) abzubauen. Sowohl der Akt der Klangerzeugung als auch die dabei entstehende Musik dienten in diesem Zusammenhang als Projektionsfläche für Gefühle: „As a symbolic object it enables acceptable and non-destructive expression of violent thoughts and feelings" (Saarikallio & Erkilä, 2007, S. 103). Der Akt der Klangerzeugung konnte dadurch eine befreiende Wirkung haben. Dabei ging es aber nicht nur um die Verdrängung negativer Gefühle, sondern auch um ihren Ausdruck. Die Musik gibt den Emotionen im Zuge dessen eine Form, die einen weiteren Umgang mit den negativen Emotionen ermöglicht.

In musiktherapeutischen Kontexten ist dieser Nutzen von Musik als eine Art Ventil schon mehrfach erwähnt bzw. diskutiert worden. So beschreibt zum Beispiel Canacacis-Canas (1985) durch ein Fallbeispiel die improvisatorische Arbeit mit einem Koronar-Patienten zum Thema *Sturm*. Der Musiktherapeut schildert eine Situation während des gemeinsamen Trommelns in der Gruppe: Beim musikalischen Höhepunkt des *Sturms* gerät das Trommelspiel des Klienten „aus der Kontrolle [...] und [dieser schlägt] mit großer Wut auf seine Trommel" (Canacacis-Canas, 1985, S. 69). Nach einem kurzen Moment hört er plötzlich auf zu spielen und erklärt dies im Nachgespräch: „Ich dachte, ich tue etwas Verbotenes [...] Ich empfand die aufkommende Angst, daß ich plötzlich bestraft werden würde" (S. 69). Daraufhin bestärkt der Therapeut bei der Wiederholung der Improvisation die unkontrollierten Donnerschläge. Diese dauern relativ lange an und es dauert „einige Zeit, bis [...] [der Klient] mit ausdrucksvollem, schwitzendem Gesicht in einen konstanten Rhythmus, den die Gruppe in niedriger Lautstärke hält, zurückfindet" (Canacacis-Canas, 1985, S. 69). Im nachfolgenden Gespräch beschreibt der Klient das Trommeln als genugtuend. In diesem Zusammenhang nutzt er die Metaphorik eines Schnellkochtopfes, „dessen Ventile reichlich geöffnet sind" (Canacacis-Canas, 1985, S. 69). Die Wirkung des Akts der Klangerzeugung konnten im Rahmen der Untersuchung mit S04 nicht auf diese Weise reflektiert werden. Die Parallelen zwischen ihren Darstellungen und den Schilderungen des Klienten von Canacacis-Canas (1985) sind aber deutlich.

Da die untersuchten Kompositionsprozesse im unterrichtlichen Kontext vollzogen wurden, gilt es diesen genauer in den Blick zu nehmen. Im Fokus steht dabei, inwiefern möglicherweise die Unterrichtsreihe oder die institutionellen Rahmenbedingungen die Vorgehensweisen der Schüler*innen begünstigt haben oder gar eine Begründung dafür darstellen.

## 13.3 Reflexion des Einflusses des Unterrichtskontextes

Die Ergebnisse der Studie sind in einem bestimmten Unterrichtskontext mit einer bestimmten Lerngruppe entstanden und können dementsprechend zuerst einmal nur für diesen speziellen Fall betrachtet werden. Im Folgenden sollen aber bestimmte Einflüsse wie beispielsweise die Unterrichtsstunden vor dem eigentlichen Kompositionsprozess oder die Vorgaben durch die App *Pocket Composer*, welche als Grundlage für die Kompositionen fungierte, reflektiert werden, um auf dieser Grundlage die Reichweite der Befunde diskutieren und diese mit Studien aus anderen

Kontexten in Beziehung setzen zu können. Des Weiteren werden in diesem Zusammenhang auch die Aufgabenstellung, die Arbeit mit dem Portfolio und die institutionellen Rahmenbedingungen in den Blick genommen.

Im Fokus der Betrachtung steht zuerst einmal der Wunsch der Schüler*innen nach der (Nach)Bildung assoziierter Klänge bzw. im Sinne Brandstätters (2014) zeichentheoretischer Überlegungen der Wunsch nach buchstäblicher Repräsentation, da dieser als übergreifendes Merkmal von drei Typen der Umwandlung (vgl. Kap. 12.5 & 12.6) herausgearbeitet und als bedeutend für die Umwandlung assoziierter Inhalte erkannt wurde (vgl. Kap. 13). Leitend ist dabei die Frage, inwiefern der Unterrichtskontext zu dieser Präferenz bzw. diesem Vorgehen der Schüler*innen beigetragen hat.

### *13.3.1 Reflexion des Einflusses der Unterrichtsstunden vor dem Kompositionsprozess*

Für die Bestrebungen der Schüler*innen zur Nachbildung assoziierter Klänge scheint zuerst einmal die Behandlung von Alltagsklängen im Unterricht eine naheliegende Erklärung, da vermehrt Alltagsklänge von den Lernenden assoziiert und nachgebildet wurden. Besonders relevant in diesen Zusammenhang erscheint, dass Alltagsklänge unter anderem als Beispiele für mögliches Klangmaterial für die Kompositionsprodukte in den Unterrichtsstunden vor dem Kompositionsprozess angeführt wurden. Es wäre aber ein Kurzschluss zu behaupten, dass nur dies die rekonstruierten Bestrebungen der Schüler*innen erklärt, da den Schüler*innen Alltagsklänge nie als alleiniges direktes Pendant zu einem assoziierten Inhalt präsentiert wurden. Vielmehr wurden bei Beispielen für Umwandlungen, wie in Kapitel 10.1 aufgeführt, immer mehrere Möglichkeiten der Umwandlung vorgestellt. Auch bei der Erstellung des Assoziationscluster zum Thema *Liebe* (vgl. Abb. 18)[42] wurden neben imitativen Umwandlungsmöglichkeiten wie Herzschlag und Hochzeitsglocken auch Klangcharakteristika wie beispielsweise „harmonisch“ und „warm“ von den Schüler*innen angesprochen (vgl. Postskriptum 3. Doppelstunde).

[42] Das Assoziationscluster zum Topos Liebe wurde, wie bereits angesprochen, in einer Vorläuferstunde im Plenum erstellt, um den Schüler*innen eine Vorstellung zu der später zu erstellenden Ideensammlung zu ermöglichen. Für nähere didaktische und forschungsmethodische Erläuterungen s. Kap. 6.2 & 10.1.

Ein weiteres Indiz dafür, dass der Wunsch nach buchstäblicher Repräsentation nicht nur auf die unterrichtliche Behandlung von Alltagsklängen als Klangmaterial für die Kompositionsprodukte zurückzuführen ist, liegt in der Chronologie der Kompositionsprozesse. Die Schüler*innen gingen zumeist[43] nicht vom gegebenen (Alltags-)Klangbestand, sondern von ihren Assoziationen aus. So animierten die Alltagsklänge diese nicht zu einer buchstäblichen Repräsentation. Untermauert wird dies dadurch, dass die Schüler*innen versuchten ihre Assoziationen buchstäblich zu repräsentieren, obwohl der Originalklang nicht verfügbar war und sie somit auf anderes, ähnlich Klingendes zurückgreifen mussten. Es lässt sich also festhalten, dass die Behandlung von Alltagsklängen als mögliches klangliches Material für die Komposition, die Bestrebungen der Schüler*innen gegebenenfalls begünstigen, da die Imitation klingender Assoziationen einfach(er) vollzogen werden kann. Eine vollständige Erklärung für diese Vorgehensweise der Schüler*innen bietet dies aber nicht.

[43] Eine Ausnahme stellt hier die Umwandlungsstrategie Deutung nach der Exploration (Kap. 12.5.4) dar.

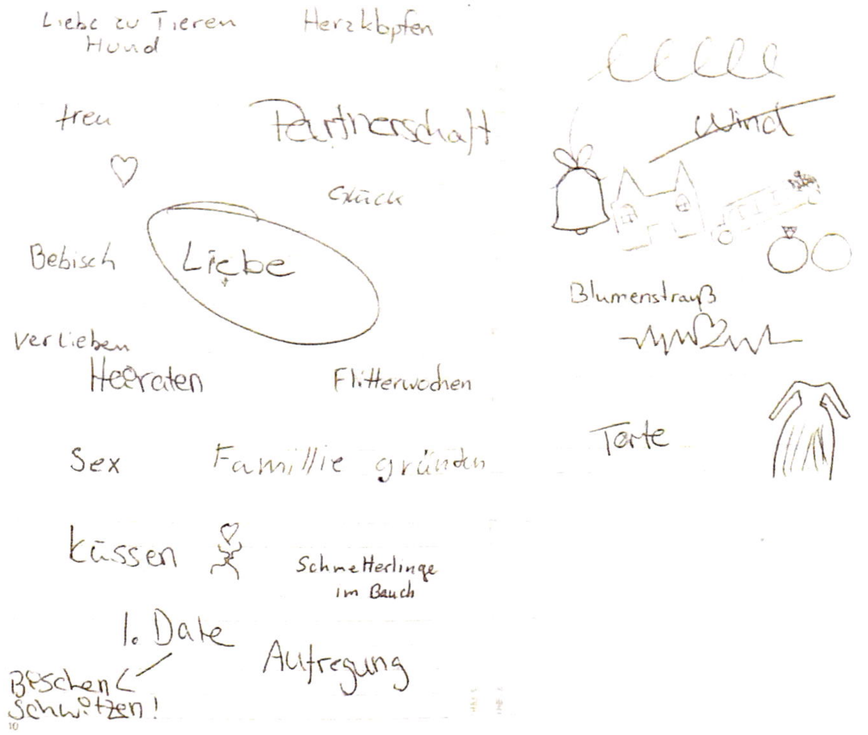


Abbildung 18: Assoziationscluster der Klassengemeinschaft zum Topos Liebe[44]

### *13.3.2 Reflexion des Einflusses der App Pocket Composer*

Im Zuge der Reflexion der Unterrichtsreihe muss auch der Einfluss der App *Pocket Composer* (vgl. Kap. 6.2.1) näher in den Blick genommen werden. Die weiträumige offene Oberfläche der App lädt zuerst einmal zum Sammeln von Klängen ein. Diese können weitgehend unmittelbar aufgenommen, daraufhin bearbeitet und frei – ohne Vorgabe von rhythmischen Strukturen – angeordnet werden. Dadurch wird eine relativ spontane Aufnahme und Weiterverarbeitung von Klängen ermöglicht. So ist die Auf-

---

[44] Das Assoziationcluster wurde mithilfe eines „Smart-Writing"-Stifts direkt bei der Entstehung im Notizbuch, für alle Schüler*innen sichtbar, auf ein Smartboard übertragen.

nahme und Nutzung von Alltagsklängen – auch als direkte Repräsentation des genutzten Klangerzeugers – naheliegend, zumal die Klangerzeugung mit dem Synthesizer in der App nicht eingeführt wurde (vgl. Kap. 6.3). Dieser hätte den Schüler*innen mehr Möglichkeiten in der Klangerzeugung und -bearbeitung gegeben und gegebenenfalls die Schüler*innen dazu gebracht, sich von den Alltagsklängen zu lösen.

Allerdings ist auch im Zusammenhang mit der App, wie bei der Verwendung von Alltagsklängen im Rahmen der Unterrichtsreihe anzuführen, dass die Schüler*innen in den meisten Fällen eine gezielte Umwandlung einer Assoziation vollzogen haben und diese nicht auf Grund der reinen Verfügbarkeit des Klangs umgesetzt wurde. Dahin gehend ist auch zu berücksichtigen, dass die Schüler*innen, wenn der Originalklang nicht verfügbar war, diesen realgetreu imitiert und ihre Assoziationen nicht so weit variiert haben, bis der Originalklang verfügbar war (Ausnahmen vgl. Fußnote 43). Folglich kann festgehalten werden, dass die App zwar zum Aufnehmen von Alltagsklängen einlädt, eine realgetreue (Nach)Bildung der assoziierten Klänge, wie sie von den Schüler*innen angestrebt wurde, aber nicht forciert.

### *13.3.3 Reflexion des Einflusses der Aufgabenstellung*

Im Zuge der Reflexion des unterrichtlichen Kontextes ist, neben den Vorläuferstunden und der App, die Aufgabenstellung für die Komposition als direkter Impuls für das Handeln der Schüler*innen näher zu untersuchen. Zum näheren Verständnis wird diese folgend noch einmal dargestellt:

**Nehmt mit der App *Pocket Composer* Töne auf**, die zu eurer Komposition zum Thema Kälte passen. Eure Komposition kann sich auf einen oder mehrere Aspekte eurer Ideensammlung beziehen. Vielleicht fallen euch aber während eurer Arbeit an der Komposition auch noch weitere Aspekte ein. Diese könnt ihr natürlich einbeziehen.

Inwiefern die Aufgabenstellung Einfluss auf das Handeln der Schüler*innen bzw. deren Kompositionsprozess hat, steht in engem Zusammenhang mit deren Verständnis des Impulses (Rathmann, 2021). Diesbezüglich gilt es besonders das Verständnis des Kompositionsbegriffs von Schüler*innen zu hinterfragen bzw. näher zu betrachten. In einer Studie untersuchte Meisterernst (2022) dieses anhand von Sprachbildern in den Äußerungen der

Schüler*innen und konnte ein sogenanntes „Behälter-Schema“ (Meisterernst, 2022, S. 149) rekonstruieren. Die Schüler*innen verstehen Komposition metaphorisch als „ENTNEHMEN VON SUBSTANZEN und [den*die] KOMPONIST*IN ALS BEHÄLTER [Hervorhebung im Original]“ (Meisterernst, 2022, S. 150), der*die aus sich heraus die Komposition schöpft. Die Lernenden gehen im Zuge dessen von einem Verständnis aus, das beinhaltet, dass die musikalischen Ideen in Komponist*innen vorhanden sind. Des Weiteren definieren sie eine Komposition als etwas Neues. Meisterernst (2022) fasst die Rolle des*der Komponisten*in in Anlehnung an die Äußerungen der Schüler*innen wie folgt zusammen: „aktiv Handelnde, der*die *sich Sachen reinspielt*, eine *musikalische Idee im Kopf entwickelt* und auf Basis dessen *etwas Neues herausbringt* [Hervorhebungen im Original]“ (S. 153).

Das Verständnis, das Kompositionsprodukt als etwas Neues zu definieren, deckt sich auch mit den Rekonstruktionen aus dem vorliegenden Material bezüglich des Wunsches nach Originalität (vgl. Kap. 12.3). Folglich könnte diese Bestrebung durch das Verständnis des Kompositionsbegriffs hervorgerufen worden sein. Darüber hinaus wäre die Sicht auf den*die Komponisten*in als Behälter, aus dem er*sie musikalische Ideen für die Komposition schöpft, eine mögliche Erklärung für den diskutierten Wunsch der Schüler*innen, assoziierte Klänge nachzubilden. Diese Metapher impliziert ein*e Komponisten*in, der*die seine*ihre Ideen aus sich selbst heraus und weniger durch äußere Faktoren generiert. Dementsprechend sind explorative Tätigkeiten zum Teil konträr zu diesem Verständnis. Vielmehr werden bereits vorhandene musikalische Vorstellungen gezielt umgesetzt. Die Umwandlung assoziierter Inhalte durch buchstäbliche Repräsentationen scheint in diesem Zusammenhang insofern naheliegend, als dass die assoziierten Klänge konkret und einfach(er) vorstellbar sind. Vorstellungen, die beispielsweise auf einer gewissen Metaphorik o. Ä. fußen, scheinen hierbei abstrakter, schwerer zugänglich und können dementsprechend nicht so leicht aus dem ‚Behälter‘ entnommen und umgesetzt werden.

### *13.3.4 Reflexion des Einflusses des Portfolios*

In den didaktischen Überlegungen (vgl. Kap 6.2.3) wurde besonders das Potenzial von Portfolios hinsichtlich der Generierung, Sammlung und Strukturierung von Ideen herausgestellt. Es ist offensichtlich und war aus didaktischer Sicht auch wünschenswert, dass die Prozesse durch die Portfoliobegleitung beeinflusst werden. Schon allein die in Kapitel 6.2.3 geschilderten Effekte von schriftlichen bzw. zeichnerischen Auseinandersetzungen beim Komponieren lassen darauf schließen, dass das Führen des Portfolios Einfluss auf den Kompositionsprozess der Schüler*innen hatte. Dies gilt sowohl für den Prozess des Verschriftlichens, der nach Zembylas und Niederauer (vgl. 2016, S. 63) zu einer Generierung von Ideen beiträgt als auch für die Tatsache, dass Ideen durch eine Visualisierung anderweitig anschlussfähig werden (vgl. Kap. 6.2.3). Darüber hinaus ist klar, dass durch die Dokumentationen und Reflexionen der Kompositionsprozess pausiert wurde und somit auch auf zeitlicher Ebene ein Eingriff erfolgte.

Allerdings ist für eine nähere Analyse hinsichtlich des Einflusses des Portfolios in der vorliegenden Studie relevant, auf welche Arten das Portfolio von den Schüler*innen genutzt wurde. Die Fokussierung der verschiedenen Impulse hilft dabei nur geringfügig weiter, da diese nicht obligatorisch waren, sondern den Schüler*innen lediglich mögliche Bearbeitungsweisen aufzeigen sollten (vgl. Kap. 6.2.3 & 6.3). Daher werden im Folgenden die Portfolios selbst näher betrachtet.

Durch die Aufzeichnungen der Schüler*innen wird deutlich, dass diese die Portfolioarbeit auf ganz unterschiedliche Weise vollzogen haben. Dies deckt sich mit den Ergebnissen von Buchborn (2022) über den Nutzen von Lerntagebüchern. Schon die Assoziationscluster fielen bei den Schüler*innen unter anderem in ihrer Dokumentationsweise sehr unterschiedlich aus. So griffen einige Schüler*innen auf rein zeichnerische, nonverbale, andere nur auf schriftliche Darstellungen zurück oder wiederum andere kombinierten schriftliche und bildliche Darstellungen (vgl. Abb. 19). Auch auf den weiteren Seiten der individuellen Portfolios zeichnen sich diese auf der Darstellungs- und Bearbeitungsebene durch Varianz aus. Sowohl die Dokumentationsdichte als auch die Dokumentations- bzw. Reflexionsweisen unterscheiden sich in den Portfolios der Schüler*innen erheblich.

Hinsichtlich der Arten der Portfolionutzung wird deutlich, dass die Schüler*innen die Portfolios überwiegend auf fünf verschiedene Arten genutzt haben:

1. als Ideensammlung in Form des Assoziationsclusters,
2. als retrospektives Dokumentationsinstrument,
3. als Planungsinstrument,
4. zur Darstellung von Begründungen,
5. als Reflexionsinstrument.

Folgend werden die Arten der Portfolionutzung kurz erläutert, um nachfolgend deren Einfluss auf die Umwandlungsstrategien konkret diskutieren zu können.

Bei dem *Assoziationscluster* handelt es sich, wie schon herausgestellt, um eine Sammlung von Ideen. Diese wurde zu Beginn des Kompositionsprozesses sowohl mit Assoziationen als auch gegebenenfalls schon mit Umsetzungsideen gefüllt. Außerdem wurde im Rahmen der Auswertung deutlich, dass die Schüler*innen ihr Assoziationscluster im Laufe des Prozesses teilweise fortführten und mit weiteren Ideen bestückten.

Abbildung 19: Auszug aus Assoziationscluster von S18, Portfolio S. 3

Des Weiteren vollzogen die Schüler*innen im Portfolio *retrospektive Dokumentationen*. Die Schüler*innen dokumentierten also, was sie getan bzw. welche Ideen sie verfolgt haben. Die Verschriftlichungen bezogen sich auf konkrete Umsetzungen wie beispielsweise *„Schneesturm als Ton* *gemacht"* (S18, Portfolio, S. 4), aber auch andere den Kompositionsprozess betreffende Aktivitäten, welche mehr oder weniger konkret ausgeführt wurden (vgl. Abb. 20 & Abb. 21).

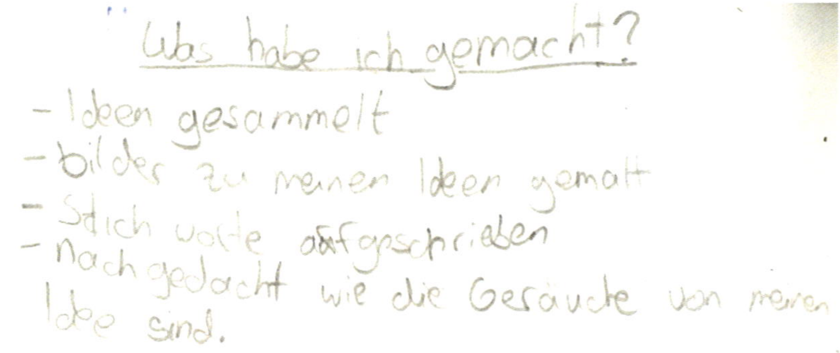


Abbildung 20: Auszug Portfolio S19, S. 4

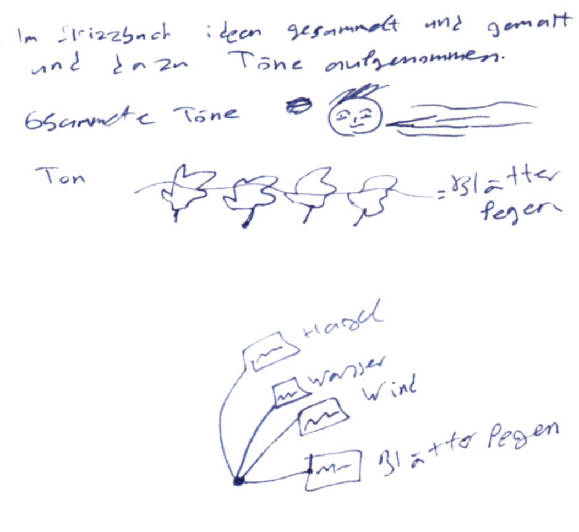


Abbildung 21: Auszug Portfolio S14, S. 4

Die Dokumentationen wurden von den Schüler*innen zum Teil durch Begründungen von Umwandlungen ergänzt. Diese bezogen sowohl die Wahl ihrer Assoziationen für den Kompositionsprozess als auch die dazugehörigen Umsetzungen mit ein. Thematisiert wurde von den Schüler*innen dabei der individuelle Bezug und die Passung mit dem Topos *Kälte*: *„Ich habe den Ton von einem Kaminfeuer aufgenommen, ich mag es in Kälte vor dem Feuer zu sitzen oder das Geräusch zu hören"* (S19, Portfolio S. 4).

Darüber hinaus ließen sich in den Portfolios der Schüler*innen Planungselemente finden. Diese fokussierten zumeist einzelne musikalische Umsetzungen von Assoziationen. So verschriftlicht S01 in ihrem Portfolio: *„Die anderen Töne muss ich noch machen: Wind, Regen, Gewitter, wenn es kalt ist, ist es meistens regnerisch und steinig"* (Portfolio S. 6).

Als weitere Nutzungsart konnten Reflexionen der Schüler*innen identifiziert werden. Diese beziehen sich sowohl auf Produkte wie beispielsweise in Form von Klangbewertungen als auch auf den Prozess. Dabei steht der Prozess der Klangaufnahme im Vordergrund der Auseinandersetzung (vgl. Abb. 22).

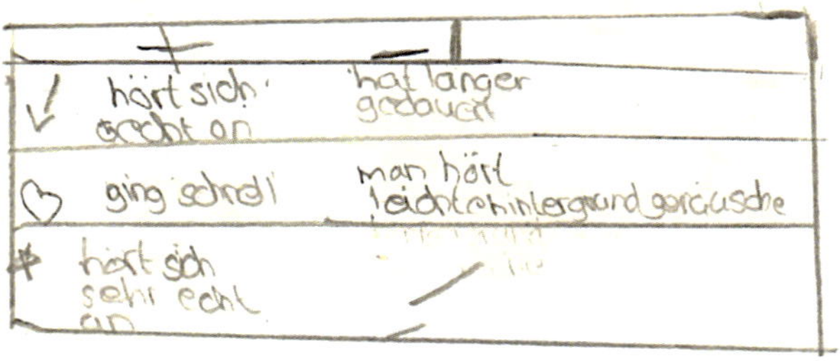

| | + | – |
|---|---|---|
| ✓ | hört sich echt an | hat langer gedauert |
| ♡ | ging schnell | man hört leicht hintergrund geräusche |
| * | hört sich sehr echt an | |

Abbildung 22: Auszug Portfolio S03, S. 4

Bei der Betrachtung der einzelnen Nutzungsarten fällt unter anderem deren unterschiedliche zeitliche Verortung im Prozess auf. Hinsichtlich des Einflusses auf die Umwandlungsstrategien scheint es nun interessant, ob die Visualisierungen und die damit einhergehenden Auseinandersetzungen vor oder nach den Umwandlungen von den Schüler*innen vollzogen wurden. Durch die Inhalte der Portfolios wird deutlich, dass sowohl die Verschriftlichungen der retrospektiven Dokumentation, die Begründung der Umwandlung als auch die reflexiven Teile *nach* der Umwandlung vollzogen wurden. Zudem konnte herausgearbeitet werden, dass sich die Planungselemente im Portfolio weitgehend auf konkrete Umsetzungen bezogen. Dementsprechend muss eine konkrete Umwandlungsidee der verschriftlichten Planung vorausgegangen sein.

Im Folgenden (Abb. 23) wird zum besseren Verständnis ein Zeitstrahl mit der zeitlichen Verortung der einzelnen Nutzungsarten in Bezug auf die Umwandlung rudimentär dargestellt. Dieser stellt keineswegs den Prozess in seiner Exaktheit dar, sondern dient lediglich als Orientierung, um die nachfolgenden Gedankengänge besser nachvollziehen zu können.

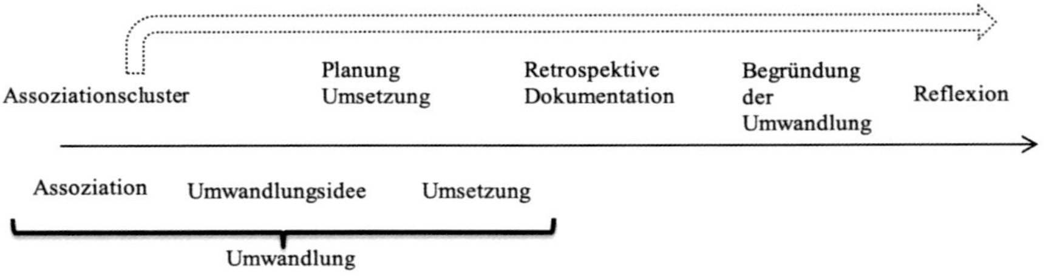


Abbildung 23: Zeitliche Verortung der Nutzungsarten und der Umwandlung

In Bezug auf die Einflüsse der einzelnen Nutzungsarten des Portfolios scheint es aufgrund der zeitlichen Verortung zuerst einmal sinnvoll, die Arbeit mit dem Assoziationscluster und die Planungselemente zu fokussieren, da diese vor bzw. während der Umwandlung vollzogen wurden und somit gegebenenfalls Einfluss auf diese hatten.

Durch das Assoziationscluster wurde den Schüler*innen, wie schon zuvor herausgestellt, eine Art Starthilfe für den Prozess gegeben. Es stellt eine Grundlage der Komposition dar, die die Schüler*innen zu Beginn erstellten und auf welche sie im Laufe der Zeit immer wieder Bezug nahmen. Demensprechend fungierte besonders das Assoziationscluster im Portfolio als Dreh- und Angelpunkt des Prozesses. Die darin enthaltenen Aufzeichnungen zeigen eine Verdichtung der Ideen und Denkvorgänge der Schüler*innen (Zembylas & Niederauer, 2016). So ist es denkbar, dass die Aufzeichnungen der Schüler*innen in ihren Portfolios die Umwandlungen auf zwei Arten beeinflussen.

Erstens gestaltet sich der Akt der Aufzeichnung als generativer Prozess. Durch die erzwungene Auseinandersetzung können weitere Ideen angestoßen und somit weitere Anknüpfungspunkte für Umwandlungen entstehen. Inwiefern dies aber besonders die Imitation assoziierter Klänge beeinflusst, ist unklar. Denkbar wäre allenfalls, dass den Schüler*innen so das Spinnen von Assoziationsketten bzw. die Veränderung von Assoziationen leichter fiel und somit die imitierten Klänge leichter assoziiert werden konnten.

Zweitens werden durch die Aufzeichnungen Ideen vor der konkreten Umwandlung konserviert. Wie in einer früheren Untersuchung herausgestellt wurde, haben solche Dokumentationen eine enorme Relevanz für den weiteren Prozess, da diese für die Schüler*innen als eine Art Richtlinie fungieren können (Janczik, 2021). Dadurch, dass die Schüler*innen in den Assoziationsclustern nicht nur Assoziationen zum Topos *Kälte*, sondern auch schon Umwandlungsideen festhielten, werden gegebenenfalls explorative Tätigkeiten übergangen. Das Festhalten von Umwandlungsideen – ohne ein Erkunden des musikalischen Materials – verlangt eine gewisse Klangvorstellung. Dass hierbei imitative alltagsorientierte Klänge naheliegender sind als abstrakte, die möglicherweise auf einer Metaphorik basieren, wurde bereits oben diskutiert und stellt demnach möglicherweise eine Begünstigung einer imitierenden Darstellung dar.

In ähnlicher Weise können auch die Planungen im Portfolio der Schüler*innen betrachtet werden. Allerdings ist dabei zu berücksichtigen, dass eine Umwandlungsidee schon vollzogen sein muss, falls – wie auch in dem geschilderten Beispiel von S01 – die Planung auf konkrete Töne abzielt. Dementsprechend forciert die Planung im Portfolio zwar möglicherweise die Umsetzung, beeinflusst aber die Umwandlungsidee nicht direkt.

Die Nutzungsarten retrospektive Dokumentation, Begründung der Umwandlung und Reflexion scheinen auf den ersten Blick nicht in den Prozess der Umwandlung einzugreifen, da diese von den Schüler*innen nachgelagert vollzogen wurden. Allerdings muss berücksichtigt werden, dass durch die Reflexion des umgewandelten musikalischen Materials gegebenenfalls eine Strategieänderung erfolgt sein könnte. Das Portfolio dient im Zuge dessen „der Bewusstwerdung von Handlungen und Entscheidungen in Bezug auf die (Weiter-)Entwicklung von Interessen und Ideen" (Inthoff, 2017, S. 70). Bräuer (2016) sieht dadurch „ein vertieftes Verständnis des aktuellen Handelns im Spannungsfeld von bereits erlebtem und antizipiertem Handeln und dadurch die Optimierung zukünftiger Handlungssteuerung" (S. 13).

Theoretisch wäre es demnach denkbar, dass den Schüler*innen durch die Reflexion bestimmte Bewertungskategorien wie beispielsweise die Nachvollziehbarkeit (vgl. Kap. 12.3) bewusst wurden. Möglich wäre im Zuge dessen, dass die Schüler*innen Klangergebnisse hinsichtlich der Bewertungskategorien hinterfragen und ihre Ergebnisse gegebenenfalls als nicht zufriedenstellend angesehen haben. Dies hätte eventuell zur Folge, dass eine Umwandlungsstrategie, die dieses Bestreben begünstigt – wie beispielsweise die *Nachbildung eines assoziierten Klangs* – von den Schüler*innen gewählt wurde. Eine Überprüfung der Hypothese kann durch das Material allerdings nicht geleistet werden, wodurch die Einflussnahmen der Portfolioarbeit auf die Umwandlungsstrategien Vermutungen bleiben, die es an anderer Stelle zu untersuchen gilt.

### *13.3.5 Reflexion des Einflusses der institutionellen Rahmenbedingungen*

Bei der Betrachtung des unterrichtlichen Kontextes dürfen auch die institutionellen Rahmenbedingungen nicht außer Acht gelassen werden. Besonders die vorgegebenen zeitlichen Strukturen – sowohl im Hinblick auf die Stunden- als auch die Projektdauer – scheinen ein einflussreicher Faktor bei den Umwandlungsprozessen gewesen zu sein. Auch wenn durch das Nutzen von Doppelstunden und dem Verweis auf die Möglichkeit, den Kompositionsprozess außerhalb der Unterrichtszeit fortzuführen, versucht wurde, die zeitlichen Einschränkungen etwas aufzuweichen, so bleibt die Struktur durch die Unterrichtsstunden bestehen und der Kompositionsprozess somit von dieser abhängig. Auch im Material konnten die zeitlichen Aspekte als den Kompositionsprozess mitbestimmende Faktoren rekonstruiert werden (vgl. Kap. 12.3). Der in dem Zusammenhang geschilderte Wunsch nach mehr Zeit durch S06 (vgl. Kap. 12.3) lässt darauf schließen, dass die Umwandlung gegebenenfalls ohne zeitliche Einschränkungen anders verlaufen wäre. Auch die positiven Bewertungen eines Aufnahmeprozesses durch S03 (Portfolio S. 4; vgl. Abb. 22), wenn dieser schnell vollzogen wurde, lässt sich als mögliche Folge des zeitlichen Rahmens deuten. Dementsprechend waren eventuell gewisse ökonomische Aspekte für die Schüler*innen handlungsleitend, da das Endprodukt in dem zeitlichen Rahmen fertiggestellt werden sollte. Gerade eine Nachbildung assoziierter Klänge scheint auf den ersten Blick eine zeitökonomische Vorgehensweise zu sein, da diese mit einer klaren Klangvorstellung einhergeht. Durch diese war bei der Art der Umwandlung relativ klar, welches Ergebnis erreicht werden soll und somit gestaltete sich auch die Umwandlungsidee weitgehend eindeutig. Eine längere Auseinandersetzung damit, wie gewisse Assoziationen umgewandelt werden sollen, war deshalb nicht nötig. So war es möglicherweise ökonomischer, die Assoziationen zu variieren als mögliche alternative Umwandlungsstrategien zu suchen und gegebenenfalls zu erproben.

Eine Ausrichtung des Kompositionsprozesses an ökonomischen Faktoren konnte auch Theisohn (2023) in ihrer Studie feststellen. Die Musikpädagogin rekonstruierte, wie bereits in Kapitel 3 angeführt, in ihrer Untersuchung zu Kollaboration in Kompositionsprozessen Pragmatismus als eine Handlungsorientierung: „Im pragmatisch orientierten Kompositionsprozess erfolgen sehr wenige Rückgriffe auf musikbezogene implizite Wissensbestände und Handlungspraxen, und wenn nur individuell, vereinzelt und tentativ“ (Theisohn, 2023, S. 245). Diese Handlungsorientierung führte in den von Theisohn (2023) untersuchten Kompositionsprozessen dazu, dass die Schüler*innen zur Generierung des musikalischen Materials auf „Versatzstücke aus peerkulturellen Kontexten zurückgriffen [...], ohne dass diese zuvor erprobt oder in gemeinsamer Musizierpraxis verändert wurden“ (Theisohn, 2023, S. 245). Eine Schüler*innengruppe in ihrer Studie imitiert dementsprechend Fangesänge und nutzt variierende Spielweisen nur aufgrund der Aufgabenstellung. Eine Überarbeitung bzw. Weiterentwicklung wird von den Schüler*innen abgelehnt, weil diese „völlig unnötig sei“ (Theisohn, 2023, S. 246).

Hier werden allerdings Unterschiede zu der vorliegenden Untersuchung deutlich. Die Schüler*innen griffen zwar ähnlich wie bei Theisohn (2023) auf ihnen bekannte Klänge zurück und versuchten diese zu imitieren, allerdings gaben sich die Schüler*innen häufig nicht mit der ersten Lösung zufrieden, sondern überarbeiteten diese bzw. nahmen die Klänge erneut auf, bis eine hinreichende (zufriedenstellende) Passung zum assoziierten Klang erzielt wurde. Die Schüler*innen strebten somit nicht primär wie Gruppen aus der Studie von Theisohn (2023) oder auch bei Kranefeld (2008b) nach einer „schnellen Lösung“ (Kranefeld, 2008b, S. 85). Der Faktor Zeit scheint dementsprechend für die Schüler*innen zwar relevant, jedoch nicht vorwiegend entscheidend für ihre Vorgehensweisen gewesen zu sein.

Besonders die Frage *„Ist das richtig so?“*, welche von den Schüler*innen im Zuge des Kompositionsprozess mehrfach gestellt und im Postskriptum (vgl. Postskriptum 4. Doppelstunde) dokumentiert wurde, lässt auf eine für das Vorgehen der Schüler*innen weitere relevante Dimension schließen. Über die Beweggründe der Schüler*innen, die mit dieser Frage einhergehen, lassen sich verschiedene Hypothesen bilden. Es wäre beispielsweise denkbar, dass die Schüler*innen aufgrund der – für die meisten – neuen Erfahrung im Zuge eines Kompositionsprozesses unsicher in ihrem Handeln sind und diesbezüglich eine Bestätigung benötigen. Hinzu kommt, dass offene Aufgabenstellungen ohne eine ‚richtige' Lösung, wie sie dem Kompositionsprozess vorangegangen sind, den Schüler*innen in der Regel fremd sind. In diesem Kontext sieht Luhmann (2002) eine „Tendenz zur Trivialisierung" (S. 78) im Unterricht:

> *Wenn Standards für Richtigkeit vorgegeben sind, ist das anschließende Verhalten entweder richtig oder nicht richtig. Das gilt auch dann, wenn die Kriterien mehrere konkurrierende Möglichkeiten richtigen Verhaltens zulassen – etwa bei Schulaufsätzen oder im Bereich der ‚hermeneutischen' Disziplinen, sofern nur zwei Bedingungen gewährleistet sind, nämlich (1) es muß auch erkennbar nicht richtiges Verhaltes geben und (2) das richtige Verhalten muß auch dann, wenn es wiederholt wird, richtig bleiben. (Luhmann, 2002, S. 76–77).*

Nach Jackson (1975) ist das Handeln der Schüler*innen ein Resultat von „Anpassungsprozessen" (Jackson 1975, S. 27). Besonders, da Unterricht „ein Bewertungsfeld [ist], in dem der Schüler nicht nur lernen muß, sich Befehlen zu fügen, sondern so zu fügen, dass eine positive Bewertung daraus folgt." (Jackson 1975, S. 21) Eine Rückversicherung, ob ich die Aufgabe im Sinne der Lehrperson bearbeitet habe, scheint dabei die offensichtliche Konsequenz. In diesem Zusammenhang ist auch der rekonstruierte Wunsch nach Nachvollziehbarkeit der Schüler*innen anschlussfähig (vgl. Kap. 12.3). Es ist denkbar, dass die Schüler*innen eine gewisse Nachvollziehbarkeit ihres musikalischen Materials im Zusammenhang mit einer gewünschten positiven Bewertung anstreben. Der Kausalzusammenhang aus der Schüler*innenperspektive gestaltet sich dementsprechend wie folgt: Um eine gute Bewertung zu erfahren, sollte ihr Produkt dementsprechend für die Lehrkraft nachvollziehbar sein.[45]

Breidenstein (2006) bedient sich zur Auseinandersetzung mit ähnlichen Phänomenen im Kontext des Unterrichts der Kategorie des „Schülerjobs".

---

45 Natürlich darf nicht außer Acht gelassen werden, dass diese Dimension auch allein durch die Zielebene des individuellen Ausdrucks bestärkt wird. Wenn ich mit meiner Komposition etwas ausdrücken möchte, so ist es naheliegend, dass dies mit dem Wunsch einhergeht, dass andere meine Intentionen nachvollziehen können.

Die Kategorie des „Schülerjobs“ dient dazu „die Bewältigung unterrichtlicher Anforderungen durch Schüler/innen zu beschreiben“ (Martens & Asbrand, 2021, S. 56). Breidenstein (2006) sieht das Handeln der Schüler*innen dabei als produktionsorientiert an: „Kennzeichnend ist die möglichst effektive und rationale Erstellung des Arbeitsergebnisses, die sich (gegenüber der durch die Lehrperson möglicherweise intendierten fachlichen Sinnbildung) zu verselbstständigen und einen Wert an sich darzustellen scheint“ (Martens & Asbrand, 2021, S. 58).

Es geht den Schüler*innen dementsprechend um eine möglichst ökonomische, aber auch ‚richtige‘ Lösung der Aufgabenstellung. Wobei die Schüler*innen zweiteres im Rahmen der untersuchten Prozesse, wie bereits oben geschildert, vor eine Herausforderung stellte. Die Strategie der Schüler*innen, assoziierte Klänge nachzubilden, scheint insofern für die Begegnung der Herausforderung geeignet, als dass der assoziierte Klang eine Art Folie eines ‚richtigen‘ Ergebnisses darstellt. Die Exaktheit der Nachbildung fungiert hierbei als eine mögliche Dimension einer Bewertung – in dem Sinne, dass es sich bei einem Klang, der möglichst nah an das Original heranreicht, um eine richtige Lösung der Aufgaben handelt. Je weiter der produzierte Klang vom Original entfernt ist, desto unzureichender ist im Umkehrschluss die Aufgabe gelöst. Ein solch gearteter Kompositionsprozess erweist sich als Problemlöseprozess. Diese Auslegung ist anschlussfähig an den zu Beginn aufgeführten Kreativitätsdiskurs, bringt jedoch besonders im Hinblick auf die angestrebte Zieldimension des Komponierens als Möglichkeit des individuellen Ausdrucks eine zentrale Frage mit sich: Was definieren die Schüler*innen als Problem in einem Kompositionsprozess im unterrichtlichen Kontext?

Folgt man der Argumentation, so schließt dies mit ein, dass Schüler*innen, die die im vorherigen Abschnitt geschilderten Bestrebungen verfolgten, das ‚richtige‘ Lösen der Aufgabe als zentrales Problem definierten. Dabei scheint es zweitrangig, welche assoziierten Inhalte umgewandelt werden (vgl. Kap. 12.5.2 & 12.5.4), Hauptsache, die Schüler*innen produzieren das vermeintlich ‚richtige‘ Ergebnis. Diese Vorgehensweise scheint konträr zu der anvisierten Zieldimension, den Schüler*innen Raum für ihren individuellen Ausdruck zu geben. Bevor dieser Gedankengang allerdings im Resümee der Diskussion und in den nachfolgenden didaktischen Implikationen konkretisiert wird, soll im Folgenden die Untersuchung hinsichtlich ihrer methodischen Limitierung in den Blick genommen werden.

## 13.4 Reflexion der Methode

Im folgenden Kapitel werden die angewendeten Methoden der vorliegenden Untersuchung reflektiert. Dabei wird vor allem fokussiert, inwiefern diese sinnvoll zur Beantwortung der Forschungsfragen eingesetzt wurden. Im Zuge dessen sollen auch Grenzen der Methodik aufgezeigt und eventuelle weiterführende Überlegungen angestellt werden, inwiefern diese Grenzen aufgearbeitet werden könnten.

Die Datenerhebung der Studie erfolgte durch die Portfolios und die Portfolio-Stimulated Recall-Interviews. Besonders durch die Verschränkungen der beiden Datenkorpora im Rahmen der Auswertung konnten Einblicke in die komplexen intrasubjektiven Prozesse der Schüler*innen gewonnen werden. Außerdem erwies sich die getrennte Analyse der Portfolios und der Interview-Transkripte sowohl hinsichtlich eines zusätzlichen Erkenntnisgewinns (vgl. Kap. 11.4) als auch in Bezug auf die Validierung der Ergebnisse als sinnvoll.

Die Auswertung der Portfolios – insbesondere die Auswertung nonverbaler Elemente – brachte dabei nochmal eine gesonderte Perspektive auf die Arten von assoziierten Gedächtnisinhalten, welche als Grundlage für den Kompositionsprozess fungierten. Besonders Aspekte, die die Schüler*innen nicht explizit machten bzw. nicht machen konnten, wurden hierbei zum Teil transparent. Da es bei der Untersuchung der Umwandlungen immer auch um die Untersuchung von Prozessen ging, erwies sich beim Nachvollzug zudem die Linearität des Portfolios als hilfreich. Obwohl die Abfolge im Portfolio nach Janczik und Voit (vgl. 2020, S. 146) nicht unbedingt der Abfolge des Prozesses entspricht, so gaben Zeichen wie Pfeile, verschiedene Farben der Dokumentationen oder auch Datumseinzeichnungen entsprechende Hinweise.

Allerdings wurde im Rahmen der Auswertung auch deutlich, dass durch das subjektive Berichten der Schüler*innen viele Aspekte offenblieben und Vermutungen angestellt werden mussten. In diesem Zusammenhang erwiesen sich mehrere Aspekte als problematisch. Zum Beispiel konnten sich die Schüler*innen an Teile ihres Prozesses nicht mehr erinnern, obwohl die Interviews bewusst direkt im Anschluss an die Kompositionsprozesse geführt wurden (vgl. Kap. 11.3). Außerdem war es im Rahmen der Auswertung problematisch, dass von den Aussagen der Schüler*innen nicht unreflektiert auf den Prozess geschlossen werden konnte. Es musste immer berücksichtigt werden, dass hierbei, metaphorisch gesprochen, mit

‚doppelter Bande gespielt' wurde. Das Datenmaterial über den Prozess entsteht durch Aufzeichnungen der Schüler*innen selbst im Portfolio. Schon hier sind Abweichungen zum ‚tatsächlichen Prozess' naheliegend und es können dementsprechend ‚nur' Sichtweisen der Schüler*innen auf den Prozess rekonstruiert werden. Des Weiteren hat dies auch Einfluss auf die Portfolio-Stimulated Recall-Interviews, da sich die Schüler*innen dabei mithilfe ihrer Aufzeichnungen an den Prozess erinnern.

Um diesen Grenzen der subjektiven Berichte zu begegnen, wäre theoretisch eine ergänzende videografische Zugangsweise sinnvoll, um die Prozesse an sich beobachten zu können und die Daten als weitere Quelle im Zuge der Analyse heranziehen zu können. Da sich die Kompositionen der Schüler*innen in den untersuchten Prozessen an verschiedenen Orten abspielten, scheint dies in dem gewählten Setting nicht machbar. Folglich müssten für eine zusätzliche videobasierte Untersuchung die Vorgaben für den Kompositionsprozess geändert, eventuell sogar ein unterrichtsnahes Experiment (u. a. Duve, 2022; Höller, 2022) entwickelt und durchgeführt werden. Dies würde allerdings zu einer Abweichung der bewussten didaktischen Entscheidungen führen.

Herausfordernd gestaltete sich darüber hinaus die Auswertung der Portfolios. Trotz der Analyse in Anlehnung an Neuß (1999) blieben einige Skizzierungen der Schüler*innen uneindeutig. Aufgrund der Analyse nach den Interviews konnten diese Unklarheiten auch nicht mehr im Rahmen der Interviews beseitigt werden. Eine vorgezogene Analyse der Portfolios hätte allerdings auch eine Verschiebung der Interviews mit sich gebracht. Dementsprechend wären die Anteile, an die sich die Schüler*innen nicht erinnern konnten, höchstwahrscheinlich noch größer gewesen. Ein möglicher Weg diesem Dilemma zu begegnen wäre gegebenenfalls, die Portfolios der Schüler*innen nach jeder Stunde einzuscannen und somit parallel zum Prozess auszuwerten. Folglich wäre die Auswertung der Portfolios unmittelbar nach dem Kompositionsprozess möglich gewesen und Unklarheiten hätten unmittelbar in den Interviews geklärt werden können. Allerdings würde dies organisatorische Hürden mit sich bringen, die möglicherweise dazu geführt hätten, dass die Schüler*innen ihr Portfolio an einem Tag nicht zur Verfügung gehabt hätten und somit ihre Dokumentation nicht hätten fortführen können.

Eine weitere Problematik im Rahmen der Auswertung lag in der Unschärfe der zu untersuchenden Gegenstände. Besonders bei der Betrachtung der

Verbindungen zwischen assoziiertem Inhalt und musikalischem Material (vgl. Kap. 12.4) wurde deutlich, dass auf der Grundlage des Materials Assoziationen nicht eindeutig rekonstruiert werden konnten. Aufgrund der Komplexität und der Vernetzung von assoziierten Inhalten sowie der teilweise nahtlosen Übergänge zum musikalischen Material waren die Bereiche oft nicht trennscharf. Dies führte bei dem Nachvollzug der Umwandlungen teilweise zu mehreren Lesarten im Rahmen der Analyse. Allerdings ist fraglich, ob dies mit anderen Untersuchungsmethoden behoben werden könnte, da der Untersuchungsgegenstand aufgrund seiner Variabilität die grundlegende Problematik selbst mit sich bringt (vgl. Kap. 12.2).

Ein weiterer Punkt, der bei der Diskussion in den Blick genommen werden muss, ist die Beschaffenheit und die Größe der Stichprobe. Diese setzte sich bewusst, wie in Kapitel 8 geschildert, aus Schüler*innen einer Gesamtschule zusammen, um eine größtmögliche Heterogenität der Schülerschaft zu erreichten. Allerdings muss festgehalten werden, dass die Untersuchung nur in einer Klasse durchgeführt wurde und die Stichprobe sowohl in Bezug auf die Altersklasse als auch beispielsweise auf die Vorerfahrungen im (Musik)Unterricht relativ homogen war. Eine Mischung von Schüler*innen aus verschiedenen Klassen war für die Studie allerdings organisatorisch nicht möglich. Allenfalls hätte die Untersuchung in weiteren Klassen wiederholt werden können, was allerdings den Rahmen der Arbeit gesprengt hätte.

Folglich sollten die Ergebnisse mit einer gewissen Vorsicht betrachtet werden. Es muss deshalb erst einmal davon ausgegangen werden, dass sich die Ergebnisse nur auf dieses Setting und diese Schülerschaft beziehen lassen. Allerdings wurden im Rahmen der Diskussion einige Aspekte herausgearbeitet, die eine weitere Reichweite mutmaßen lassen. Diese werden folgend nochmals zusammengefasst und fungieren im Anschluss als Grundlage zur Erarbeitung didaktischer Implikationen.

## 13.5 Resümee der Diskussion

In dem vorangegangenen Kapitel wurden die empirischen Befunde in Beziehung mit bestehenden Erkenntnissen und Theorien gesetzt, um die Ergebnisse und deren Reichweite einordnen zu können. Die Betrachtung der herausgearbeiteten Typen aus zeichentheoretischer Perspektive machte deutlich, dass das musikalische Material in der vorliegenden Untersuchung nach Brandstätter (2014) weitgehend die assoziierten Inhalte buchstäblich repräsentiert. Dies impliziert, dass der assoziierte Inhalt einen Klang beinhaltet, der durch das musikalische Material nachgebildet wird. Nachfolgend konnte gezeigt werden, dass die von S04 verfolgte Klangerzeugung als Reaktion auf das Assoziierte gegebenenfalls als Emotionsregulation diente und in therapeutischen Kontexten eine bereits bekannte Strategie ist.

Der Wunsch der Schüler*innen, assoziierte Klänge nachzubilden, konnte im Rahmen der Auswertung als wichtiger Faktor der Prozesse identifiziert werden und rückte somit in der Diskussion in den Mittelpunkt. Besonders relevant für die vorliegende Arbeit ist die Tatsache, dass diese Präferenz der Lernenden dazu führte, dass diese ihre assoziierten Inhalte variierten, veränderten und verwarfen und folglich nicht mehr ihren ursprünglich präferierten assoziierten Inhalt umwandelten. Im Rahmen der Diskussion wurde deshalb möglichen Gründen für diese Bestrebungen der Schüler*innen nachgegangen. In diesem Zusammenhang wurde reflektiert, inwiefern Einflussfaktoren auf die Prozesse wie beispielsweise die Unterrichtsstunden oder die Portfoliobegleitung für diese Präferenz verantwortlich sind. Es wurde deutlich, dass der Wunsch zur Nachbildung assoziierter Klänge zwar gegebenenfalls durch die genannten Einflussfaktoren begünstigt wurde, diese aber keine alleinige Erklärung für das Vorgehen der Schüler*innen ist. Vielmehr rücken darüber hinaus die fehlenden alternativen Strategien zur Umwandlung (vgl. Kap. 12.3) und der ‚Schülerjob' (vgl. Kap. 13.3.5) in den Mittelpunkt der Überlegungen. Im Rahmen der Auswertung wurde deutlich, dass die Schüler*innen besonders bei der Umwandlung nichtklingender assoziierter Inhalte vor einer Herausforderung standen und ihnen Strategien für eine musikalische Umsetzung fehlten. Des Weiteren empfanden die Lernenden die Nachbildung eines assoziierten Klangs gegebenenfalls als richtige Lösung der Aufgabe und erfüllten durch die Vorgehensweise folglich ihren ‚Schülerjob'. Diese beiden identifizierten Problemstellen für das Ermöglichen des individuellen Ausdrucks beim Komponieren im Unterricht fungieren als Basis der didaktischen Implikationen. Die Überlegungen fokussieren dementsprechend zum einen die Vermittlung verschiedener Umwandlungsstrategien, um den Möglichkeitsraum der Schüler*innen zu erweitern, zum anderen behandeln diese unter anderem die Frage, wie sich das Komponieren im unterrichtlichen Kontext von den Strukturen einer schulischen Aufgabe und somit einem daraus resultierenden Komponieren im Modus des ‚korrekten Erledigens' lösen kann.

# III. Didaktische Implikationen und Fazit

# 14. Strategien der bereichswechselnden Umwandlung vermitteln

Die vorliegende Studie hat deutlich gemacht, dass den Schüler*innen häufig Strategien der Umwandlung fehlen, um direkt an ihre Assoziationen, die keinen Klang beinhalten, anzuknüpfen (vgl. u. a. Kap. 12.2). Die Herausforderung für die Lernenden scheint dabei in dem Wechsel von ‚Nichtklingendem' zu ‚Klingendem' zu liegen. Im folgenden Kapitel werden deshalb Überlegungen angestellt, auf welche Weisen dieser Bereichswechsel vollzogen werden kann und wie die Schüler*innen für diese sensibilisiert werden können. Die Darstellungen verfolgen keineswegs den Anspruch auf Vollständigkeit, sondern sollen lediglich exemplarisch aufzeigen, wie der Möglichkeitsraum der Schüler*innen erweitert werden kann.

## 14.1 Möglichkeiten der bereichswechselnden Umwandlung

Die Umwandlung nichtklingender Inhalte in Klang ist ein Prozess, der sich auch im Rahmen ästhetischer Transformation vollzieht (vgl. Kap. 2). Eine ästhetische Transformation beinhaltet, wie bereits geschildert, die Transformation eines ästhetischen Mediums wie beispielsweise Kunst, Musik, Bewegung etc. in ein anderes ästhetisches Medium. Dabei werden die zwei getrennten Bereiche miteinander in Verbindung gebracht (Brandstätter, 2013, S. 87). Brandstätter (2014) führt diesbezüglich die metaphorische Übertragung als Möglichkeit zur Darstellung beispielsweise visueller Aspekte durch Musik an (S. 103). Die Metapher fungiert dabei als Bindeglied zwischen ‚Nichtklingendem' und ‚Klingendem'. Metaphorische Übertragungen im Zuge der ästhetischen Transformation lassen sich auch bei den Schüler*innengruppen aus Kranefelds (2008b) Untersuchung feststellen (S. 90–91). Allerdings zeigen die Ergebnisse darüber hinaus weitere Möglichkeiten eines Bereichswechsels auf. Wie bereits in Kapitel 4.2.3 ausgeführt erkennt eine Gruppe in dem Gemälde ein trauriges Gesicht und verwendet für die Verklanglichung somit traurige Musik. Die Verbindung zwischen den beiden Bereichen ist folglich das Gefühl der Trauer, welches nach Steincke (2007) in diesem Zusammenhang als intermodale Analogie bezeichnet werden kann. Eine intermodale Analogie ist nach ihm die Verbindung zwischen zwei getrennten Bereichen durch eine übergreifende Eigenschaft. Darüber hinaus stellt Steincke (2007) im Rahmen seiner Untersuchung synästhetische Begriffe als Möglichkeit einer Verbindung von beispielsweise Kunst und Musik dar. Diese bestehen aus einem Adjektiv und einem Substantiv, wobei das Adjektiv dem einen Bereich und das Substantiv dem anderen zugeordnet werden kann wie beispielsweise der ‚dunkle Klang'.

Darüber hinaus lassen sich aus den in der vorliegenden Untersuchung rekonstruierten Vorgehensweisen der Schüler*innen weitere Möglichkeiten für eine Umwandlung nichtklingender Assoziationen ableiten, deren Vermittlung somit den Möglichkeitsraum der Schüler*innen erweitern würde. S01 stellte beispielsweise durch das Material eine Verbindung zwischen assoziiertem Inhalt und Klangerzeuger her. Sie nutzte, wie bereits beschrieben, eine Pflanze als Klangerzeuger, um Bezug auf einen assoziierten Tannenbaum zu nehmen (vgl. Kap. 12.4 & 12.5.5). Hierbei wird das Potenzial der assoziierten Inhalte als Klangerzeuger deutlich. So können besonders *assoziierte Dinge* zur Klangexploration genutzt und dadurch Klänge für die Umsetzung des Assoziierten in ein Kompositionsprodukt generiert werden. Eine weitere Vorgehensweise, die einen Bereichswechsel impliziert, stellt darüber hinaus das Vorgehen von S05 dar (vgl. Kap. 12.4 & 12.5.3). Die Schülerin reagierte auf Assoziiertes durch Klangerzeugung und konnte somit durch ihr musikalisches Material Bezug auf ‚Nichtklingendes' nehmen.

Im Folgenden sollen nun die aufgeführten Möglichkeiten zur bereichswechselnden Umwandlung näher ausgeführt und diskutiert werden: die metaphorische Übertragung, intermodale Analogien und synästhetische Begriffe, die Verwendung von Assoziiertem als Klangerzeuger sowie Klangerzeugung als Reaktion auf Assoziiertes. Im Anschluss erfolgen Überlegungen, wie die Schüler*innen dahin gehend sensibilisiert werden können und somit ihr Möglichkeitsraum erweitert werden kann.

### *14.1.1 Metaphorische Übertragung*

Der Begriff der Metapher kommt ursprünglich aus dem Griechischen und bedeutet „etwas von einem Ort an einen anderen tragen" (Oberschmidt, 2011a, S. 26). So ist auch das Lösen von Wörtern aus ihrem Kontext und deren Übertrag in einen anderen ungefähr die einzige – aber dadurch auch existenzielle – Schnittmenge der vielfältigen Definitionen (Oberschmidt, 2011a, S. 26). Brandstätter sieht ein Potenzial von Metaphern bei der Umwandlung eines Inhalts in ein anderes Zeichensystem (vgl. Kap. 13.1) „bei gleichzeitigem Wechsel der Sinnesmodalitäten“ (Brandstätter, 2014, S. 126). Diese Art der Transformation bezeichnet die Musikpädagogin als „metaphorische Übertragung“ (Brandstätter, 2014, S. 126). Im Rahmen einer metaphorischen Übertragung ist der umzuwandelnde Inhalt im Zeichensystem in ein „komplexes Beziehungsgefüge“ (Brandstätter, 2014, S. 126) integriert, welches eine Vielzahl an Anschlussmöglichkeiten und metaphorische Bezugnahmen ermöglicht.

Brandstätter (2014) führt zur Verdeutlichung dieses Prozesses das Beispiel einer gemalten Geste, die in eine musikalische Geste überführt wird (vgl. Abb. 24), an. Die Geste beinhaltet hierbei mehrere Merkmale, auf die dabei Bezug genommen werden kann wie beispielsweise: „Farbe, Farbverlauf Farbdichte, Farbauftrag, Länge, Dicke, Regelmäßigkeit/Diskontinuität, Oberflächengestaltung, Position in Bezug auf die Fläche, Dimension in Bezug auf den Betrachter etc.“ (Brandstätter, 2014, S. 126). Allerdings können im Zuge der Übertragungen nur einzelne Merkmale als Bindeglieder fungieren. So können zum Beispiel die nach oben gerichteten Linien der gemalten Geste fokussiert werden. Diese denotieren – also zeigen – somit die Geste. Andersrum exemplifiziert die Geste die nach oben gerichteten Linien, ist also ein Beispiel für diese. Die Linien wiederum sind ein metaphorisches Beispiel für Kraft, genau wie in der Musik beispielsweise eine nach oben steigende Tonhöhe, welche die musikalische Geste exemplifiziert. Auf diese Weise repräsentiert die musikalische Geste die gemalte Geste und ein Bereichswechsel zwischen den verschiedenen Zeichensystemen kann vollzogen werden.

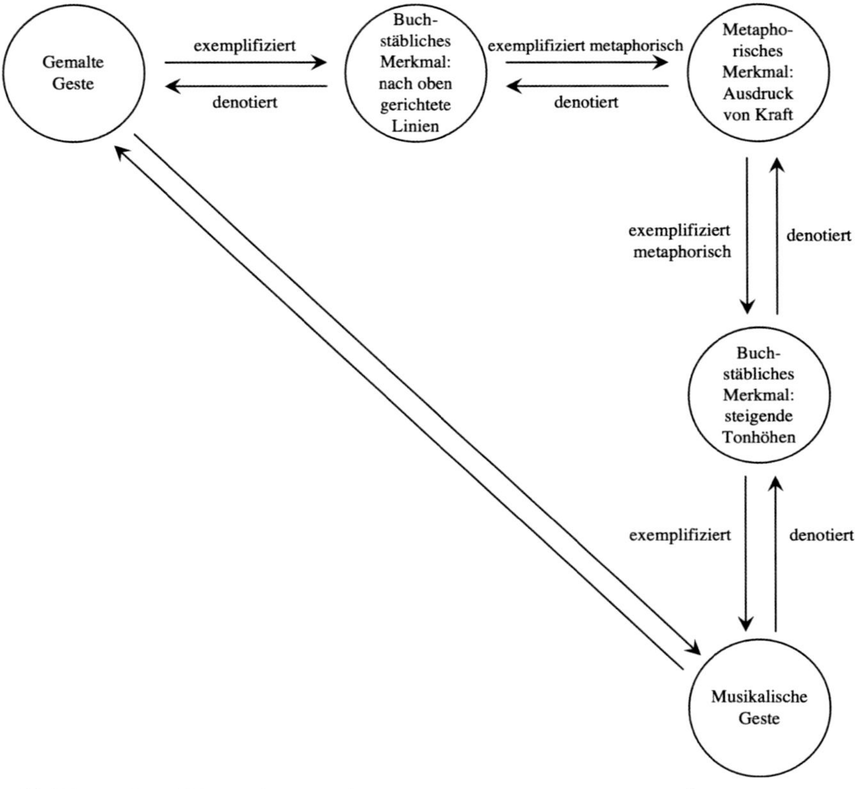


Abbildung 24: Skizze des Mechanismus der metaphorischen Übertragung nach Brandstätter (2014, S. 127)

Allein durch die schematische Darstellung wird deutlich, dass diese Art der Umwandlung wesentlich komplexer erscheint als die direkte Nachbildung eines Klangs bzw. wie Brandstätter (2014) es bezeichnet, einer buchstäblichen Übertragung. Erschwerend kommt hinzu, dass sich bei der Umwandlung abstrakter Assoziationen wie beispielsweise bei Gefühlen, die Ausarbeitung von Merkmalen, auf die im Rahmen der Übertragung Bezug genommen wird, herausfordernder gestaltet als bei einer bildlichen Darstellung. So ist es hierbei nicht möglich, sowohl an den konkreten Inhalten als auch an gewissen Gestaltungsprinzipien (Linienstärke, Kontrastierungen etc.) anzusetzen, da die Inhalte diffus sind. Allerdings liegt in der metaphorischen Übertragung auch ein besonderes Potenzial für die Umwandlung nichtklingender assoziierter Inhalte, da durch die Metapher jegliche Inhalte verbunden werden können.

So hätte beispielsweise S18 eine metaphorische Übertragung die Darstellung weiterer assoziierter Inhalte ermöglicht. Durch die in Kapitel 12.5.2.1 dargestellte Assoziationskette von S18 vom assoziierten Weihnachtsfest über den Weihnachtsbaum bis zum konkreten Weihnachtsschmuck konnte der Schüler den Klang der Weihnachtsglocke für seine Komposition nutzen. Durch eine metaphorische Denkweise hätte S18 aber auch die Möglichkeit gehabt, das Weihnachtsfest musikalisch darzustellen. So wäre es möglich, dieses beispielsweise durch das Merkmal des familiären Zusammenseins zu denotieren. Dieses exemplifiziert möglicherweise metaphorisch Harmonie. Harmonie exemplifiziert wiederum hohe, ruhige Töne. Diese stellen somit metaphorisch das Weihnachtsfest dar.

Dass den Schüler*innen solche metaphorischen Bezugnahmen selbstverständlich erscheinen, wäre allerdings ein Trugschluss. So stellt Oberschmidt (2011b) fest: „Metaphern drängen sich auf – sie kommen aber nur, wenn sie nicht nur erlaubt, sondern ausdrücklich erwünscht werden“ (S. 500). Aber auch wenn sie erwünscht werden, bringt metaphorische Auseinandersetzung mit einem Inhalt einige Hürden mit sich. Oberschmidt (2011a) erkennt, dass Schüler*innen „in einem Unterricht des Kategorisierens und Benennens aufwachsen“ (S. 95) und aus diesem Grund entspricht die metaphorische Denkweise und auch die metaphorische Sprache nicht ihrer alltäglichen Norm. Daraus resultiert bei Schüler*innen der fehlende „Mut zur metaphorischen Beschreibung“ (Oberschmidt, 2011a, S. 95). Dieser fehlende Mut manifestiert sich laut Oberschmidt in einer sogenannten metaphorischen „Entgleisung“ (Ingendahl, 1971, S. 227, zit. nach Oberschmidt, 2011a, S. 95), „bei der vom Sprecher entschuldigend beigefügte Wendungen (wie ‚sozusagen‘, ‚so genannt‘, ‚möchte ich es fast nennen‘, ‚quasi‘, ‚ich sag mal‘) signalisieren, dass dieser seine metaphorische Formulierung als normunüblich empfindet und sich damit vor der Sprachgemeinschaft zu rechtfertigen hat“ (Oberschmidt, 2011a, S. 95). Des Weiteren implizieren diese „beigefügte[n] Wendungen“ (Oberschmidt, 2011a, S. 95), dass die Metapher den Inhalt nicht umfassend und korrekt beschreibt. Hierbei liegt wiederum eine Problematik in dem Verständnis der Schüler*innen einer richtigen Aufgabenerfüllung (vgl. Kap. 13.3). Denn Metaphern sind „nicht wahrheitspflichtig, aber tauglich, um sich mit dieser kategorialen Formung des Wahrgenommenen von ‚außen‘ an den Gegenstand anzunähern“ (Oberschmidt 2011b, S. 504). Schüler*innen müssen dementsprechend erst einmal mit Metaphern und ihrer Unvollständigkeit vertraut gemacht werden, um „sich vom Zwang sozial genormter Ausdrucksweisen zu emanzipieren“ (Köller, 1975, S. 292).

### *14.1.2 Intermodale Analogien und synästhetische Begriffe*

Als intermodale Analogien[46] bezeichnet Steincke (2007) „Assoziationen zwischen Farbe und Tönen, Rhythmen und Linien, Formen und Klängen, die ihnen [den meisten Menschen; Anmerkung L. J.] als logisch und allgemein nachvollziehbar erscheinen“ (S. 74). Werner (1965) geht in diesem Zusammenhang auf bestimmte bereichsübergreifende Eigenschaften ein: „Wenn wir sagen, daß ein Ton stark oder schwach, daß ein Druck stark oder schwach, daß eine Farbe stark oder schwach ist, so meinen wir in allen diesen Fällen zweifellos eine Eigenschaft, die in allen diesen Sinnesgebieten die gleiche ist“ (S. 293). Diese Eigenschaften scheinen potenzielle ‚Brücken‘ für die Umwandlung nichtklingender Inhalte in musikalisches Material.

Darüber hinaus gilt es neben den bereichsübergreifenden Eigenschaften synästhetische Begriffe[47] zu berücksichtigen, da auch diese einen relativ direkten Bereichswechsel ermöglichen. Auch wenn Behne (1998) diese Verbindung von Musik und Kunst auf der sprachlichen Ebene nicht als Synästhesie ansieht und deshalb ironisch anfügt: „Von Synästhesie spricht man, wenn Auge und Ohr, sehen und hören, Farbe und Klang oder ähnliche sinnesübergreifende Wortpaare sich zwanglos in einer Aussage verknüpfen lassen“ (S. 105), so sind nach Steincke (2007) synästhetische Ausdrücke besonders im Sprachgebrauch von Kindern und Jugendlichen – im Gegensatz zur ‚echten‘ Synästhesie – weit verbreitet und somit haben diese gegebenenfalls auch eine Relevanz für deren Umwandlungsprozess. Synästhetische Ausdrücke bestehen dementsprechend aus einem Adjektiv und

---

[46] Krämer (2011) bezeichnet diese bei der Verbindung von Bild und Musik als „intersensorielle Eigenschaften“ (S. 115).

[47] Der Begriff synästhetisch wird hierbei wie auch bei Steincke (2007) im Sinne „unechter Synästhesien“ (S. 134) verwendet. Diese beziehen sich nicht nur auf die besondere Form der Wahrnehmung, sondern auch auf eine Zugangsweise zur Herstellung von Verbindungen, die aus dem (sozialisierten) Gebrauch synästhetischer Ausdrücke resultiert.

einem Substantiv, die jeweils verschiedenen Bereichen zugeordnet werden können (Steincke, 2007) wie beispielsweise der ‚helle Klang', die ‚ruhigen Farben' oder der ‚kantige Rhythmus'. Dementsprechend können auch diese bereichsübergreifend als Verbindung fungieren. Diesen Wortzusammenstellungen könnte jedoch entgegengebracht werden, dass sie den Gegenstand aus fachdidaktischer Sicht nicht korrekt bezeichnen, wie beispielsweise der helle Klang als Synonym für einen hohen Klang gebraucht werden könnte. Allerdings sind synästhetische Ausdrücke nach Steincke (2007) „kein Mangel an sprachlichem Ausdrucksvermögen, sondern hier hat sich möglicherweise ein Überbleibsel frühkindlicher synästhetisch anmutender Empfindungen erhalten. Erst später wird den Heranwachsenden (vielleicht unsinnigerweise) beigebracht, sich auch sprachlich auf den Sinnbereich zu beschränken, der im jeweiligen Zusammenhang als fachlich adäquat erklärt wird" (S. 135). Diese Verbindungen können deshalb – besonders für transformatorische Prozesse – eher als förderlich und weniger als Defizit aufgefasst werden.

### *14.1.3 Assoziiertes als Klangerzeuger*

In der vorliegenden Untersuchung wurde deutlich, dass die Schüler*innen assoziierte Inhalte, die in die Kategorie der *assoziierten Dinge* einsortiert wurden, zumeist so weit veränderten, bis sie einen Klang imitieren konnten. Das physische Pendant zum Assoziierten, also die Dinge, wie sie sich uns alltäglich in ihrer Materialität darstellen, haben jedoch schon an sich ein vielfältiges Klangpotenzial (Voit, 2021), das über die alltäglichen Handlungen mit den Dingen hinausgehen. So müsste die assoziierte Jacke (vgl. u. a. S15, Portfolio S. 3) für eine musikalische Darstellung nicht zwangsweise mit einer klingenden Handlung gekoppelt und durch das Öffnen und Schließen des Reißverschlusses dargestellt werden, sondern könnte auch auf andere Weise als Klangerzeuger fungieren wie zum Beispiel durch das Aneinanderreiben des Stoffs etc. (vgl. auch Kap. 6.2.2). Durch die Verwendung des Assoziierten als Klangerzeuger würde den Schüler*innen eine Vielzahl an Klängen zur Verfügung stehen, mit denen sie auf das Assoziierte selbst verweisen könnten. Eine solche Art der Umwandlung ist allerdings nur bei Inhalten möglich, die eine Materialität aufweisen, eröffnet für eine musikalische Umsetzung dieser Inhalte jedoch eine Fülle an klanglichen Möglichkeiten.

### *14.1.4 Reagieren auf Assoziiertes durch Klangerzeugung*

Die in Kapitel 12.5.3 herausgearbeitete Strategie der Umwandlung durch Klangerzeugung auf assoziierte Inhalte zu reagieren, stellt eine weitere Möglichkeit der bereichswechselnden Umwandlung dar. Diese impliziert eine direkte Auseinandersetzung mit den subjektiven Assoziationen und ist somit im Sinne der Zieldimension des individuellen Ausdrucks auf den ersten Blick eine gewinnbringende Möglichkeit. Allerdings wurde auch deutlich, dass dabei Musik als Projektionsfläche für Emotionen eine regulative Funktion einnehmen kann (vgl. Kap. 13.2). Dieser Umstand muss zuerst einmal kritisch beleuchtet werden, da dabei Parallelen zu therapeutischen Anliegen deutlich werden und somit das Spannungsfeld zwischen Musiktherapie und Musikpädagogik in den Blick genommen werden muss.

Musik als Ventil für die eigenen Emotionen ist, wie in Kapitel 13.2 herausgestellt, Teil von musiktherapeutischen Ansätzen. Mit musikpädagogischen Lernprozessen, die sich „an definierten Zielen, vorgegebenen und externen Inhalten (bspw. durch Lehrpläne o. Ä.) sowie an einer geplanten Unterrichtsdurchführung“ (Heye, 2018, S. 37) orientieren, um dadurch einen Lernzuwachs zu generieren, scheint dieser Nutzen von Musik auf den ersten Blick nicht einherzugehen. Zudem sind solche Angebote, die die Psyche der Schüler*innen betreffen, im musikpädagogischen Kontext mit Vorsicht anzubringen. So konstatiert Mück (2009):

> *Lehrkräfte an Förderschulen können keine musiktherapeutische Arbeit leisten! Es ist auch nicht ihre Aufgabe. [...] Gerade dann, wenn es um eine Behandlung der Psyche des Menschen geht, bedarf es sensibler und hoch qualifizierter Fachkräfte, die diese Aufgabe verantwortungsbewusst und kompetent wahrnehmen. (S. 137f.)*

Dies bedeutet aber nicht, dass emotionale Aspekte im Musikunterricht wie ein rotes Tuch behandelt werden sollen, sondern dass sich die Lehrkraft über ihre Rolle und die Zielsetzung der Angebote bewusst sein sollte: „Die Klarheit der eigenen Rolle steht auch in Verbindung mit der Zielsetzung des jeweiligen Angebots mit dem Medium Musik“ (Heye, 2018, S. 42). Dementsprechend muss geklärt werden, welche musikpädagogischen Ziele mit Aufgabenstellungen, die für die dargelegte Strategien sensibilisieren, angestrebt werden.

Wie in Kapitel 2 beschrieben, steht Musik als Ausdrucksmedium traditionell unter anderem in engem Zusammenhang mit der Darstellung von

Emotionen. Deshalb sollte ein Musikunterricht mit der dargelegten Zielsetzung des individuellen Ausdrucks den Schüler*innen auch Angebote machen, sich mit Emotionen musikalisch auseinanderzusetzen. Die Vorgehensweise von S06 macht hierbei Potenziale deutlich, die über eine repräsentative Funktion von Musik hinausgehen und somit die Ausdrucksmöglichkeiten der Schüler*innen nochmals erweitern würden. Im Folgenden werden nun Überlegungen dargestellt, wie die Schüler*innen für die jeweiligen Strategien der bereichswechselnden Umwandlung sensibilisiert werden können, um dadurch ihren Möglichkeitsraum für die Umwandlung assoziierter Inhalte in musikalisches Material zu vergrößern.

## 14.2 Möglichkeiten der Sensibilisierung für bereichswechselnde Umwandlungen

Die behandelten Arten der bereichswechselnden Umwandlung zeigen Möglichkeiten auf, wie die Schüler*innen nichtklingende assoziierte Inhalt in Klang übersetzen können, ohne dass sie ihre Assoziationen wandeln oder verwerfen müssen. Diese Strategien müssen den Schüler*innen allerdings erst einmal vermittelt werden. Eine reine frontale Vorstellung der einzelnen Möglichkeiten scheint dabei nicht zielführend, da den Schüler*innen damit eine obligatorische Verwendung dieser Möglichkeiten im Rahmen ihres Kompositionsprozesses vermittelt werden würde (vgl. Kap. 13.3). Vielmehr wird eine Sensibilisierung der Schüler*innen für die jeweilige Umwandlungsart durch bestimmte Vorübungen verfolgt. Diese resultieren aus bereits bestehenden Konzeptionen, welche für die vorliegenden Zwecke adaptiert wurden. Ziel der Vorübungen ist, dass diese den Möglichkeitsraum der Schüler*innen erweitern und die Lernenden damit einhergehende Erfahrungen und Erkenntnisse nachfolgend in ihren Kompositionsprozess einfließen lassen können.

### *14.2.1 Bildnerisches Gestalten zur Musik: Sensibilisieren für metaphorische, intermodale und synästhetische Verbindungen*

In Kapitel 14.1.1 und 14.1.2 wurden die metaphorische Übertragung sowie intermodale Analogien und synästhetische Begriffe als Möglichkeit dargestellt, visuelle Darstellungen in Musik zu übertragen bzw. eine Verbindung zwischen den beiden Bereichen zu schaffen. Dabei wurde besonders bei der metaphorischen Übertragung deutlich, dass diese Art der Umwandlung komplex ist und eine gewisse Abstraktion erfordert. Das Bilden von Metaphern ist keineswegs trivial und sollte deshalb angebahnt werden. Für eine aufgrund der vorangegangenen Darstellungen nötige Sensibilisierung für Metaphern schlägt Oberschmidt (vgl. 2011a, S. 96 ff.) vor, sich der Musik durch ‚Lautes Denken' bei der Rezeption zu nähern und diese dabei sprachlich in Bildern zu fassen. Er bezieht sich zur Stützung dieser Vorgehensweise auf Köller (1975), der betont, dass „das Denken in komplexen affektiv aufgeladenen Bildern [...] oft müheloser [...] ist, als das rein logisch strukturierte begriffliche Denken und Sprechen" (S. 292). Hinsichtlich des ‚Lauten Denkens' muss allerdings berücksichtigt werden, dass Sprache ein vergängliches Medium darstellt und somit die Inhalte einer Flüchtigkeit unterliegen – außer man konserviert diese in Form von Schrift oder Aufnahmen. Folglich erscheint ein nachträgliches retrospektives Reflektieren über die ‚gesprochenen Bilder' erschwert. Da es bei dem dargestellten Anliegen jedoch nicht darum geht, das Sprechen über Musik zu fokussieren, sondern versucht wird, eine Brücke zwischen Musik und assoziierten Inhalten zu schaffen, könnte deshalb im Sinne der Konservierung direkt eine bildhafte Gestaltung genutzt werden. Im Folgenden soll deshalb das bildnerische Gestalten zur Musik als eine Art Vorübung behandelt werden, um die Schüler*innen für die metaphorische Übertragung, aber auch für intermodale Analogien und synästhetische Begriffe zu sensibilisieren.

Krämer (2011) sieht durch das bildnerische Gestalten zur Musik eine „tiefe [...] Durchdringung von Zusammenhängen" (S. 172), wodurch nochmals das Potenzial für das vorliegende Anliegen deutlich wird. Er unterscheidet zwischen drei verschiedenen „Kategorien des Musikbezugs von Bildern" (Krämer, 2011, S. 133):

- Strukturbilder, durch die der musikalische Verlauf skizziert wird.
- Sinnbilder, die der (subjektiven) „Bedeutungszuweisung" (Krämer, 2011, S. 132) dienen und versuchen darzustellen „*was die Musik uns sagt* [Hervorhebung im Original]" (Krämer, 2011, S. 132).
- Weltbilder, die musikalisches Geschehen darstellen wie beispielsweise die Darstellung eines Musizierenden.

Hinsichtlich des dargelegten Anliegens scheint es sinnvoll, Prozesse zu initiieren, die auf sogenannte ‚Sinnbilder' (Krämer, 2011) abzielen, da diese

Bezüge zu individuellen Erfahrungen und Stimmungen und somit Parallelen zu den assoziierten Inhalten der Schüler*innen aufweisen. Die Verbindungen zwischen Musik und Bild können sich dabei sowohl metaphorisch auf konkrete Bilder als auch intermodal bzw. synästhetisch auf beispielsweise Formen und Farben beziehen.

Eine Möglichkeit für die Anleitung solcher Prozesse unterbreitet Voit (2005) in seinem Praxisbeitrag zur „Kreativen Rezeption“ (S. 98) von Wolfgang Rihms Komposition „Depart“. Dabei bezieht er sich auf das Konzept der ‚Kreativen Rezeption‘ nach Mann, Schröter und Wangerin (1995) und fokussiert dementsprechend die Verknüpfung der Musik mit subjektiven Assoziationen:

> *Bei der Kreativen Rezeption werden sie angeregt, eigene Assoziationen umzusetzen; dabei füllen sie interpretatorische Freiräume in der Musik mit persönlichen Erfahrungen und Vorstellungen, lassen diese inneren Bilder, zum Beispiel in einem Gemälde, sichtbar – und damit fassbar – werden und machen sie so der Reflexion zugänglich. (Voit, 2005, S. 98f.)*

Zwar geht es Voit (2005) primär um ein Verständnis der Musik, allerdings legt er dabei den Fokus auf die Verbindungen zwischen Musik und bildnerischer Gestaltung. Folglich scheint eine Adaption seines Vorgehens sinnvoll, um die Schüler*innen für metaphorische, intermodale und synästhetische Verbindungen zu sensibilisieren.

In der konkreten Skizzierung des Unterrichtsvorgehens schlägt Voit (2005, S. 102) vor, dass die Schüler*innen das Stück zuerst einmal ohne Vorgaben hören können, bevor ihnen die Gestaltungsaufgabe mitgeteilt wird. Diese sollte bei der angestrebten Vorübung möglichst offen formuliert sein, um sowohl intermodale und synästhetische Assoziationen wie Farben und Formen als auch metaphorische Assoziationen zu ermöglichen und malerisch umsetzen zu können. Freiräume sollten darüber hinaus auch bei den Gestaltungswerkzeugen gegeben sein: „Die Auswahl sollte sowohl flächiges als auch filigranes Arbeiten erlauben (zum Beispiel Aquarell- oder Tempera-Farben, Pastellkreiden, Bunt- und Bleistifte)“ (Voit, 2005, S. 102).

Nachfolgend können die Schüler*innenprodukte in der anvisierten Vorübung Gegenstand der Reflexion werden, um für die metaphorischen und intermodalen bzw. synästhetischen Verbindungen zwischen Kunst und Musik zu sensibilisieren und den Schüler*innen im Umkehrschluss Strategien der Umwandlung von Assoziationen in musikalisches Material zu vermitteln. Dementsprechend wird der Phase der Präsentation und Reflexion ein großer Stellenwert beigemessen. Die Präsentation der einzelnen Schüler*innenarbeiten sollte im Plenum erfolgen, um den intersubjektiven Austausch anzuregen. Die Lehrkraft fungiert dabei als Moderator*in und versucht, durch Leitfragen den Fokus auf die Verbindung zwischen der Musik und dem Schüler*innenprodukt zu lenken. Diese Leitfragen haben zum Ziel, die Schüler*innen zur Reflexion über ihren Transformationsprozess anzuregen. Besonders der – wie Kranefeld (2006) ihn bezeichnet – „Übergangsraum“ (S. 167) zwischen Musik und Bild soll dabei unter folgenden Gesichtspunkten thematisiert werden:

- Auf welche Aspekte in der Musik gingen die Schüler*innen in ihrer bildnerischen Gestaltung ein?
- Welche Verknüpfungen vollzogen die Schüler*innen zwischen Musik und bildender Kunst?
- Welche Strategien vollzogen die Schüler*innen bei der Umsetzung in die bildende Kunst?

Bestenfalls werden von den Schüler*innen dabei sowohl metaphorische als auch intermodale und synästhetische Verbindungen beschrieben, damit die Lernenden mit allen Strategien der Umwandlung konfrontiert werden. Anderenfalls liegt es an der Lehrkraft, diese noch als Möglichkeiten einzuführen, um den Schüler*innen ein größeres Repertoire zu bieten, welches sie in ihren Kompositionsprozess integrieren können. Dabei ist bei allen Strategien zu berücksichtigen, dass die Verbindungen – trotz kulturell tradierter übergreifender interpersoneller Varianzen – zum Teil subjektiv geprägt sind. So sind beispielsweise die metaphorischen Assoziationen der Lehrkraft zur Musik möglicherweise andere als die der Schüler*innen, da in diesen „lebensweltliche Strukturen“ (Oberschmidt, 2011a, S. 143) verankert sind. Folglich gilt es, sich bei Deutungen vorsichtig anzunähern, um eine – für alle Beteiligten – verständliche Basis zu generieren. Zudem darf nicht vernachlässigt werden, dass die dargestellten Strategien ein gewisses Maß an Abstraktion erfordern (Steincke, 2007) und somit eventuell für manche Schüler*innen schwer zugänglich sind. Deshalb gilt es darüber hinaus auch andere Strategien in den Blick zu nehmen, die im Zuge der Umwandlung unmittelbarer erscheinen, aber trotzdem den gewünschten Bereichswechsel ermöglichen. Eine Möglichkeit wäre, beim Assoziierten selbst als Klangerzeuger anzusetzen und somit eine direkte Umwandlung zu forcieren. Besonders, wie bereits geschildert, scheint bei den *assoziierten Dingen* in dieser Umwandlungsstrategie ein Potenzial zu liegen, welches von den Schüler*innen im Rahmen der untersuchten Kompositionsprozesse nur in geringem Maße genutzt wurde (vgl. Kap. 12.5.5 & 14.1.3). Folglich gilt es, auch für diese Art der Umwandlung zu sensibilisieren.

### *14.2.2 Klangexploration mit Alltagsgegenständen: Sensibilisieren für Assoziiertes als Klangerzeuger*

Wie bereits in Kapitel 14.1.3 herausgestellt verfügen alltägliche Dinge an sich über ein vielfältiges Klangpotenzial. Dieses kann im Rahmen einer Umwandlung genutzt werden und damit durch verschiedene Klänge auf assoziierte Dinge verwiesen werden. Die verschiedenen Möglichkeiten der Klangerzeugung bzw. Spielarten gilt es im Vorhinein beispielhaft mit den Schüler*innen zu erproben. Ziel dabei sollte sein, die Dinge unabhängig ihrer alltäglichen Funktion als Instrumente zu betrachten und die unterschiedlichen Klangeigenschaften der Dinge zu explorieren. Eine Möglichkeit wäre, dass jede*r Schüler*in zuerst einmal ein Ding im Klassenraum aussucht und dessen Klangpotenzial erkundet. Hierbei können die Dinge sowohl an ihrem Ursprungsort verbleiben als auch für die Klangerkundung an den Platz oder andere Orte gebracht werden. Zu berücksichtigen ist dabei, dass zwischen den Schüler*innen – so gut wie es geht – Abstand gewahrt wird, um Ablenkungen durch die Klänge der anderen Schüler*innen zu minimieren. In der Explorationsphase hat die Lehrkraft eine unterstützende Funktion, indem sie die Schüler*innen genau beobachtet und nur aktiv wird, wenn die Schüler*innen in der Klangerkundung nicht weiterkommen: „Es geht nicht darum, Entscheidungen zu treffen, sondern den Kindern durch gezieltes Nachfragen die vielfältigen Möglichkeiten aufzuzeigen, damit diese ihre eigenen Vorstellungen möglichst konkret und bewusst umsetzen können" (Voit, 2016, S. 23). Eine Möglichkeit für Hinweise wäre beispielsweise, dass Dinge aus Metall durch ein Abdämpfen mit der Hand kürzere und dumpfere Klänge erzeugen. Zudem ist es aber auch möglich, diese Dinge auf ein Stück Noppenschaum oder anderes Dämmmaterial zu legen, sodass diese länger nachklingen (Voit, 2016, S. 22). Des Weiteren können Dinge, die sehr leise klingen, durch einen Resonanzkörper (z. B. ein Schuhkarton), auf dem das Ding platziert wird, verstärkt werden. Außerdem können die Schüler*innen ermutigt werden, die Klangeigenschaften des Dings durch verschiedene ‚Schlägel' zu explorieren. Durch die verschiedenen Materialien ergibt sich daraus eine weitere Klangvielfalt.

Nachfolgend ist es Aufgabe der Schüler*innen, die Klänge zu kategorisieren, um sich stärker mit den Klangcharakteristika auseinanderzusetzen. Die verschiedenen Kategorien sollen im interpersonellen Austausch mit den Schüler*innen festgelegt werden. Beispiele wären hierbei Kategorien hinsichtlich Dynamik (laut; leise), Klanglänge (kurz; lang), Klangverlauf (gleichmäßig; unregelmäßig) etc. Um das Bewusstsein der Schüler*innen „für die spezifischen Eigenschaften der einzelnen Klangerzeuger und der von ihnen produzierten Töne und Geräusche" (Voit, 2021, S. 290) zu schärfen, schlägt Voit (2021, S. 291) vor, die Klänge außerdem grafisch zu notieren. Dazu sucht sich jede*r Schüler*in seine drei Lieblingsklänge aus und notiert diese auf eine Weise, die „die Besonderheiten des jeweiligen Klangs besonders gut veranschaulicht" (Voit, 2021, S. 291).

Durch die Fokussierung auf die Eigenschaften der Klänge und das Herauslösen der Dinge aus ihren Kontexten werden den Schüler*innen Möglichkeiten aufgezeigt, die assoziierten Dinge als Klangerzeuger und unabhängig von ihrer alltäglichen Klanggestalt zu nutzen. Dadurch wird der Möglichkeitsraum der Schüler*innen erweitert und diese haben im Rahmen des Kompositionsprozesses bei der Umwandlung von *assoziierten Dingen* die Möglichkeit, aus einer Vielzahl von Klangmöglichkeiten zu wählen. Im Zuge dessen sind die Schüler*innen nicht mehr auf eine Orientierung am Alltagsklang angewiesen, sondern können bei ihrer Wahl der Umwandlung andere Faktoren wie beispielsweise ästhetische Präferenzen mehr berücksichtigen.

Zum Abschluss dieses Kapitels werden Überlegungen angestellt, wie den Schüler*innen die Klangerzeugung als Reaktion auf Assoziiertes als weitere Strategie der bereichswechselnden Umwandlung nähergebracht werden kann. Diese impliziert zwar eine Auslegung des individuellen Ausdrucks, der über die Repräsentations- bzw. Zeichenfunktion hinausgeht, stellt aber durchaus eine näher zu betrachtende Strategie besonders für die Umwandlung assoziierter Inhalte dar, die bei den Schüler*innen starke Emotionen auslösen. Folglich ist eine Sensibilisierung der Schüler*innen hinsichtlich dieses Umgangs mit den Assoziationen im Rahmen des Kompositionsprozesses auch hier anzudenken und zu diskutieren.

### *14.2.3 Musikalisches Reagieren auf Emotionen: Sensibilisieren für die Klangerzeugung als Reaktion auf Assoziiertes*

In Kapitel 14.1.4 wurde schon die Klangerzeugung als Reaktion auf Assoziiertes als eine Möglichkeit der bereichswechselnden Umwandlung dargestellt. Dabei wurde aufgrund der Parallelen zu musiktherapeutischen Angeboten bereits angemerkt, dass die Zielsetzungen von Aufgabenstellungen, die ein musikalisches Reagieren auf beispielsweise Emotionen in musikpädagogischen Kontexten forcieren, bewusst an musikpädagogische Inhalte angelehnt sein sollten. Daher haben entsprechende Vorübungen zur Sensibilisierung in diesem Kontext primär das Ziel, den Möglichkeitsraum der Schüler*innen zu erweitern. Die Klangerzeugung als Coping-Strategie wird dabei als möglicher Nebeneffekt feinfühlig im Blick behalten, aber nicht forciert. Des Weiteren ist zu erwähnen, dass es bei den Vorübungen nicht darum geht, den Schüler*innen das zu Gefühlen ‚richtige' musikalische Pedant zu vermitteln, sondern den Schüler*innen Zugänge zu liefern, die sie individuell ausgestalten können.

Tischlers (2013) konkrete Übungen zum Musizieren im Kontext von Emotionen haben zwar einen Fokus auf der Entwicklungsförderung und somit auf dem regulativen Nutzen von Musik, jedoch können diese auch für das vorliegende Anliegen als Übung vor dem Kompositionsprozess genutzt werden und dementsprechend anders gerahmt werden. Die verschiedenen Impulse Tischlers (2013) zum Thema *Wut* werden durch den fiktiven Protagonisten ‚Tuwe' begleitet, der durch die verschiedenen Anreize lernt, mit seiner Wut umzugehen. Die Übung „Wutanfall" (S. 220) macht den Schüler*innen dabei beispielsweise Musik als Reaktionsmedium deutlich und ist deshalb für das dargestellte Anliegen – die Strategieerweiterung der Schüler*innen – nützlich. Dabei soll jede*r Schüler*in nacheinander einen Klotz auf den nächsten bauen, sodass nach und nach ein Turm entsteht. Fällt dieser in sich zusammen „rufen und patschen alle" (S. 220) und die Person, die „den Turm zum Einsturz gebracht hat" (S. 220), erhält in der Rolle des Tuwes eine Trommel und musiziert darauf als Reaktion auf den Spott. Da der Umgang mit Emotionen, wie in Kapitel 13.2 herausgestellt, nicht einfach ist, empfiehlt sich bei dieser Übung unbedingt der Rollenwechsel, um die Möglichkeit der Distanz für die Schüler*innen zu wahren und trotzdem ein Erleben von Musik als Reaktionsmedium zu ermöglichen.

Diese Übung stellt nur eine Möglichkeit der Sensibilisierung dar und kann deshalb auch variiert werden. Wichtig ist dabei nur ein emotionsgenerierender Impuls, auf den die Schüler*innen auf irgendeine Art und Weise musikalisch reagieren. So kann den Schüler*innen beispielsweise auch eine fiktive Geschichte, erzählend oder bebildert (Film oder Bildfolge), präsentiert werden und sie erhalten die Aufgabe, musikalisch darauf zu reagieren. Zur Unterstützung ist es sinnvoll, den Schüler*innen nach dem Erleben der Geschichte einige Fragen zu stellen, die zur Perspektivübernahme der Hauptfigur anregen und so die ‚Innenwelt' in der dargestellten Situation deutlich machen. Als Instrumente kann jegliches klingende Material dienen wie beispielsweise traditionelle Instrumente oder auch Alltagsgegenstände. Die instrumentelle Vielfalt, die über die Trommel hinausgeht, gibt den Schüler*innen die Möglichkeit, ihre Reaktion nicht nur rhythmisch und dynamisch, sondern auch klanglich variieren zu können. Da es bei dieser Vorübung nicht primär um den individuellen Ausdruck geht, sondern um das Erfahren einer Strategie, ist es auch möglich – wenn nicht sogar ratsam – diese Übung in Gruppen durchzuführen und somit als Gruppe eine musikalische Reaktion auszuarbeiten. Durch den interpersonellen Austausch bekommen die Schüler*innen verschiedene Zugänge zur ‚Innenwelt' der Hauptfigur. Außerdem werden dabei verschiedene Ideen der musikalischen Umsetzung generiert, auf welche die Schüler*innen im späteren Kompositionsprozess gegebenenfalls zurückgreifen können. Diesen allerdings so zu rahmen, dass die Schüler*innen ihre eigenen Kompositionen nach ihren Interessen gestalten können und ihr primärer Beweggrund zur klanglichen Gestaltung nicht das ‚korrekte Erledigen' der Aufgabe bzw. das Nacheifern der projizierten vermeintlichen Vorstellungen der Lehrkraft ist, gestaltet sich im schulischen Kontext als Herausforderung (vgl. Kap. 13.3). Überlegungen, inwiefern dieser begegnet werden kann, sind Kern des folgenden Kapitels.

# 15. Individueller Ausdruck trotz ‚Schülerjob' – Überlegungen zur Bewertung von individuellen Kompositionsprozessen

Martens und Asbrand (2021) sehen eine „Besonderheit von Unterricht […] [darin], dass in der Interaktion zwischen Lehrperson und Schüler/innen (häufig) differente Orientierungsrahmen aufeinandertreffen" (S. 68). Diese resultieren unter anderem aus „unterschiedliche[n] Wissensbestände[n] der Beteiligten, z. B. Vorstellungen über den fachlichen Gegenstand des Unterrichts sowie Vorgaben und Erwartungen im Erziehungs- und Bildungsprozess" (Martens & Asbrand, 2017, S. 87), den Rollenerwartungen und (institutionellen) Strukturmerkmalen. Aufgrund dieser Reihe an Differenzen scheint es doch überraschend, dass Interaktionen zwischen Schüler*innen und Lehrkräften nicht von Abbrüchen geprägt sind und mehr oder weniger reibungslos funktionieren (Martens & Asbrand, 2017, S. 75). Dies zeigt, dass die Orientierungsrahmen „zwar verschieden, aber miteinander vereinbar" (Martens & Asbrand, 2017, S. 84) und komplementär sind. Dem liegt aber nicht eine Aneignung des Orientierungsrahmens der Gegenseite zugrunde, sondern Martens und Asbrand (2017) konnten „Übersetzungen, Anpassungen bzw. Rekontextualisierungen […] der – durch die Lehrerin habituell strukturierten – Vorgaben an die spezifischen Handlungsbedingungen der Schülerinnen" (S. 84) beobachten. Durch die Interpretation und Kontextualisierung der Äußerungen der Lehrkraft sowie deren Adaption in den eigenen Orientierungsrahmen „machen […] [die Schüler*innen diese] damit für den Fortgang der Interaktion anschlussfähig" (Martens & Asbrand, 2017, S. 84). Martens und Asbrand (2017; 2021) sprechen in diesem Zusammenhang von ‚Passungen' unterschiedlicher bzw. komplementärer Orientierungsrahmen. Aufgrund der Dauer des Zusammenwirkens von Lehrkraft und Schüler*innen bilden sich Anpassungen mit der Zeit zu Routinen (Luhmann, 2002, S. 109) aus, die die Reibungslosigkeit des Unterrichtsgeschehens möglich machen. Dementsprechend kann auch der angeführte Schülerjob (vgl. Kap. 13.3) und das daraus resultierte Handeln der Schüler*innen im Kompositionsprozess als Anpassungsprozess selbst und eine Folge von Anpassungen gesehen werden.

Hinsichtlich des Anliegens dieses Kapitels ergeben sich dadurch zwei Bereiche für die Überlegungen didaktischer Implikationen. Zum einen stellt sich die Frage, inwiefern Routinen des ‚korrekten Erledigens' von Aufgaben im Zuge von Kompositionsprozessen aufgebrochen werden können, zum anderem gilt es zuvor, sich der Interpretation und Kontextualisierung der Erwartungen durch die Schüler*innen sowie der damit einhergehenden Adaption in den Orientierungsrahmen zu widmen. Davon ausgehend sollen Überlegungen angestellt werden, inwiefern die Interpretationen der Schüler*innen von Aufgabenstellungen ihren individuellen Ausdruck im Gestaltungsprozess beeinflussen, um der Problematik angemessen begegnen zu können.

## 15.1 Interpretation der Erwartungen

Die Erwartungen von Lehrkräften werden sowohl durch beispielsweise Aufgabenstellungen explizit als auch durch Interventionsphasen implizit an die Schüler*innen herangetragen (Mause, 2020). Bezogen auf Kompositionsprozesse stellt Grow (2018) fest, dass „der Kompositionsprozess ebenso durch die Kompositionsaufgabe wie auch dessen Begleitung bestimmt wird“ (S. 158). Die in der vorliegenden Untersuchung verwendete Aufgabenstellung wurde bewusst offen formuliert, um den Schüler*innen Freiraum für ihre Gestaltung zu lassen. Im Rahmen der Auswertung konnte jedoch geschlussfolgert werden, dass die Schüler*innen bei offenen Aufgabenstellungen die Grenzen für den Gestaltungsspielraum durch die von ihnen projizierten Erwartungen der Lehrkraft abstecken (vgl. Kap. 13.3).

Alternativ oder auch additiv fordern sie von Lehrenden im Laufe des Prozesses Rückmeldung ein, um die vermuteten Erwartungen zu überprüfen bzw. zu konkretisieren (vgl. Kap. 13.3; Postskriptum 4. Doppelstunde). Zu ähnlichen Ergebnissen kam auch Mause (2020), die die Begleitung von Kompositionsprozessen hinsichtlich des Spannungsfeldes „Gestaltungsfreiheit und Autonomie bei gleichzeitig notwendiger Aufrechterhaltung (schulischer) Rahmenbedingungen“ (Mause, 2020, S. 57) sowie die Positionierung der Lehrkräfte zwischen dem „Eigen-Sinn der Schüler“ (Bräu, 2007, S. 180) und den eigenen Vorstellungen untersuchte. Die Musikpädagogin stellte im Rahmen eines Fallbeispiels fest, dass die Lehrkraft (in diesem Fall ein professioneller Komponist) von den Schüler*innen als „Regelsetzer“ (Mause, 2020, S. 59) adressiert wurde und in diesem Zusammenhang – so eine mögliche Lesart des Materials – aufgefordert wurde, „mögliche Grenzen für ihre Gruppenkomposition abzustecken“ (Mause, 2020, S. 59). Bei dieser „Nachverhandlung“ (S. 63) werden nach Mause (2020) allerdings auch keine klaren Vorgaben gesetzt, sondern diese implizieren eine Art „Ringen um Vorgaben“ (S. 60). Dies bewegt sich in einem Spannungsfeld: Einerseits besteht der Wunsch nach konkreten Vorgaben, andererseits sollen den Schüler*innen Freiräume für ihren Kompositionsprozess ermöglicht werden. Folglich bekräftigt die Lehrkraft zuerst einmal, dass alles möglich sei, fügt allerdings daraufhin Einschränkungen in Form einer entgegengesetzten Konjunktion ein.

Kaul und Terhag (2013) bezeichnen Vorgaben fürs Musizieren als „Spielregeln“ (vgl. S. 12 ff.). Diese sind zwar für Improvisationen ausgelegt, verdeutlichen allerdings gut den Zweck und die Umstände etwaiger Vorgaben. Sie unterscheiden zwischen ‚assoziativen‘ und ‚formalen‘ Spielregeln. Assoziative Spielregeln haben als Vorgabe einen außermusikalischen Impuls. Musikalisch ist darüber hinaus alles erlaubt, was für die Schüler*innen „subjektiv überzeugend“ (Kaul & Terhag, 2013, S. 14) ist. Hingegen begrenzen formale Spielregeln die musikalischen Möglichkeiten beispielsweise durch Festlegung des Tonraums oder stilistische Vorgaben etc. Folglich können nach Kaul und Terhag (2013) nur Improvisationen nach formalen Spielregeln als „objektiv richtig“ (Kaul & Terhag, 2013, S. 14) gewertet werden. Improvisationen nach assoziativen Spielregeln können hingegen nur subjektiv gewertet werden. Die beiden Musikpädagogen führen an, dass assoziative Spielregeln dazu da sind, „musikalische Räume zu öffnen“ (Kaul & Terhag, 2013, S. 13), hingegen dienen formale Spielregeln dazu, „den vorhandenen Gestaltungswillen zu kanalisieren“ (Kaul & Terhag, 2013, S. 13).

Im Sinne des individuellen Ausdrucks scheinen assoziative Spielregeln demnach auf den ersten Blick sinnvoll. Allerdings muss auch berücksichtigt werden, dass sich dadurch große Interpretationsspielräume für die Schüler*innen ergeben. Die Auslegung erfolgt unter anderem unter Berücksichtigung der schulischen Routinen (vgl. Kap. 13.3). So werden sehr offene Vorgaben wie beispielsweise ‚alles ist erlaubt‘ oder ‚es gibt kein richtig und falsch‘ von den Schüler*innen im schulischen Kontext ‚nicht geglaubt‘, da dies nicht mit ihrem sonstigen Erleben von Unterricht einhergeht. Vielmehr werden nach den Erkenntnissen aus Kap. 13.3 formale Spielregeln gewünscht, da diese zu einem objektiv richtigen Ergebnis führen können. Andernfalls werden von den Schüler*innen selbst Grenzen gesetzt, indem die Erwartungen der Lehrkraft erahnt werden. Das ‚korrekte Erledigen‘ der Aufgabe scheint daraufhin ein naheliegendes Resultat. Allerdings ist somit überhaupt fraglich, ob solche offenen Aufgabenstellungen, die einen großen Freiraum für den individuellen Ausdruck der Schüler*innen implizieren sollen, überhaupt zielführend sind. Für diese Zieldimension scheinen auf jeden Fall Implikationen hinsichtlich der Konzeption der Aufgabenstellung nicht sinnhaft, sondern es müssen Überlegungen angestellt werden, wie die Anpassungen der Schüler*innen und somit auch die Routinen des ‚korrekten Erledigens' aufgebrochen werden können. Mit diesem Ziel wird im Folgenden die Entstehung dieses Habitus der Schüler*innen fokussiert, um gegebenenfalls bei möglichen Implikationen anzusetzen.

## 15.2 Aufbrechen von Routinen des ‚korrekten Erledigens' durch Prozessbewertung

Die Bestrebungen der Schüler*innen scheinen zuerst einmal in ihrem Ursprung offensichtlich: Das Lösen bzw. die Erledigung von Aufgaben ist ein großer Bestandteil des Schulalltags von Schüler*innen. Sie bilden nach Drüke-Noe (2014) „beim Lernen im Unterricht die Schnittstelle für Interaktion zwischen Lehrkräften und Schülerinnen und Schülern" (S. 5). Aufgrund der „Selektionsfunktion" (Breidenstein, 2011, S. 345) von Schule gelten Aufgaben darüber hinaus als Instrument der Leistungsmessung, um eine Grundlage für mögliche Zensuren zu bilden. Die Leistungsbewertung wird allerdings nicht nur in singulären Prüfungen vollzogen, sondern ist „durch ständige Rückmeldungen und Korrekturen im Unterricht" (Bräu & Fuhrmann, 2015, S. 49) Teil des schulischen Geschehens. Meier (2011) stellt im Rahmen seiner ethnografischen Studie verwundert fest, dass „beinahe an jedem Beobachtungstag eine Leistungsbewertung zu beobachten war. In den Fächern Mathematik, Geografie und Biologie wird regelmäßig ein Schüler geprüft und klassenöffentlich benotet" (S. 76). Er ist zudem darüber verblüfft, wie schnell und routiniert die Schüler*innen Prüfungssituationen mittragen. Meier (2011) schildert exemplarisch eine „alltägliche Prüfungssituation" (S. 77). Die Schüler*innen hatten unter anderem die ritualisierte Hausaufgabe, sich zehn Prüfungsaufgaben aufzuschreiben. In der folgenden Stunde bittet die Lehrkraft nun eine Schülerin, in diesem Fall „Dolores", ihre Aufgaben an die Tafel zu schreiben, woraufhin die anderen Schüler*innen der Klasse ca. vier Minuten Zeit hatten, diese zu lösen. Danach bestimmt die Lehrkraft zwei Schüler*innen, die ihre Hefte tauschen und die Aufgaben gegenseitig kontrollieren sollen. Diese Korrektur bildet nachfolgend die Grundlage der Benotung durch die Lehrkraft. Im Folgenden wird ein Teil des Beobachtungstranskripts von Meier (2011) zitiert, um die Unterrichtssequenz zu verbildlichen und zu verdeutlichen, wie die Schüler*innen mit dem ‚korrekten Erledigen‘ von Aufgaben alltäglich konfrontiert sind:

> *Frau Sommer nimmt den hinten links sitzenden Friedemann dran. Seine Aufgabe ist falsch. Nun kommt der Nachbar Hermann dran. Hermanns Lösung ist ebenfalls falsch. Dann kommen automatisch drei weitere Kinder in den Bankreihen davor dran – falsch, falsch und wieder falsch. „Das dauert mir jetzt zu lange!“, resümiert die Lehrerin leicht genervt: „Ich nehm’ jetzt dran!“ Nun melden sich einige Kinder. Frau Sommer nimmt André dran. Er gibt die richtige Antwort. Andere richtige Antworten folgen. Währenddessen hakt Carmen die Aufgaben an der Tafel ab bzw. korrigiert sie. Dann schreibt sie ihr Punkteverhältnis unter die Gleichungen: 7 / 10. Nun will die Lehrerin wissen, wer alles richtig hat (ca. acht Schüler melden sich), wer neun hat (ca. fünf Schüler), wer acht hat (ca. fünf Schüler), wer sieben, wer sechs, wer fünf hat. Paula neben mir hat fünf Aufgaben richtig gelöst – sie meldet sich schamhaft. Frau Sommer geht runter bis null. Jetzt will die Lehrerin von den Schülern Rückmeldungen zu den Aufgaben haben. Zwei Schülerinnen sagen, dass die Aufgaben von Dolores sehr schwer gewesen seien. Es war nicht zu schwer, entgegnet Frau Sommer, Carmen war schnell fertig. Sie gibt schlussendlich Dolores die Teilnote Eins [sie hatte wohl selbst alles richtig] und Carmen eine Drei. Und wie sieht es bei Klaus-Maria und Tamara aus? – ein und zwei Punkte, die beiden haben fast alles falsch gemacht. „Das gibt die Teilnote Fünf“, lässt die Lehrerin die beiden wissen, setzt dann aber noch hinterher, das müsst ihr aber nicht zuhause melden. Die Note werde ja noch mit zwei weiteren verrechnet, und Frau Sommer würde ihnen dann sagen, was sie dann als erste mündliche Note kriegen würden. (Meier, 2011, S. 78)*

Der Einblick in diese alltägliche Schulstunde zeigt exemplarisch, wie selbstverständlich und routiniert Leistungsbewertung und die klare Einteilung von richtigen und falschen Lösungen Teil der unterrichtlichen Praxis sind. Es ist dahin gehend kaum verwunderlich, dass diese Praxen von den Schüler*innen verinnerlicht wurden und somit auch in anderen eigentlich bewertungsfreien Kontexten im Unterricht erwartet werden. Besonders wenn man berücksichtigt, dass diese expliziten Leistungsmessungen nicht die einzigen Selektions- und Bewertungssituationen der unterrichtlichen Praxis darstellen. Breidenstein und Bernhard (2011) stellen fest, dass es „im laufenden Unterrichtsdiskurs [...] immer wieder darum [geht], festzustellen, was ‚richtig' und was ‚falsch' ist" (S. 323). Die Interaktion zwischen Lehrkraft und Schüler*innen ist im Zuge dessen „durchzogen von Akten impliziter Leistungsbewertung, die sich im Loben oder Beanstanden von Schülerantworten manifestieren oder auch Schüler und Schülerinnen als Vorbilder oder abschreckende Beispiele konstituieren" (Breidenstein & Bernhard, 2011, S. 323). Nach Bräu und Fuhrmann (2015) stellt deshalb der „bewertende Kommentar der Lehrer*innen eine Form der Orientierung" (S. 52) für die Schüler*innen dar:

> *Die Schüler*innen kooperieren hinsichtlich solcher Orientierung im Unterricht oder fordern sie selbst ein, wenn sie verstanden haben, dass „gute Leistungen" die Anpassung an die Leistungsnormen der Lehrer*innen darstellen. Dies geschieht z. B., wenn eine Schülerin immer wieder kleinschrittig bei der Lehrerin oder bei Mitschüler*innen nachfragt, ob sie die Aufgabe richtig verstanden und bearbeitet habe. (Bräu & Fuhrmann, 2015, S. 52–53)*

So „ist der Unterricht davon getragen, die ex- oder impliziten Erwartungshaltungen der Lehrerinnen und Lehrer zu erfüllen, um die gewünschten Produkte in der geforderten Qualität herzustellen" (Meier, 2011, S. 160). Diese Routinen der unterrichtlichen Praxis allerdings umfassend aufzubrechen, erscheint unter Anbetracht der Schule als Selektions- und Leistungsinstitution eine Utopie und möglicherweise auch nicht sinnvoll:

> *Im Erziehungsauftrag liegt daher auch eine Kommentierung des Lernverhaltens und eine Bestätigung oder Korrektur, denn anders kann kaum verdeutlicht werden, dass es ernst gemeint ist. [...] Es mag um bloße Korrekturen gehen, aber schon sie sind kaum ohne codierte Bewertung im Schema von gut und schlecht (besser und schlechter) möglich. Das gilt verstärkt, wenn die Formen des Lobens und Tadelns gewählt werden, was sich anbietet, wenn man die Leistungen vergleicht mit dem, was vom Zögling zu erwarten ist. Weitere Formalisierungen fügen sich an, vor allem das System der Zensurengebung und der Prüfungen, die bestanden oder nicht bestanden werden können. In der Handhabung dieser Selektionsverfahren geraten die Agenten unter Konsistenzdruck. (Luhmann 2002, S. 62f.)*

Zusammenfassend ergibt sich ein Dilemma für das Komponieren im unterrichtlichen Kontext im Spannungsfeld zwischen dem erwünschten individuellen Ausdruck und der Allgegenwärtigkeit von Leistungsbewertung und Selektion in der Schule. Die vorangegangenen Überlegungen lassen den Schluss zu, dass Bewertungskriterien, die das kompositorische Produkt betreffen, den individuellen Ausdruck eingrenzen. Allerdings wird auch deutlich, dass Komponieren im bewertungsfreien Raum nicht möglich ist, da dann der Kontext der Bewertung von den Schüler*innen selbst projiziert und so der Ausdrucksrahmen eingeschränkt wird. Zumal nach den Ausführungen Luhmanns (s.o.) auch zu diskutieren wäre, wie sinnvoll ein bewertungsfreier Raum im Musikunterricht bezüglich der Wertschätzung einer Leistung wäre.

Deshalb werden im Folgenden Überlegungen hinsichtlich transparenter Bewertungskriterien angestellt, die nicht die Qualität des Kompositionsprodukts betreffen, sondern auf eine gewisse Intensität des Prozesses abzielen. Dieser angestrebte Lösungsansatz hat zum Ziel, dass die Schüler*innen sich an Bewertungskriterien – die offensichtlich in der unterrichtlichen Praxis unabdingbar sind – orientieren, welche ihr Produkt und somit ihren individuellen Ausdruck nicht tangieren.

Einer solchen Art der Bewertung nachzugehen, erscheint zudem auch unter anderen Gesichtspunkten relevant. So sieht Winter (2022) Bewertungsformen, die den Prozess fokussieren und bei der Vergabe von Zensuren nicht nur das Produkt im Blick haben, als Reaktion auf die ‚neue Lernkultur' unabdingbar. Die Forderungen Winters (2022) resultieren aus einem Verständnis, Lernprozesse als eigenständige Leistung anzuerkennen – vielmehr noch diese höher als das Produkt zu gewichten:

> *Die Anerkennung lediglich der Resultate einer Arbeit stellt eine einseitige Bewertung dar und übersieht u. U. richtige Ansätze zur Lösung von Aufgaben. Sie kann ungerecht sein. Der typische Fall wäre eine Mathematikaufgabe, deren Endergebnis durch einen Rechenfehler falsch ist, obwohl die Denk- und Lösungsansätze korrekt waren. (Winter, 2022, S. 151)*

Da vorangegangene Überlegungen zur Leistungsbewertung, sogar in Fächern wie Mathematik, bei denen der Graben zwischen standardisierten Bewertungsformen nicht so groß zu sein scheint wie in den künstlerischen Fächern (Malmberg, 2013, S. 5), als sinnvoll erachtet werden können, müssten sich diese eigentlich für musikpädagogische Kontexte aufdrängen. Besonders wenn man den kritischen Auffassungen über die Bewertung von Kompositionsprodukten folgt: Kaul und Terhag (2013) machen, wie bereits geschildert, bezüglich Bearbeitungen nach ‚assoziativen Spielregeln' deutlich, dass diese Produkte, die ohne musikalische Vorgaben entstanden sind, überhaupt nicht objektiv bewertbar sind (vgl. Kap 15.1). Darüber hinaus ist fraglich, ob der musikalische Ausdruck überhaupt Gegenstand einer Leistungsbewertung sein sollte – auch wenn dies die vollzogene Leistung auf eine Art wertschätzt (Niermann, 2008, S. 16).

Auch dahin gehend scheint folglich eine Auseinandersetzung mit alternativen Bewertungsformen sinnvoll. Stöger (2008) sieht diese zwar als herausfordernd, aber doch im Rahmen des Musikunterrichts als notwendig an:

> *Traditionelle Bewertungsformen tragen eine starke Tendenz zur Taxierung in ‚richtig' und ‚falsch' in sich. Viele wünschenswerte Inhalte des Musikunterrichts bedürfen jedoch komplexerer Werkzeuge, die auf den Aufbau von Kriterien, auf musikalische und sprachliche Ausdrucksfähigkeit und auf die Fähigkeit zur Einbeziehung des Lernkontextes angewiesen sind. (Stöger, 2008, S. 50).*

Nichtsdestotrotz erscheint eine Prozessbewertung im Rahmen von musikalischen Gestaltungsprozessen als ein Desiderat. So gibt es zwar eine Reihe von Studien, die zum Ziel haben, ein ‚gutes' Kompositionsprodukt zu operationalisieren (Grow, 2018, S.94), eine Auseinandersetzung mit der Bewertung von Kompositionsprozessen – insbesondere mit der Zieldimension des individuellen Ausdrucks – ist mir bis dato nicht bekannt. Deshalb findet im Folgenden eine Annäherung an ein entsprechendes Bewertungsformat für die vorliegenden Kompositionsprozesse statt.

Dies impliziert aber genau wie bei der Bewertung eines Produkts eine Auseinandersetzung mit einem Leistungsverständnis, welche unter anderem die Festlegung von Leistungsnormen und Leistungskriterien beinhaltet. „Als Leistung werden […] üblicherweise der Vollzug und die Ergebnisse einer Tätigkeit angesehen, die zielgerichtet erfolgt, mit Anstrengung verbunden ist und für die ein Gütemaßstab vorliegt" (Winter, 2022, S. 148). Aufgrund der Allgemeingültigkeit der Definition lässt diese sich auf verschiedene Bereiche anwenden und lässt verschiedene Formen der Leistung zu. Allerdings verlangt sie in jedem Fall eine Schärfung bzw. Konkretisierung des Gütemaßstabs. Dies setzt bei der Bewertung von Kompositionsprozessen folgende Fragestellungen voraus: Wie werden – überspitzt gesagt – ‚gute' Kompositionsprozesse charakterisiert? Was unterscheidet diese von ‚schlechten'? Und wie werden diese Charakteristika deutlich? Im Folgenden werden diese Fragen speziell für die vorliegenden Kompositionsprozesse unter Berücksichtigung der Ergebnisse der Studie behandelt.

In Bezug auf die Zieldimension des individuellen Ausdrucks konnten im Rahmen der Auswertung verschiedene Aspekte als hinderlich identifiziert werden. Diese können somit im Umkehrschluss als Grundlage für etwaige Bewertungskriterien herangezogen werden. So veranlasste das Nutzen von nur einer Umwandlungsstrategie die Schüler*innen teilweise dazu, ihre Assoziationen zu verändern bzw. sogar zu verwerfen. Diesbezüglich sollten die Schüler*innen in einem Kompositionsprozess mit dem Ziel des individuellen Ausdrucks mehrere Umwandlungsstrategien und Möglichkeiten der Gestaltung explorieren, um ihren Möglichkeitsraum zu erweitern (vgl. auch Kap. 14). Des Weiteren wurde in der Diskussion der Ergebnisse das Finden von schnellen Lösungen als obstruktiv hinsichtlich der Zieldimension angesehen (vgl. Kap. 13.3). So bestand der vermeintlich einfache Weg aus einem direkten Übertrag von assoziiertem Klang in Musik (vgl. Kap. 12.5.1 & 12.5.2). Dieses Vorgehen schließt allerdings Assoziationen aus, die nicht direkt an die Musik anschlussfähig sind. Folglich wird diese Vorgehensweise, welche keine tiefergehende Auseinandersetzung mit Umwandlungsmöglichkeiten impliziert, bezüglich der Zieldimension als kritisch angesehen. Im Umkehrschluss sollte angestrebt werden, dass die Schüler*innen sich bei den vorliegenden Kompositionsprozessen mit ihren Entscheidungen bewusst auseinandersetzen und eine begründete, reflexive Entscheidungsfindung vollziehen. Dies beinhaltet auch, dass Gestaltungselemente bewusst verworfen oder auch begründet wieder aufgenommen werden. Diese Forderung nach einem reflexiven Vorgehen im Kompositionsprozess ist auch anschlussfähig an andere kompositionsdidaktische Positionen. So erkennt Grow (u. a. 2018, S. 60) die Reflexion als bedeutende Aktivität im Kompositionsprozess an. Diese kann laut der Musikpädagogin förderlich sowohl für die Weiterentwicklung des Kompositionsprodukts als auch für die Weiterentwicklung den Kompositionsprozess betreffender Fähigkeiten sein: „Konzeptuelles Verständnis und ästhetische Sensibilität werden nicht direkt vermittelt, sondern indirekt durch Planen und Reflexion von Kompositionsversuchen angebahnt" (Grow, 2018, S. 61). Auch Schlothfeldt (vgl. 2009, S. 36f.) sieht die Reflexion als wichtigen Bestandteil von Kompositionsprozessen und in ihr ein Unterscheidungsmerkmal zur Improvisation. In Untersuchungen von Kompositionsprozessen wird ebenso die Bedeutung von Reflexion in Form von retrospektiven Analysen deutlich. So rekonstruierte Kranefeld (2008b) in ihrer Studie zu Transformationsprozessen vom Bild zur Musik, wie bereits geschildert (vgl. Kap. 3), Evaluationsschleifen, in denen die Schüler*innen ihre Vorstellungen mit dem tatsächlichen Zwischenstand abglichen. Diese ließen sich an verschiedenen Stellen im Prozess feststellen und beinhalteten verschiedene Bezugspunkte: „Wird […] zum Beispiel eine ‚klingende musikalische Gestalt' evaluiert, so kann das sowohl auf die Frage hin geschehen, ob die kompositorische Idee angemessen ausgeführt wurde, als auch auf die Frage nach der Stimmigkeit in Bezug auf das betreffende Bildrezeptionselement" (Kranefeld, 2008b, S. 84). Zusammenfassend werden also Kompositionsprozesse, die die Erprobung von Gestaltungsmöglichkeiten und einen reflexiven Umgang mit Entscheidungen beinhalten, für die Zieldimension des individuellen Ausdrucks als förderlich erachtet. Folglich stellen diese Bereiche auch die Basis für mögliche Bewertungskriterien.

Der Zugang zu solchen prozesshaften Charakteristika im Rahmen einer Bewertung stellt allerdings eine Herausforderung dar (Winter, 2022). Dieser durch die Begleitung eines Portfolios zu begegnen, drängt sich nach den Vorüberlegungen zur Unterrichtsreihe (vgl. Kap. 6.3) dieser Arbeit auf und wird auch von Winter (2022) als Möglichkeit angesehen. Allerdings muss eine Konkretisierung des Portfolios und der damit verbundenen Impulse vorgenommen werden, da die Bandbreite von Möglichkeiten und Portfolioarten (vgl. Kap. 6.2.3) – auch bei der festgelegten Funktion als Bewertungsinstrument – relativ groß ist. Dafür müssen zunächst die Anforderungen an das Portfolio geklärt bzw. zusammengefasst werden. Aufgrund der oben vollzogenen Auseinandersetzung mit den angestrebten Kompositionsprozessen ergeben sich drei zentrale Aspekte:

1. Das Portfolio sollte das Festhalten von Zwischenschritten ermöglichen.
2. Das Portfolio sollte eine facettenreiche Auseinandersetzung der Schüler*innen mit unterschiedlichen Gestaltungsmöglichkeiten sichtbar machen.
3. Das Portfolio sollte Reflexionen der Schüler*innen über Zwischenprodukte bzw. vollzogene Prozesse zugänglich machen.

Schon anhand des ersten Aspekts wird deutlich, dass – im Zuge von Prozessbewertungen – die Anlehnung des in der Reihe ursprünglich angewendeten Portfolios ein Problem darstellt: Die Konservierung von musikalischen Elementen ist bei einem papierbasierten Portfolio nicht ohne Weiteres möglich. Zwar sind Gestaltungsversuche in Form von grafischer Notation dokumentierbar, allerdings ist es dabei nicht möglich, sich mit Klängen bzw. auditivem musikalischen Material unmittelbar auseinanderzusetzen. Eine Variante, dies zu ermöglichen, stellt die Nutzung von E-Portfolios dar.

Beim E-Portfolio handelt es sich um eine digitale, (zumeist) webbasierte Sammelmappe[48] (Rachbauer, 2013). Das Grundkonzept gleicht dem analogen Pendant (vgl. Kap. 6.2.3), indem es als „Dokumentations-, Reflexions- und Austauschmedium" (Fink, 2011, S. 112) fungiert. Im Vergleich zu dem papierbasierten Portfolio lassen sich bei der digitalen Variante aber auch einige Unterschiede feststellen. Aufgrund der digitalen Nutzung und Aufbewahrung der Portfolioinhalte ergeben sich weiterführende multimediale Möglichkeiten. So können in E-Portfolios beispielsweise auch Sounds, Videos, dreidimensionale Darstellungen, Animationen usw. festgehalten werden. Zudem kann die Struktur von der Linearität eines analogen Portfolios abweichen und auch im Prozess leicht umsortiert werden. Des Weiteren erlaubt die Webbasierung einen leichten ortsunabhängigen Zugriff. Dies ermöglicht eine unmittelbare Kommentierung der Inhalte und ein schnelles Feedback (Butler, 2006). Im Sinne des dargelegten Anliegens scheint das Portfolio als digitale Variante geeignet, um die Kompositionsprozesse einer Bewertung zugänglich zu machen. Darüber hinaus eröffnen die dargestellten Möglichkeiten weiterführende didaktische Potenziale, die an anderer Stelle tiefergehend behandelt werden sollten.

Um allerdings das E-Portfolio für den Bewertungskontext einzusetzen, muss zuerst einmal geklärt werden, „was in die Mappen hineinkommen soll und welche Qualitätsgesichtspunkte dabei gelten sollen" (Winter, 2017, S. 167). Diese Vorgaben implizieren eine Auseinandersetzung

[48] Die Erstellung von E-Portfolios kann browser- oder appbasiert in speziellen E-Portfoliosystemen (Volk & Miller, 2013) wie beispielsweise „Mahara", „Seesaw" oder „eLGG" erfolgen. Diese unterscheiden sich beispielsweise im Grad der Vorstrukturierung, in den Kollaborationsmöglichkeiten oder auch den Möglichkeiten der Medieneinbindung.

sowohl mit der Art und des Stellenwerts der Portfolioimpulse als auch mit Kriterien, die die Bearbeitungen transparent bewertbar machen. Da der Bewertungskontext eine gewisse Verbindlichkeit bezüglich der Bearbeitung des Portfolios mit sich bringt, können die gegebenen Impulse nicht, wie in der konzipierten Unterrichtsreihe, als optionale Bearbeitungsanlässe zur Sammlung und Konkretisierung von Ideen gesehen werden, sondern sind obligatorisch. Die Inhalte sollen dabei Bearbeitungen anregen, die als Grundlage der Bewertung fungieren können. Dementsprechend sollten diese auf die geschilderten Bereiche *Dokumentation von Zwischenstufen*, *Erarbeitung und Erprobung von musikalischen Gestaltungselementen* und *Reflexion* abzielen. Die folgenden konkreten Impulse stellen dafür eine Möglichkeit der Umsetzung dar. Durch die Bearbeitung im Rahmen des Kompositionsprozesses sollen die Schüler*innen für eine Auseinandersetzung mit den drei Bereichen angeregt werden und gleichzeitig ihre Auseinandersetzung im E-Portfolio sichtbar machen:

*Dokumentation der Zwischenstufen*

a. Halte dein Assoziationscluster in deinem E-Portfolio fest.
b. Dokumentiere deinen Prozess in deinem E-Portfolio. Das bedeutet, dass du deine Zwischenergebnisse hochlädst, auch wenn du diese wieder verwirfst, sodass dein gesamter Prozess sichtbar wird.

*Erarbeitung und Erprobung von musikalischen Gestaltungselementen*

a. Probiere bei der Erstellung deiner Komposition verschiedene Umwandlungs- und Gestaltungsmöglichkeiten aus und dokumentiere deine Versuche. Gerne kannst du auch recherchieren, wie andere Musiker*innen dein assoziiertes Thema in Musik umgesetzt haben und deine Ergebnisse in deinem E-Portfolio festhalten. Vielleicht bietet dir dies eine Orientierung oder Ideen für deine Komposition.

*Reflexion*

a. Setze dich mit deinen Entscheidungen im Prozess auseinander. Begründe beispielsweise, warum du bestimmte Klänge in deine Komposition aufnimmst und andere verwirfst. Oder auch, warum du deine Assoziation genau so umsetzt. Wichtig ist, dass du den*die Leser*in deines E-Portfolios an deinen Gedanken und Ideen zu deinem Kompositionsprozess und -produkt teilhaben lässt.

b. Zudem soll auch Platz im E-Portfolio für die Dinge sein, die du umsetzen wolltest, aber nicht konntest. Was waren im Prozess Hürden für dich? Was hättest du dir für deine Komposition noch gewünscht? Was würdest du bei deiner nächsten Komposition anders machen?

Hinsichtlich der angestrebten Bewertungskriterien ergibt sich durch die obligatorischen Impulse ein klares Grundgerüst. Bei einer Konkretisierung ist – wie bei vielen Gestaltungsprozessen – zu berücksichtigen, dass die zu bewertenden Prozesse sehr individuell ablaufen und die Kriterien trotz einer gewünschten Klarheit und Validität, eine gewisse Bandbreite zulassen sollten. Beim Einbezug des E-Portfolios muss auch beachtet werden, dass sich der Prozess durch die Aufzeichnungen in diesem zeigt. Folglich muss auch die Arbeit mit dem E-Portfolio in den Bewertungskriterien berücksichtigt werden. Somit sind die Bewertungen abhängig sowohl von den vollzogenen Kompositionsprozessen als auch von den Darstellungsweisen im E-Portfolio. Dies ist eine Problematik, die die Bewertung mithilfe von Portfolios mit sich bringt. Die Leistungen bzw. Prozesse müssen nachvollziehbar dargestellt werden, um angemessen bewertet werden zu können. Demensprechend sollte dies den Schüler*innen auch im Rahmen der Vorstellung der Kriterien transparent gemacht werden. Die nachfolgenden Kriterien zeigen eine konkrete Möglichkeit von Bewertungskriterien auf. Aufgrund der Individualität der Prozesse sind diese relativ offen formuliert, bilden aber die zentralen Aspekte der vorangegangenen Überlegungen ab:

*Dokumentation des Prozesses*

- Du dokumentierst deinen Prozess nachvollziehbar.
- Du hast mehrere Assoziationen in deinem E-Portfolio festgehalten.
- Du hast Zwischenschritte deines Kompositionsprozesses in deinem E-Portfolio schrittweise festgehalten.

*Erarbeitung und Erprobung von musikalischen Gestaltungselementen*

- Du machst in deinem E-Portfolio sichtbar, dass du dich mit verschiedenen Gestaltungsmöglichkeiten auseinandergesetzt hast.

*Reflexion*

- Du zeigst in deinem E-Portfolio, dass du Entscheidungen in deinem Kompositionsprozess begründet getroffen hast.

Aufgrund der Individualität der Prozesse schien es nicht sinnvoll, die Bewertungskriterien weiter in Niveaustufen zu unterteilen und die Bewertung durch ein Bewertungsraster zu vollziehen (z. B. Schrempf, 2002). Vielmehr bieten diese Kriterien, welche noch individuell konkretisiert werden können, Orientierung für Schüler*innen und Lehrkräfte. Bestenfalls geschieht die Bewertung in einem dialogischen Bewertungsaustausch zwischen Lehrkraft und Schüler*in (Winter, 2007), um die Kriterien transparent gemeinsam am individuellen Prozess auszugestalten, wohlwissend, dass dieses Verfahren viel Zeit in Anspruch nimmt und bei einer gewissen Klassengröße nicht möglich ist. Alternativ dazu kann eine schriftliche Rückmeldung erfolgen, die zum Ziel hat, die Kriterien einzubeziehen und Qualitäten zu finden (Winter, 2007). Dabei „geht es darum, herauszufinden und mitzuteilen, wo und worin man besondere Leistungen sieht" (Winter, 2007, S. 124). Denn es sollte Ziel sein, die individuellen musikalischen Ausdrucksweisen der Schüler*innen zu würdigen und diese in ihrem kompositorischen Handeln zu bestärken.

# 16. Fazit und Ausblick

Den Ausgangspunkt der vorliegenden Arbeit stellte eine kritische Betrachtung der Potenziale von Gruppenkompositionsprozessen dar. Das Komponieren in Gruppen gilt im deutschsprachigen Raum als die im Musikunterricht am häufigsten praktizierte Form und ist auch in Untersuchungen von Kompositionsprozessen in der unterrichtlichen Praxis am prominentesten vertreten (vgl. Kap. 1). Im Rahmen der Auseinandersetzung wurde deutlich, dass durch das Komponieren im Musikunterricht einer Fülle von pädagogischen Zielen nachgegangen werden kann, in der Sozialform der Gruppe allerdings nicht alle Schüler*innen davon profitieren. Die vorliegende Arbeit nahm dementsprechend individuelle Kompositionsprozesse als eine Alternative zu Gruppenkompositionsprozesse in den Fokus. Diese wurden aus verschiedenen Perspektiven betrachtet:

Im Zentrum stand das Anliegen, individuelle Kompositionsprozesse im Rahmen einer empirischen Untersuchung systematisch zu analysieren und zu beschreiben. Darüber hinaus verfolgte diese Arbeit auch das Interesse, didaktische Vorschläge für eine Umsetzung von individuellen Kompositionsprozesse in der unterrichtlichen Praxis zu unterbreiten. Das empirische und das didaktische Anliegen waren dabei eng miteinander verzahnt. So wurden zu Beginn Überlegungen für eine konkrete Unterrichtsreihe zum individuellen Komponieren angestellt, die nachfolgend als Grundlage der empirischen Untersuchung fungierten. Die Erkenntnisse der Studie wurden wiederum zur Erarbeitung didaktischer Implikationen genutzt.

Das Ermöglichen von Freiraum zum individuellen Ausdruck war der didaktische Schwerpunkt, sowohl bei der Erstellung der Unterrichtsreihe als auch bei den didaktischen Implikationen. Dieser Schwerpunkt wurde festgelegt, da die pädagogische Zieldimension des individuellen Ausdrucks nur schwer in Gruppenkompositionsprozessen verfolgt werden kann und daher ein besonderes Potenzial bei individuellen Kompositionsprozessen gesehen wurde.

Fokussiert wurden speziell individuelle Kompositionsprozesse zu einem Topos, da dieser Ausgangspunkt im Hinblick auf die dargelegte Zieldimension als sinnvoll erachtet wurde (vgl. Kap. 3 & 4). Im Zentrum des Forschungsinteresses lag als zentraler Prozess beim Komponieren zu einem Topos die Umwandlung von Assoziationen der Schüler*innen in musikalisches Material. Im Rahmen der Auswertung konnten fünf verschiedene merkmalsheterogene natürliche Strategie-Typen in Anlehnung an Kuckartz (2018) gebildet werden (vgl. Kapitel 12.5). Leitend in der Diskussion der Ergebnisse war das typenübergreifende und mehrfach rekonstruierte Merkmal *der Wunsch nach Nachbildung eines assoziierten Klangs*. Dieses wurde als prozessleitend für die individuelle Komposition identifiziert und als hinderlich für die verfolgte Zieldimension des individuellen Ausdrucks angesehen, da die Schüler*innen aufgrund dieser Präferenz ihr Ausdrucksanliegen veränderten (vgl. Kap. 12). Als Gründe für den *Wunsch nach Nachbildung eines assoziierten Klangs* wurden zum einen fehlende alternative Möglichkeiten der Umwandlung – besonders von assoziierten Inhalten, die keinen Klang beinhalten – gesehen. Zum anderen stand der schulische Kontext und der damit verbundene ‚Schülerjob', der mit einem Habitus der Aufgabenerledigung einhergeht, im Fokus. Dementsprechend dienten im dritten Teil der Arbeit, den didaktischen Implikationen, diese beiden Aspekte als Basis für konkrete Vorschläge für die unterrichtliche Praxis. Diese beinhalten Möglichkeiten der Sensibilisierung für verschiedene Umwandlungsstrategien und eine Auseinandersetzung mit einer Prozessbewertung mithilfe des Portfolios, um den Fokus der Bewertung vom Produkt und somit auch vom individuellen Ausdruck der Schüler*innen zu nehmen. Dabei muss allerdings berücksichtigt werden, dass beide Aspekte noch erprobt bzw. evaluiert werden müssen.

Durch diese Arbeit konnte ein methodologischer sowie inhaltlicher Beitrag für die musikpädagogische Forschung geleistet werden: Die Triangulation der prozessbegleitenden Portfolios und Portfolio-Stimulated Recall-Interviews ermöglichte es, Einblicke in die kognitiven Prozesse der Schüler*innen im Kompositionsprozess zu gewinnen und Beweggründe für ihre kompositorischen Entscheidungen zu rekonstruieren. Methodologisch wurde dadurch eine in der Musikpädagogik wenig verwendete – jedoch gewinnbringende – Möglichkeit zur Erforschung intrasubjektiver Aspekte aufgezeigt, die es aufgrund der dargestellten Potenziale (vgl. Kap. 9) weiterhin zu verfolgen gilt. Darüber hinaus stellte sich die Adaption der Analyseebenen von Kinderzeichnungen nach Neuß (1999) als eine praktikable Möglichkeit zur Analyse transmedialer Dokumente heraus und somit konnte dem methodologischen Desiderat begegnet werden (vgl. Kap. 11.4.1).

Inhaltlich trägt diese Arbeit zu einem besseren Verständnis des komplexen Feldes ‚Komponieren im Musikunterricht' bei. Durch den Fokus auf individuelle Kompositionsprozesse im unterrichtlichen Kontext konnte ein bisher im deutschsprachigen Raum noch wenig fokussierter, aber – wie in

Kapitel 2 beschrieben wurde – um die Potenziale des Komponierens auszuschöpfen, vielversprechender Bereich behandelt werden. Der Forschungsfokus auf die Umwandlung assoziierter Inhalte in musikalisches Material und somit auf einen Teil des Kompositionsprozesses, der in vielen Kompositionsprozessen eine Rolle spielt, macht die Untersuchung anschlussfähig an andere Studien. So konnten beispielsweise die Erkenntnisse mit der Studie von Katz und Gardner (2012) verglichen und deutliche Unterschiede bei den Strategien der Schüler*innen im Vergleich zum Vorgehen professioneller Komponist*innen festgestellt werden (vgl. Kap. 13.1). Die Diskussion trug dazu bei, die Strategien der Schüler*innen entsprechend einzuordnen und ein Verständnis für deren Vorgehen zu entwickeln. Besonders aufgrund des hohen didaktischen Interesses dieser Arbeit war dieser Schritt unumgänglich.

Die umfassenden didaktischen Auseinandersetzungen stellen im Vergleich zu anderen Studien, deren Forschungsinteresse ebenfalls im Bereich des Komponierens im unterrichtlichen Kontext anzusiedeln ist, eine Besonderheit dar. So macht Theisohn (2023) deutlich, dass konkrete didaktische Implikationen häufig nicht Teil der Ausführungen entsprechender Arbeiten sind: „Unbeantwortet bleibt in den o. g. Studien [zum Komponieren in der Schule] wie auch in der fachdidaktischen Literatur weitestgehend die Frage danach, welche konkreten Forderungen sich für die Praxis des Schulalltags ergeben" (S. 327). Diese nahmen jedoch in der vorliegenden Arbeit einen hohen Stellenwert ein (vgl. Teil III). Die didaktischen Implikationen wurden zudem nicht nur, wie häufig üblich, als ‚Add-on' auf der Grundlage der empirischen Ergebnisse entwickelt, sondern bereits in der Untersuchung wie bei der Formulierung der Forschungsfragen berücksichtigt (vgl. Kap. 7; Forschungsfragen 4 & 5). Rückblickend erwies sich diese Vorgehensweise als sinnvoll, da die durch die entsprechenden Forschungsfragen forcierten Inhalte (prozessleitende Faktoren und deren Einfluss auf die Strategien der Schüler*innen) die gewünschten Anknüpfungspunkte für die didaktischen Überlegungen mit sich brachten.

Die didaktischen Implikationen sind keineswegs als ‚Best Practice'-Beispiele zu verstehen, sondern sollen lediglich Möglichkeiten einer Begegnung mit den herausgearbeiteten Hürden im Sinne der didaktischen Zielsetzung darstellen, die es im Einzelfall zu erproben und zu evaluieren gilt. Zudem konnte nur auf einzelne Aspekte eingegangen bzw. konnten nur vereinzelt Vorschläge für konkrete didaktische Implikationen gemacht werden, wie beispielsweise das Einführen einer Prozessbewertung als

Reaktion auf das Phänomen des ‚korrekten Erledigens' von Aufgabenstellungen, das als Aspekt des ‚Schülerjobs' (Breidenstein, 2006) angesehen wurde. Den damit einhergehenden Habitus der Schüler*innen nur an den Bewertungsformen festzumachen, wäre jedoch zu kurzsichtig. Vielmehr gilt es zukünftig weitere Gründe wie beispielsweise zeitliche Strukturen in der Schule oder soziale Strukturen in Klassenverbänden für das entsprechende Schüler*innenhandeln im Blick zu haben und daran gegebenenfalls mithilfe weiterer Implikationen anzusetzen. Ob durch diese allerdings dem Dilemma zwischen individuellem Ausdruck und schulischem Kontext umfassend begegnet werden kann, bleibt mehr als fraglich.

Ein Weiterverfolgen des Vorschlags der Prozessbewertung scheint dabei jedoch ein erster Schritt und nicht nur in diesem Kontext für das geschilderte Anliegen sinnvoll. Alternative Bewertungsformen stellen bis jetzt ein Desiderat in der Musikpädagogik dar, dessen Bearbeitung von verschiedenen Seiten gefordert wird (vgl. Kap. 15.2). Dementsprechend wird angestrebt, die Überlegungen aufzugreifen und ins Zentrum zukünftiger Forschungsanliegen zu stellen. Dabei können die Inhalte aus Kapitel 15 als Ausgangspunkt dienen.

Als weiteres Forschungsanliegen wird eine Ausweitung der vorliegenden Studie hinsichtlich verschiedener Klassen(stufen), anderer Ausgangspunkte für die Kompositionen (vgl. Kap. 2) oder beispielsweise einer abgewandelten Unterrichtsreihe (z. B. andere App) angestrebt, um die gebildeten Typen (vgl. Kap. 12.5) zu validieren und gegebenenfalls zu erweitern. Zudem wäre ein Blick in andere ästhetische Disziplinen interessant und eine Untersuchung entsprechender Umwandlungsprozesse von assoziierten Inhalten im Rahmen von Gestaltungsprozessen wie beispielsweise der Gestaltung bildender Kunst oder der Entwicklung von Tanz sicherlich erstrebenswert, um die Ergebnisse auch als Vergleich zur vorliegenden Untersuchung heranzuziehen.

Zusammenfassend konnten im Rahmen der vorliegenden Arbeit die Strategien von Schüler*innen bei der Umwandlung von Assoziationen in musikalisches Material offengelegt und nachvollzogen werden. Dadurch wurde ein Beitrag zur Erforschung des ‚Komponierens im Musikunterricht' geleistet. Darüber hinaus schaffen die didaktischen Überlegungen eine erste Grundlage für die Implementation des individuellen Komponierens im Musikunterricht, die es weiterzuverfolgen gilt. Denn individuelles Komponieren in der unterrichtlichen Praxis trägt, wenn es entsprechend didaktisch gerahmt ist, zu einem differenzsensiblen Musikunterricht bei, in dem der Umgang mit Heterogenität nicht als Problembewältigung angesehen, sondern Differenzen hervorgehoben und gewünscht werden, sodass jede*r Schüler*in von den Potenzialen des Komponierens profitieren kann.

# Literatur

Ahner, P., Hertsch, L., Heitinger, D. & Flad, T. (2019). *Music Apps. Unterrichten mit Smartphones und Tablets*. Mainz: Schott.

Amabile, T. M. (1996). *Creativity in Context*. Colorado: Westview Press.

Ankney, K. L. (2014). *Master Jazz Teachers' Noticing and Responses to Students During Improvisation Activities*. Doctoral Dissertation, Northwestern University.

Aristoteles (2004). *Parva Naturalia. Aristoteles Werke in deutscher Übersetzung begründet von Ernst Grumach. Herausgegeben von Helmut Flashar. Band 14 Teil II*. Berlin: Akademie Verlag.

Bahle, J. (1930). *Zur Psychologie des musikalischen Gestaltens*. Leipzig: Akademische Verlagsgesellschaft.

Bahle, J. (1936). *Der musikalische Schaffensprozess: Psychologie der schöpferischen Erlebnis- und Antriebsformen*. Leipzig: Hirzel.

Bahle, J. (1938). Arbeitstypus und Inspirationstypus im Schaffen der Komponisten. *Zeitschrift für Psychologie*, 142, 313–22.

Bailly, D. (2005). Soundscape – eine Möglichkeit kreativer Betätigung für Kinder und Jugendliche mit geistiger Behinderung? Teil I: Theoretische Grundlagen für eine Unterrichtsreihe "Soundscape". *Musik-, Tanz- und Kunsttherapie*, 16, 63–76.

Bannert, M. (2007). *Metakognition beim Lernen mit Hypermedien. Erfassung, Beschreibung und Vermittlung wirksamer metakognitiver Strategien und Regulationsaktivitäten*. Münster u. a.: Waxmann.

Behne, K.-E. (1998). Über die Untauglichkeit der Synästhesie als ästhetisches Paradigma. In Kunst- und Ausstellungshalle der BRD (Hrsg.), *Der Sinn der Sinne* (S. 104–125). Göttingen: Steidl.

Behrens, C. (2010). *Bewegungsgestaltung aus Schülerperspektive: Eine empirische Studie zum Erleben von Gestalten, Tanzen und Darstellen*. Dissertation, Deutsche Sporthochschule Köln. Verfügbar unter: http://esport.dshs-koeln.de/235/3/Dissertation_Behrens.pdf [08.01.2022].

Benedek, M. (2009). *Assoziationspsychologische Grundlagen des kreativen Denkens*. Dissertation, Christian-Albrechts-Universität zu Kiel. Verfügbar unter: von https://macau.uni-kiel.de/servlets/MCRFileNodeServlet/dissertation_derivate_00002726/Dissertation_Benedek_2009.pdf [03.05.2023].

Bennett, S. (1976). The process of music creation: Interviews with eight composers. *Journal of Research in Music Education*, 24(1), 3–13.

Berkley, R. (2004). Teaching composing as creative problem solving: Conceptualising composing pedagogy. *British Journal of Music Education*, 21(3), 239–263.

Bermes, C. (2017). Die Lebenswelt. In S. Luft & M. Wehrle (Hrsg.), *Husserl Handbuch. Leben – Werk – Wirkung* (S. 230–236). Stuttgart: Metzler.

Billmann-Mahecha, E. (2010). Auswertung von Zeichnungen. In G. Mey & K. Mruck (Hrsg.), *Handbuch Qualitative Forschung in der Psychologie* (S. 707–722). Wiesbaden: VS Verlag für Sozialwissenschaften.

Blaeschke, F. & Freitag, H.-W. (2021). *Der sozioökonomische Status der Schülerinnen und Schüler*. Verfügbar unter: https://www.bpb.de/nachschlagen/datenreport-2021/bildung/329670/der-soziooekonomische-status-der-schuelerinnen-und-schueler [15.03.2021].

Bloom, B. (1953). Thought process in lectures and discission. *Journal of general Education,* 7, 160–169.

Bloom, B. (1954). The thought processes of students in discussion. In S. J. French (Hrsg.), *Accent on teaching: Experiments in general education* (S. 23–46). New York: Harper.

Boehm, G. (1978). Zu einer Hermeneutik des Bildes. In G. Boehm & H.-G. Gadamer (Hrsg.), *Seminar: Die Hermeneutik und die Wissenschaften* (S. 444–471). Frankfurt a. M.: Suhrkamp.

Bohnsack, R., Michel, B. & Przyborski, A. (2015). Dokumentarische Bildinterpretation. In R. Bohnsack, B. Michel & A. Przyborski (Hrsg.), *Dokumentarische Bildinterpretation. Methodologie und Forschungspraxis* (S. 11–36). Opladen: Budrich.

Bonz, J. (2015). *Alltagsklänge – Einsätze einer Kulturanthropologie des Hörens*. Wiesbaden: VS Verlag für Sozialwissenschaften.

Bräu, K. (2007). Die Betreuung der Schüler im individualisierenden Unterricht der Sekundarstufe: Strategien und Handlungsmuster der Lehrenden. In K. Rabenstein & S. Reh (Hrsg.), *Kooperatives und selbstständiges Arbeiten von Schülern. Zur Qualitätsentwicklung von Unterricht* (S. 173–196). Wiesbaden: VS Verlag für Sozialwissenschaften.

Bräu, K. & Fuhrmann, L. (2015). Die soziale Konstruktion von Leistung und Leistungsbewertung. In K. Bräu & C. Schlickum (Hrsg.), *Soziale Konstruktionen in Schule und Unterricht. Zu den Kategorien Leistung, Migration, Geschlecht, Behinderung, soziale Herkunft und deren Interdependenzen* (S. 49–64). Opladen: Budrich.

Bräuer, G. (2016). *Das Portfolio als Reflexionsmedium für Lehrende und Studierende*. Stuttgart: utb.

Brandstätter, U. (2011). „In jeder Sprache sitzen andere Augen“ – Herta Müller. Grundsätzliche Überlegungen zur Thematik „Reden über die Künste“. In J. Kirschenmann, C. Richter & K. H. Spinner (Hrsg.), *Reden über Kunst. Fachdidaktisches Forschungssymposion in Literatur, Kunst und Musik* (S. 29–43). München: kopaed.

Brandstätter, U. (2012). Ästhetische Erfahrung. Verfügbar unter: https://www.kubi-online.de/artikel/aesthetische-erfahrung [25.03.2023].

Brandstätter, U. (2013). *Erkenntnis durch Kunst. Theorie und Praxis der ästhetischen Transformation*. Köln: Böhlau.

Brandstätter, U. (2014). *Bildende Kunst und Musik im Dialog. Ästhetische, zeichentheoretische und wahrnehmungspsychologische Überlegungen zu einem kunstspartenübergreifenden Konzept ästhetischer Bildung* (3. Auflage). Augsburg: Wißner.

Breidenstein, G. (2006). *Teilnahme am Unterricht. Ethnographische Studien zum Schülerjob*. Wiesbaden: VS Verlag für Sozialwissenschaften.

Breidenstein, G. (2011). Zusammenfassende und vergleichende Betrachtung. In K. U. Zaborowski, M. Meier & G. Breidenstein (Hrsg.), *Leistungsbewertung und Unterricht. Ethnographische Studien zur Bewertungspraxis in Gymnasium und Sekundarschule* (S. 345–366). Wiesbaden: VS Verlag für Sozialwissenschaften.

Breidenstein, G. & Bernhard, T. (2011). Unterrichtsinteraktion und implizite Leistungsbewertung. In K. U. Zaborowski, M. Meier & G. Breidenstein (Hrsg.), *Leistungsbewertung und Unterricht. Ethnographische Studien zur Bewertungspraxis in Gymnasium und Sekundarschule* (S. 321–344). Wiesbaden: VS Verlag für Sozialwissenschaften.

Breitsameter, S. (2018). Soundscape. In D. Morat & H. Ziemer (Hrsg.), *Handbuch Sound* (S. 89–95). Stuttgart: Metzler.

Buchborn, T. (2021). Wie Schüler*innen in Unterrichtspausen mit musikalischen Versatzstücken musizieren und Musik erfinden. Rekonstruktion eines informell geprägten musikalischen Interaktionsprozesses mithilfe der dokumentarischen Videointerpretation. In V. Krupp, A. Niessen & V. Weidner (2021), *Wege und Perspektiven in der musikpädagogischen Forschung* (S. 167–180). Münster: Waxmann.

Buchborn, T. (2022). „Wir müssen unbedingt etwas freier spielen und die Klassik etwas mehr vergessen." Das Lerntagebuch als Reflexionsinstrument musikalisch-künstlerischer Prozesse im projektorientierten Musikunterricht. In M. Brenk & B. Englbrecht (Hrsg.), *Handlung – Gestaltung – Bildung.* Paderborn: Brill Fink.

Buchborn, T., Theisohn, E. & Treß, J. (2019). Kreative musikalische Handlungsprozesse erforschen. Einblicke in ein Verfahren der videobasierten Rekonstruktion von Gruppenimprovisations- und -kompositionsprozessen von Schülerinnen und Schülern. In V. Weidner & C. Rolle (Hrsg.), *Praxen und Diskurse aus Sicht musikpädagogischer Forschung* (S. 69–85). Münster u. a.: Waxmann.

Burnard, P. (1995). Task design and experience in composition. *Research Studies in Music Education*, 5, 32–46.

Burnard, P. & Younker, B. A. (2002). Mapping pathways: Fostering creativity in composition. *Music Education Research*, 4(2), 245–261.

Butler, P. (2006). *A Review of the Literature on Portfolios and Electronic Portfolios*. Verfügbar unter: https://www.researchgate.net/publication/239603203_A_Review_Of_The_Literature_On_Portfolios_And_Electronic_Portfolios [25.05.2022].

Calderhead, J. (1981). Stimulated-recall: A method for research on teaching. *British Journal of Educational Psychology*, 51, 211–217.

Canacacis-Canas, J. (1985). Innovative Wege der Therapie. Mein therapeutischer Umgang mit Musik. In H. G. Bastian (Hrsg.), *Umgang mit Musik* (S. 59–75). Laaber: Laaber.

Collins, D. (2005). A synthesis process model of creative thinking in music composition. *Psychology of Music*, 33(2), 193–216.

Cropley, A. J. (2011). Definitions of creativity. In M. A. Runco & S. R. Pritzker (Hrsg.), *Encyclopedia of creativity* (S. 358–368). San Diego: CA: Academic Press. Verfügbar unter: https://www.researchgate.net/publication/336246627_Definitions_of_Creativity [02.05.2023].

Dahlhaus, C. & Eggebrecht, H. H. (1979). *Brockhaus. Riemann Musiklexikon.* Wiesbaden: Brockhaus.

Department for Education (Hrsg.) (2013). *Music programmes of study: key stages 1 and 2 The National Curriculum in England. London.* Verfügbar unter: https://assets.publishing.service.gov.uk/government/uploads/system/uploads/attachment_data/file/239037/PRIMARY_national_curriculum_-_Music.pdf [03.04.2023].

Ditton, H. & Maaz, K. (2011). Sozioökonomischer Status und soziale Ungleichheit. In H. Reinders, H. Ditton, C. Gräsel & B. Gniewosz (Hrsg.), *Empirische Bildungsforschung* (S. 193–208). Wiesbaden: VS Verlag für Sozialwissenschaften.

Döring, N., & Bortz, J. (2016). *Forschungsmethoden und Evaluation in den Sozial- und Humanwissenschaften* (5. Auflage). Berlin: Springer.

Donin, N. & Féron, F.-X. (2012). Tracking the composer's cognition in the course of a creative process: Stefano Gervasoni and the beginning of Gramigna. *Musicae Scientiae*, 16(3), 262–285.

Donin, N. & Theureau, J. (2007). Theoretical and methodological issues related to long term creative cognition: The case of musical composition. *Cognition Technology and Work*, 9(4), 233–251.

Drüke-Noe, C. (2014). *Aufgabenkultur in Klassenarbeiten im Fach Mathematik. Empirische Untersuchungen in neunten und zehnten Klassen.* Wiesbaden: Springer Spektrum.

Duncker, K. (1945). On problem-solving. *Psychological Monographs,* 58(5), 1–113.

Duve, J. (2020). Komponieren am Raster. Fallanalytische Perspektiven auf Prozesse des Musik-Erfindens mit digitalen Medien. In U. Kranefeld & J. Voit (Hrsg.), *Musikunterricht im Modus des Musik-Erfindens. Fallanalytische Perspektiven* (S. 97–110). Münster: Waxmann.

Duve, J. (2022). Mach nochmal was Neues. Soziomaterielle Typen der Entscheidungsfindung beim Musik-Erfinden mit digitalen Medien. In J.-P. Koch, K. Schilling-Sandvoß & A. Welte (Hrsg.), *Interaktion (Musikpädagogik im Diskurs 5)* (S. 181–204). Aachen: Shaker.

Ehrenforth, K. H. (1993). Musik als Leben. Zu einer lebensweltlich orientierten ästhetischen Hermeneutik, *Musik und Bildung*, 6, 14–19.

Ehring, C. & Thienenkamp, H. (2020). Gestalterische Begleitung von Kompositionsprozessen mittels Portfolioarbeit. Ein Impuls aus der kunstpädagogischen Praxis und Forschung. In U. Kranefeld & J. Voit (Hrsg.), *Musikunterricht im Modus des Musik-Erfindens: Fallanalytische Perspektiven* (S. 153–168). Münster: Waxmann.

Engelkamp, J. (1991). *Das menschliche Gedächtnis* (2. Auflage). Göttingen u. a.: Verlag für Psychologie.

Engelkamp, J. (1998). "Gedächtnis für Bilder". In K. Sachs-Hombach & K. Rehkämper (Hrsg.), *Bild – Bildwahrnehmung – Bildverarbeitung. Interdisziplinäre Beiträge zur Bildungswissenschaft* (2. Auflage) (S. 227–242). Wiesbaden: Springer.

Engelkamp, J. (2013). Assoziation. In M. A. Wirtz (Hrsg.), *Dorsch Lexikon der Psychologie* (16. Auflage) (S. 202). Göttingen: Hogrefe.

Ericsson, K. A. & Simon, H. A. (1980). Verbal reports as data. *Psychological Review*, 87, 215–251.

Ericsson, K. A. & Simon, H. A. (1993). *Protocol analysis: Verbal reports as data* (überarb. Auflage). Cambridge, MA: MIT Press.

Fink, M. (2011). E-Portfolioarbeit in der Schule. In T. Meyer, K. Mayrberger, S. Münte-Goussar & C. Schwalbe, (Hrsg.), *Kontrolle und Selbstkontrolle*. VS Verlag für Sozialwissenschaften.

Finkbeiner, C. & Schluer, J. (2018). Stimulated Recall als Zugang zu mentalen Prozessen in der Fremdsprachenforschung. In K. Aguado, C. Finkbeiner & B. Tesch (Hrsg.), *Lautes Denken, "Stimulated Recall" und Dokumentarische Methode: Rekonstruktive Verfahren in der Fremdsprachenlehr- und -lernforschung* (S. 27–49). Frankfurt a. M.: Peter Lang.

Flick, U. (2011). *Triangulation* (3. Auflage). Wiesbaden: VS Verlag für Sozialwissenschaften.

Folkestad, G. (2004). A Meta-Analytic Approach to Qualitative Studies in Music Education. A New Model Applied to Creativity and Composition. *Bulletin of the Council for Research in Music Education*, 161/162, 83–90.

Funke, J. (1996). Methoden der Kognitiven Psychologie. In E. Erdfelder, R. Mausfeld, T. Meiser & G. Rudinger (Hrsg.), *Handbuch Quantitative Methoden* (S. 515–528). Weinheim: Psychologie Verlags Union.

Gabrielsson, A., & Juslin, P. N. (1999). Expression in music. Chapter to appear. In R. J. Davidson, H. H. Goldsmith, & K. R. Scherer (Hrsg.), *Handbook of the affective sciences.* New York: Oxford University Press.

Gass, S. M. & Mackey, A. (2017). *Stimulated Recall Methodology in applied Linguistics and L2 Research* (2. Auflage). New York u. a.: Routledge.

Geyer, H.-H. & Bertram, A. (2011). Geleitwort. Musik erfinden! – Der Mensch als Ausgangspunkt aller Musik. In P. Vandré. & B. Lang (Hrsg.), *Komponieren mit Schülern. Konzepte, Förderung, Ausbildung* (S. 7–11). Regensburg: ConBrio.

Graf, M. (1947). *From Beethoven to Shostakovich: The psychology of the composing process*. New York: Philosophical Library.

Granzow, J. (2022). Öffnen und Beschränken – die Sprache von Kompositionsaufgaben als Auslöserin kreativer Denkprozesse. In R. Hüttmann, O. Krämer & A. Ziegenmeyer (Hrsg.), *Diskussion Musikpädagogik 95. Schulbücher im Unterricht* (S. 23–29). Hamburg: Hildegard-Junker.

Grimminger, E. (2014). Getting into teams in physical education and exclusion processes among students. *Pedagogies: An International Journal*, 9(2), 155–171.

Grow, J. (2018). *Komponieren im Musikunterricht der Grundschule*. Münster: LIT.

Günther, U. (1971). Zur Neukonzeption es Musikunterrichts. *Forschung in der Musikerziehung*, 5/6, 12–21.

Guilford, J. P. (1973). *Characteristics of creativity*. Springfield, IL: Illinois State Office of the Superintendent of Public Instruction. Gifted Children Section.

Häcker, T. (2007). *Portfolio: ein Entwicklungsinstrument für selbstbestimmtes Lernen* (2. Auflage). Unveröffentlichter Anhang. Baltmannsweiler: Schneider.

Häcker, T. (2017). Vielfalt der Portfoliobegriffe. Annäherung an ein schwer fassbares Konzept. In I. Brunner, T. Häcker & F. Winter (Hrsg.), *Das Handbuch Portfolioarbeit. Konzepte, Anregungen, Erfahrungen aus Schule und Lehrerbildung* (S. 33–39). Seelze: Kallmeyer.

Harnischmacher, C. (2005). Auditive Wahrnehmungserziehung. In S. Helms, R. Scheider & R. Weber (Hrsg.), *Lexikon der Musikpädagogik* (4. Auflage) (S. 29-30). Kassel: Bärenreiter.

Hartogh, T. & Wickel, H. H. (2004). Musik und Musikalität. Zu der Begrifflichkeit und den (sozial)pädagogischen und therapeutischen Implikationen. In T. Hartogh & H. H. Wickel (Hrsg.), *Handbuch Musik in der Sozialen Arbeit* (S. 45–56). Weinheim Basel: Beltz Juventa.

Hascher, T. (2011). *Lernen dokumentieren und verstehen*. Verfügbar unter: https://boris.unibe.ch/52855/1/srdp_hascher_lernen_dokumentieren_2011-12-16.pdf [26.03.2020].

Hasselhorn, M. (2020). Pädagogische Psychologie. In M. A. Wirtz (Hrsg.), *Dorsch Lexikon der Psychologie* (16. Auflage) (S. 59–61). Göttingen: Hogrefe.

Hasselhorn, M. & Gold, A. (2022). *Pädagogische Psychologie. Erfolgreiches Lernen und Lehren* (5. Auflage). Stuttgart: Kohlhammer.

Heberle, K. (2018). Mittendrin und nur dabei? Videographische Perspektiven auf Anerkennungsprozesse im inklusiven Musikunterricht. In B. Clausen & S. Dreßler (Hrsg.), *Soziale Aspekte des Musiklernens* (S. 115–130). Münster: Waxmann.

Heberle, K., & Kranefeld, U. (2016). Passungsprozesse im Musikunterricht: Ergebnisse aus der Studie Adaptivität von Lernsituationen im Musikunterricht. In U. Kranefeld (Hrsg.), *Musikalische Bildungsverläufe nach der Grundschulzeit. Ausgewählte Ergebnisse des BMBF-Forschungsschwerpunkts zu den Aspekten Adaptivität, Teilhabe und Wirkung* (S. 25–39). Dortmund: Bundesministerium für Bildung und Forschung. Verfügbar unter: http://www.jeki-forschungsprogramm.de/wp-content/uploads/2016/07/Abschlussdokumentation.pdf [08.01.2022].

Heine, L. & Schramm, K. (2007). Lautes Denken in der Fremdsprachenforschung: Eine Handreichung für die empirische Praxis. In H. J. Vollmer (Hrsg.), *Synergieeffekte in der Fremdsprachenforschung: Empirische Zugänge, Probleme, Ergebnisse* (S. 167–206). Frankfurt a. M.: Peter Lang.

Heisig, J., Scharf, I. & Schönfeld, H. (2020). *Kunstlabore. Für mehr Kunst in Schulen! Ein Ratgeber zur Qualität künstlerischer Arbeit in Schulen.* Bielefeld: Transcript.

Heß, F. (2018). Ästhetische Erfahrung. In M. Dartsch, J. Knigge, A. Niessen, F. Platz & C. Stöger (Hrsg.), *Handbuch Musikpädagogik: Grundlagen – Forschung – Diskurse* (S. 181–187). Münster u. a.: Waxmann.

Heye, A. (2018). Möglichkeiten und Grenzen der Musiktherapie in (musik-)pädagogischen Institutionen. In A.- K. Jordan, E. Pfeifer, T. Stegemann, & S. L. Hochreutener (Hrsg.), *Musiktherapie in pädagogischen Settings. Impulse aus der Praxis, Theorie und Forschung* (S. 31–46). Münster: Waxmann.

Hickey, M. (1995). *Qualitative and quantitative relationships between children's creative musical thinking processes and products.* Doctoral Dissertation, Northwestern University, Evanston, IL.

Hickey, Maud (2002). Creativity research in music, visual art, theater, and dance. In R. Colwell & C. Richardson (Hrsg.), *The new handbook of research on music teaching and learning* (S. 398-415). New York: Oxford University Press.

Hickey, M. (2003). Creative Thinking in the context of music composition. In M. Hickey (Hrsg.), *Why and how to teach music composition: A new horizon for music education Reston* (S. 31–53). VA: Music Educators National Conference.

Hindrichs, G. (2012). Materialität und Immaterialität der Musik. In G. Koch, K. Maar & McGovern (Hrsg.),
*Imaginäre Medialität - Immaterielle Medien* (S. 57–72). Paderborn: Wilhelm Fink.

Höller, K. (2022). *Musikhören in der Grundschule. Ein Entwicklungsforschungsprojekt zum Einsatz grafischer Notationen bei Höraufgaben.* Münster: Waxmann.

Hofstätter, P. R. (1957). *Psychologie*. Frankfurt a. M.: Fischer.

Holtz, P. (2009). What's your music? Subjective theories of music-creating artists. *Musicae scientae*, 13(2), 207–230.

Husserl, E. (1969). Die Krisis der europäischen Wissenschaften und die transzendentale Phänomenologie. Eine Einleitung in die phänomenologische Philosophie (2. Auflage) [HUSSERLIANA Bd. VI. Hrsg. Walter Biemel]. Den Haag: Nijhoff.

Imhoff, M. (2008). Portfolio in der Arbeit mit Schülern und Schülerinnen mit sonderpädagogischem Förderbedarf. In M. Fingerle & S. Ellinger (Hrsg.), *Sonderpädagogische Förderprogramme im Vergleich. Orientierungshilfen für die Praxis* (S. 34–50). Stuttgart: Kohlhammer.

Inthoff, C. (2017). Problemsensitivität im Prozess. Arbeit mit dem Künstlerisch-Experimentellen Prozessportfolio (KEPP). In N. Berner und C. Rieder (Hrsg.), *Fachdidaktik Kunst und Design. Lehren und Lernen mit Portfolios* (S. 63–79). Bern: Haupt.

Jackson, P. W. (1975). Einübung in eine bürokratische Gesellschaft: Zur Funktion der sozialen Verkehrsformen im Klassenzimmer. In J. Zinnecker (Hrsg.), *Der Heimliche Lehrplan. Untersuchungen zum Schulunterricht* (S. 19–34). Weinheim: Beltz.

Janczik, L. (2021). Das Portfolio als Instrument zur Begleitung offener Kompositionsprozesse. In G. Brunner, C. Lietzmann, S. Schmid, & J. Treß (Hrsg.), *MASTERY & MYSTERY Musikunterricht zwischen Lehrgang und offenem Konzept* (S. 237–248). Innsbruck: Helbling.

Janczik, L. (2022). Die Suche nach dem Klang der Dinge. Strategien der Verklanglichung von Assoziationen in Kompositionsprozessen von Schüler*innen. In H. Thienenkamp & J. Voit (Hrsg.), *Im Dialog mit den Dingen.*

*Perspektiven und Potentiale ästhetischer Bildung* (S. 109–128). Bielefeld: transcript.

Janczik, L. & Voit, J. (2020). Das Portfolio als Instrument musikpädagogischer Unterrichtsforschung. Eine methodenkritische Exploration anhand von Fallanalysen aus der Unterrichtsreihe „Komponieren mit virtuellen Doppelgänger*innen". In U. Kranefeld & J. Voit (Hrsg.), *Musikunterricht im Modus des Musik-Erfindens: Fallanalytische Perspektiven* (S. 127–151). Münster: Waxmann.

Jeismann, A.-L. & Kranefeld, U. (2021). (Un-)Eindeutige Anregungen. Zur Rekonstruktion von Handlungsmustern bei der Begleitung von Prozessen des Musik-Erfindens. In J. Hasselhorn, O. Kautny & F. Platz (Hrsg.), *Musikpädagogik im Spannungsfeld von Reflexion und Intervention* (S. 135–154) (Musikpädagogische Forschung, Band 41). Münster: Waxmann.

Jenkins, J. J., Mink, W. D., & Russell, W. A. (1958). Associative clustering as a function of verbal association strength. *Psychological Reports,* 4, 127–136.

Jonas, K. (2018). *Zum Verhältnis von Interesse und Lebensweltbezug bei Lernaufgaben im Unterrichtsfach Geschichte.* Dissertation, Universität Passau. Verfügbar unter: https://opus4.kobv.de/opus4-uni-passau/frontdoor/index/index/year/2020/docId/774 [10.02.2023].

Kagan, N., Krathwohl, D.R. & Miller, R. (1963). Stimulated recall in therapy using video-tape – a case study. *Journal of Counseling Psychology*, 10, 237–243.

Katz, S. L. (2009). *Dichotomous forces of inspiration in the creative process: A Study of Within-Domain versus Beyond-Domain Music Composers*. Doctoral Dissertation, Harvard Graduate School of Education.

Katz, S. L. & Gardner, H. (2012). Musical materials or metaphorical models? A psychological investigation of what inspires composer. In D. Hargreaves, D. Miell & R. MacDonald (Hrsg.), *Musical Imaginations: Multidisciplinary perspectives on creativity, performance and perception* (S. 107–123). New York: Oxford University Press.

Kaul, A. & Terhag, J. (2013). *Improvisation. Elementare Arbeit mit Kindern, Jugendlichen und Erwachsenen.* Mainz: Schott.

Kelle, U. & Kluge, S. (2010). *Vom Einzelfall zum Typus. Fallvergleich und Fallkontrastierung in der qualitativen Sozialforschung* (2. Auflage). Wiesbaden: VS Verlag für Sozialwissenschaften.

Keller, S. & König, F. (2017). *Kompetenzorientierter Unterricht mit Portfolio*. Bern: hep.

Kennedy, M. A. (2002). Listening to the Music: Compositional Processes of High School Composers. *Journal of Research in Music Education,* 50(2), 94–110.

Kent, G. H., & Rosanoff, A. J. (1910). A Study of Association in Insanity. *American Journal of Insanity,* 67, 37–96.

Kleinen, G. (1986). Kinderbilder als Erhebungsverfahren zur Musiksozialisation im Grundschulalter. In J. K. Hermann (Hrsg.), *Unterrichtsforschung* (S. 51–69) (Musikpädagogische Forschung, Band 7). Laaber: Laaber.

Kleinen, G. & Schmitt, R. (1991). *‚Musik verbindet'. Musikalische Lebenswelten auf Schülerbildern*. Essen: Die Blaue Eule.

Kleinens, G. & Stoffers, T. H. (2016). Wahrnehmung III. 2. In L. Lütteken (Hrsg.), *MGG Online*. Verfügbar unter: https://www.mgg-online.com/article?id=mgg16227&v=1.0&rs=id-2a3e9956-6529-d7df-3402-d0de872b828a [07.09.2022].

Köller, W. (1975). *Semiotik und Metapher. Untersuchung zur grammatischen Struktur und kommunikativen Funktion von Metaphern*. Stuttgart: Metzler.

Knorr, P. & Schramm, K. (2012). Datenerhebung durch Lautes Denken und Lautes Erinnern in der fremdsprachendidaktischen Empirie. In S. Doff (Hrsg.), *Fremdsprachenunterricht empirisch erforschen: Grundlagen, Methoden, Anwendung* (S. 184–201). Tübingen: Narr.

Konrad, K. (2010). Lautes Denken. In G. Mey & K. Mruck (Hrsg.), *Handbuch Qualitative Forschung in der Psychologie*. Wiesbaden: VS Verlag für Sozialwissenschaften.

Krämer, O. (2011). *Strukturbilder, Sinnbilder, Weltbilder. Visualisierung als Hilfe beim Erleben und Verstehen von Musik.* Augsburg: Wißner.

Kranefeld, U. (2006). Musizieren nach Werken bildender Kunst im Musikunterricht der gymnasialen Oberstufe. Prozessrekonstruktion als Basis zur (Weiter-)Entwicklung von Lernarrangements. In N. Knolle (Hrsg.). *Lehr- und Lernforschung in der Musikpädagogik* (S. 159–173). Essen: Die Blaue Eule.

Kranefeld, U. (2008a). Musikalische Bricolage als Kompositionsstrategie. In B. Clausen (Hrsg.). *Schnittstellen. Musik und Kunst vermittelt. Festschrift für Klaus-Ove Kahrmann* (S. 147–161). Aachen: Shaker.

Kranefeld, U. (2008b). Zwischen explorativem Musizieren und ästhetischer Reflexion. Ergebnisse einer Studie zu Gruppenkompositionsprozessen zu Bildern im Musikunterricht der gymnasialen Oberstufe. In A. C. Lehmann & M. Weber (Hrsg.), *Musizieren innerhalb und außerhalb der Schule* (S. 78–96). Essen: Die Blaue Eule.

Kranefeld, U. (2008c). 'Ja, wie kann denn etwas Gott Ähnliches klingen?' Musik erfinden zu Bildern im Musikunterricht. Eine Fallstudie. In F. Heß & T. Greuel (Hrsg.), *Musik erfinden. Beiträge zur Unterrichtsforschung* (S. 54–75). Aachen: Shaker.

Kranefeld, U. & Heberle, K. (2020). *Passungsprozesse im Musikunterricht. Videobasierte Fallanalysen zur Differenzbearbeitung in musikpädagogischen Angeboten der 5. und 6. Klasse*. Münster: Waxmann.

Kranefeld, U. & Mause, A.-L. (2018). Anregung zur Exploration? Eine videobasierte Fallanalyse zur Lernbegleitung beim Musik Erfinden in der Gruppe. In J. Voit (Hrsg.), *Zusammenspiel? Musikprojekte an der Schnittstelle von Kultur- und Bildungseinrichtungen* (S. 139–150). Hamburg: Hildegard-Junker.

Kranefeld, U. & Voit, J. (2020). Vorwort. Musikunterricht im Modus des Musikerfindens. Fallanalytische Perspektiven. In U. Kranefeld & J. Voit (Hrsg.), *Musikunterricht im Modus des Musik-Erfindens. Fallanalytische Perspektiven* (S. 7–10). Münster: Waxmann.

Kratus, J. (1989). A time analysis of the compositional processes used by children ages 7 to 11. *Journal of Research in Music Education*, 37, 5–20.

Krummheuer, G. & Naujok, N. (1999). *Grundlagen und Beispiele Interpretativer Unterrichtsforschung*. Opladen: Leske und Budrich.

Kuckartz, U. (2018). *Qualitative Inhaltsanalyse. Methoden, Praxis, Computerunterstützung* (4. Auflage). Weinheim u. a.: Beltz.

Langer, A. (2013). Transkribieren – Grundlagen und Regeln. In B. Friebertshäuser, A. Langer & A. Prengel (Hrsg.), *Handbuch Qualitative Forschungsmethoden in der Erziehungswissenschaft* (4. Auflage) (S. 515–526). Weinheim: Beltz.

Langner, T. (2003). *Integriertes Branding. Baupläne zur Gestaltung erfolgreicher Marken*. Wiesbaden: Deutscher Universitätsverlag.

Lashley, K. S. (1923). The behavioristic interpretation of consciousness. *Psychological Review*, 30, 329–353.

Lehmann-Wermser, A., Jessel-Campos, C. & Krupp-Schleußner, V. (2014). Wege zur Musik. Kulturelle Teilhabe bei Grundschulkindern. In A. Lehmann-Wermser, V. Busch, K. Schwippert & S. Nonte (Hrsg.), *Mit Mikrofon und Fragebogen in die Grundschule. Jedem Kind ein Instrument (JeKi) – eine empirische Längsschnittstudie zum Instrumentalunterricht* (S. 97–128). Münster: Waxmann.

Leiß, D., Blum, W. & Messner, W. (2007). Die Förderung selbständigen Lernens im Mathematikunterricht – Problemfelder bei ko-konstruktiven Lösungsprozessen. *Journal für Mathematik-Didaktik*, 28(3–4), 224–248.

Lipowsky, F. (2006). Auf den Lehrer kommt es an. Empirische Evidenzen für Zusammenhänge zwischen Lehrerkompetenzen, Lehrerhandeln und dem Lernen der Schüler. In C. Allemann-Ghionda & E. Terhart (Hrsg.), *Kompetenzen und Kompetenzentwicklung von Lehrerinnen und Lehrern* (S. 47–70). Weinheim Basel: Beltz.

Lothwesen, K. & Lehmann, A. C. (2018). Komposition und Improvisation. In A. C. Lehmann & R. Kopiez (Hrsg.), *Handbuch Musikpsychologie* (S. 341–366). Göttingen: Hogrefe.

Luhmann, N. (2002). *Das Erziehungssystem der Gesellschaft*. Frankfurt a. M.: Suhrkamp.

Maderthaner, R. (2008). *Psychologie*. Wien: Facultas WUV Universitätsverlag.

Maier, U., Bohl, T., Kleinknecht, M. Metz, K. (2013). Allgemeindidaktische Kriterien für die Analyse von Aufgaben. In M. Kleinknecht (Hrsg.), *Lern- und*

*Leistungsaufgaben im Unterricht. Fächerübergreifende Kriterien zur Auswahl und Analyse* (S. 9-46). Bad Heilbrunn: Klinkhardt.

Malmberg, I. (2013). Kunst benoten? MusiklehrerInnen erproben formative Leistungsbewertung, *Musikerziehung*, 66(2), 5–13.

Mann, C., Schröter, E. & Wangerin, W. (1995). *Selbsterfahrung durch Kunst. Methodik für die kreative Gruppenarbeit mit Literatur, Malerei und Musik.* Weinheim Basel: Beltz.

Martens, M. & Asbrand, B. (2017). Passungsverhältnisse: Methodologische und theoretische Reflexionen zur Interaktionsorganisation des Unterrichts. *Zeitschrift für Pädagogik*, 63(1), 72–90.

Martens, M. & Asbrand, B. (2021). „Schülerjob" revisited: Zur Passung von Lehr- und Lernhabitus im Unterricht. *Zeitschrift für Bildungsforschung,* 11, 55–73.

Markowitsch H. J. (1992). *Intellectual functions and the brain.* Toronto: Hogrefe & Huber.

Mause, A.-L. (2020). „Du könntest das einbauen, wenn du die Katze mitbringst". Das Ringen um Vorgaben innerhalb von Prozessen des Musik-Erfindens. In U. Kranefeld & J. Voit (Hrsg.), *Musikunterricht im Modus des Musik-Erfindens. Fallanalytische Perspektiven* (S. 55–65). Münster: Waxmann.

McAdams, S. (2004). Problem-solving strategies in music composition: A case study. *Music Perception*, *21*, 391–429.

Meier, M. (2011). Die Praktiken des Schulerfolgs. In K. U. Zaborowski, M. Meier & G. Breidenstein (Hrsg.), *Leistungsbewertung und Unterricht. Ethnographische Studien zur Bewertungspraxis in Gymnasium und Sekundarschule* (S. 39–162). Wiesbaden: VS Verlag für Sozialwissenschaften.

Meisterernst, M. (2022). „Manchmal hat man ja einfach so Melodien im Kopf". Sprachbildliche Rekonstruktion von Schüler*Innenvorstellungen zu Komposition. In M. Göllner, J. Knigge, A. Niessen & V. Weidner (Hrsg.), *43. Jahresband des Arbeitskreises Musikpädagogische Forschung* (S. 141–156). Münster: Waxmann.

Merleau-Ponty, M. (1974). *Phänomenologie der Wahrnehmung*. Berlin: de Gruyter.

Morgan, A. (2007). Using video-stimulated recall to understand young children's perceptions of learning in classroom settings. *European Early Childhood Education Research Journal*, 15(2), 213–226.

Mountain, R. (2001). Composers and imagery: Myths and realities. In R. Godøy, & H. Jørgensen (Hrsg.), *Musical imagery* (S. 271–288). New York: Taylor & Francis.

Mück, T. (2009). *Ganzheitliche Förderung durch Musik im Grundschulalter bei Kindern mit sonderpädagogischen Förderbedarf. Musikunterricht an Schulen zur Lernförderung und Sonderpädagogischen Förderzentren in Bayern.* München: Grin.

Myers, D. H. (2014a). Gedächtnis. In D. H. Myers (Hrsg.), *Psychologie* (3. Auflage) (S. 327–365). Berlin u. a.: Springer.

Myers, D. H. (2014b). Lernen. In D. H. Myers (Hrsg.), *Psychologie* (3. Auflage) (S. 289–326). Berlin u. a.: Springer.

Nelson, D. L., McEvoy, C. L., & Dennis, S. (2000). What is free association and what does it measure? *Memory & Cognition, 28*(6), 887–899.

Nett, N. (2019). Kreativität – was ist das überhaupt? In J. Haager & T. Baudson (Hrsg.), *Kreativität in der Schule – finden, fördern, leben. Psychologie in Bildung und Erziehung: Vom Wissen zum Handeln* (S. 3–22). Wiesbaden: Springer.

Neuss, N. (2017). Kinderzeichnungen als Erhebungsmethode. In L. Mikos & C. Wegener (Hrsg.), *Qualitative Medienforschung. Ein Handbuch.* (2. Auflage) (S. 380–389). Konstanz: utb.

Neuß, N. (1999). Methoden und Perspektiven einer qualitativen Kinderzeichnungsforschung. In P. Maset (Hrsg.), *Pädagogische und psychologische Aspekte der Medienästhetik. Beiträge vom Kongress der DGfE 1998 "Medien Generation"* (S. 49–74). Opladen: Budrich.

Niermann, F. (2008). Leistungen gehören kommuniziert. In H.-U. Schäfer-Lembeck (Hrsg.), *Leistung im Musikunterricht. Beiträge der Münchner Tagung 2008* (S. 15–31). München: Allitera.

Nimczik, O. (1991). *Spielräume im Musikunterricht*. Frankfurt a. M.: Peter Lang.

Nöth, W. (2000). *Handbuch der Semiotik* (2. Auflage). Stuttgart, Weimar: Metzler.

Oberschmidt, J. (2011a). *Mit Metaphern Wissen schaffen – Erkenntnispotentiale metaphorischen Sprachgebrauchs im Umgang mit Musik*. Augsburg: Wißner.

Oberschmidt, J. (2011b). „Ein bewegliches Heer von Metaphern" – Betrachtungen zum metaphorischen Sprechen im Musikunterricht im Anschluss an Nietzsches erkenntnistheoretischer Skepsis. In J. Kirschenmann, C. Richter & K. H. Spinner (Hrsg.), *Reden über Kunst* (S. 491–506). München: Kopaed.

Oberschmidt, J. (2019). „Einzige Antwort auf Kunst ist Kunst". Überlegungen zu einer Theorie und Praxis der ästhetischen Transformation. In J. Oberschmidt & S. Zöllner Dressler (Hrsg.), *Musik – Bild – Bewegung – Sprache. Zu Theorie und Praxis der ästhetischen Transformation* (S. 13–40). Essen: Die Blaue Eule.

Paivio, A. (1991). *Images in mind. The evolution of a theory*. New York u. a.: HarvesterWheatsheaf.

Panofsky, E. (1975). *Sinn und Deutung in der bildenden Kunst*. Köln: DuMont.

Pauli, C. & Reusser, K. (2000). Zur Rolle der Lehrperson beim kooperativen Lernen. *Schweizerische Zeitschrift für Bildungswissenschaften*, 22(3), 421–442.

Paulson, F. L., Paulson, P. R. & Meyer, C. A. (1991). What Makes a Portfolio a Portfolio? Eight Thoughtful Guidelines Will Help Educators Encourage Self-Directed Learning. *Educational Leadership*, 48(5), 60–63.

Peez, G. (2022). *Einführung in die Kunstpädagogik*. Stuttgart: Kohlhammer.

Pfeifer, S. (2017). Eine besondere Art der Kommunikation Portfoliogespräche verändern meinen Unterricht. In I. Brunner, T. Häcker & F. Winter (Hrsg.), *Das Handbuch Portfolioarbeit. Konzepte, Anregungen, Erfahrungen aus Schule und Lehrerbildung* (S. 146–150). Seelze: Kallmeyer.

Pohjannoro, U. (2014). Inspiration and decision-making: A case study of a composer's intuitive and reflective thought, *Musicae scientiae*, 18(2), 166–188.

Polanyi, M. (1985). *Implizites Wissen*. Frankfurt a. M.: Suhrkamp.

Rachbauer, T. (2013). *Das E-Portfolio im Bildungskontext: Anforderungen, Potenziale, Grenzen und Gefahren beim E-Portfolioeinsatz.* Hamburg: Diplomica.

Rathmann, C. (2021). Was soll ich jetzt noch mal genau machen? Zum Verständnis von Operatoren, *Grundschule Deutsch*, 71, 41–43.

Reckwitz, A. (2017). *Die Erfindung der Kreativität: Zum Prozess gesellschaftlicher Ästhetisierung* (5. Auflage). Berlin: Suhrkamp.

Reitinger, R. (2018). *Musik erfinden mit Kindern im Vor- und Grundschulalter. Umriss eines methodisch-didaktischen Konzeptes.* Verfügbar unter: https://www.kompaed.de/artikel/modelle/renate-reitinger-musik-erfinden-mit-kindern-im-vor-und-grundschulalter [02.03.2020].

Reitman, W. R. (1965). *Cognition and thought*. New York: Wiley.

Regelski, T. A. (1981). *Teaching General Music*. New York: Schirmer Books.

Richter, C. (1993). Lebensweltliche Orientierung des Musikunterrichts. Eine Komposition Mozarts als Verkleidungs- und Rollenspiel. *Musik und Bildung,* 6, 24–29.

Richter, C. (2011). Reden über Musik. In J. Kirschenmann, C. Richter & K. H. Spinner (Hrsg.), *Reden über Kunst* (S. 413–428). München: Kopaed.

Rico, G. L. (1984). *Garantiert schreiben lernen. sprachliche Kreativität methodisch entwickeln – ein Intensivkurs auf der Grundlage der modernen Gehirnforschung*. Reinbek: Rowohlt.

Rolle, C. (1999). *Musikalisch-ästhetische Bildung: Über die Bedeutung ästhetischer Erfahrung für musikalische Bildungsprozesse.* Kassel: Bosse.

Rolle, C. & Wallbaum, C. (2011). Ästhetischer Streit im Musikunterricht. Didaktische und methodische Überlegungen zu Unterrichtsgesprächen über Musik. In J. Kirschenmann, C. Richter & K. H. Spinner (Hrsg.), *Reden über Kunst. Fachdidaktisches Forschungssymposion in Literatur, Kunst und Musik* (S. 507–536). München: kopaed.

Rosenbrock, A. (2006). *Komposition in Pop- und Rockbands: Eine qualitative Studie zu kreativen Gruppenprozessen.* Münster: LIT.

Roszak, S. (2014). Elementares Komponieren. Ein kompositionsdidaktisches Modell zum Erfinden experimenteller Musik. *Zeitschrift ästhetische Bildung*, 6(2), 1–23.

Russell, W. A. (1970). Chapter 3 - The complete german language norms for responses to 100 words from the Kent-Rosanoff word association test. In L. Postmann & G. Keppel (Hrsg.), *Norms of Word Association* (S. 53–94). New York u. a.: Academic Press.

Saarikallio, S. & Erkkila, J. (2007). The Role of Music in Adolescents' Mood Regulation. *Psychology of Music*, 35, 88–109.

Sabisch, A. (2009). *Aufzeichnung und Ästhetische Erfahrung*. Hamburg: Hamburg University Press.

Sabisch, A. (2015). *Inszenierung der Suche. Vom Sichtbarwerden ästhetischer Erfahrung im Tagebuch. Entwurf einer wissenschaftskritischen Grafieforschung*. Bielefeld: transcript.

Sachsse, M. (2019). Musik-Erfinden im Unterricht. Eine ästhetische Praxis vor dem Hintergrund von Standardisierung, Kompetenzorientierung und Assessment. *Zeitschrift für Pädagogik*, 65(6), 864–887.

Sachsse, M. (2020). Musik-Erfinden im Zeichen des Kreativitätsdispositivs. Grundzüge einer sozialkritischen Lesart aktueller Begründungsdiskurse. In U. Kranefeld & J. Voit (Hrsg.), *Musikunterricht im Modus des Musik-Erfindens. Fallanalytische Perspektiven* (S. 11–42). Münster: Waxmann.

Sandmann, A. (2014). Lautes Denken – die Analyse von Denk-, Lern- und Problemlöseprozessen. In D. Krüger, I. Parchmann, H. Schecker (Hrsg.), *Methoden in der naturwissenschaftsdidaktischen Forschung* (S.179–188). Berlin u. a.: Springer.

Saussure, F. de (2001). *Grundfragen der allgemeinen Sprachwissenschaft/Ferdinand de Saussure*. Hrsg. von Charles Bally und Albert Sechehaye. Unter Mitw. von Albert Riedlinger. Übers. von Herman Lommel. (3. Auflage). Berlin u. a.: de Gruyter.

Schafer, R. M. (2002). *Anstiftung zum Hören. Hundert Übungen zum Hören und Klänge machen*. Arau: HBSNepomuk.

Schatt, P. W. (2009). *„Unser Faust – Meet the composer": Ein Kompositionsprojekt an Essener Schulen. Bericht – Evaluation – Dokumentation*. Regensburg: ConBrio.

Schatt, P. W. (2021). *Einführung in die Musikpädagogik* (2. Auflage). Darmstadt: wbg Academic.

Scheid, C. (2012). Eine Erkundung zur Methodologie sozialwissenschaftlicher Analysen von gezeichneten und gemalten Bildern anhand der Analyse zweier Kinderzeichnungen. *Forum Qualitative Sozialforschung. Qualitative Social Research*, 14(1). Verfügbar unter: https://www.qualitative-research.net/index.php/fqs/article/view/1724 [03.05.2023].

Schlothfeldt, M. (2009). *Komponieren im Unterricht*. Hildesheim u. a.: Olms.

Schlothfeldt, M. (2018). Komposition als didaktisches Handlungsfeld. In M. Dartsch, A. Niessen, F. Platz & C. Stöger (Hrsg.), *Handbuch Musikpädagogik* (S. 326–333). Münster: Waxmann.

Schmeling, A. & Kaul, M. (2011). Musikerfindung in Beziehung zur Welt – die Kompositionsklasse für Kinder und Jugendliche in Winsen. In P. Vandré & B. Lang (Hrsg.), *Komponieren mit Schülern. Konzepte, Förderung, Ausbildung* (S. 53–68). Regensburg: ConBrio.

Schmid, S. (2014). *Dimensionen des Musikerlebens von Kindern. theoretische und empirische Studie im Rahmen eines Opernvermittlungsprojektes*. Augsburg: Wißner.

Schmidinger, H. (2020). *Kompositionspädagogik: Theoretische Grundlegung als Fachrichtung der Musikpädagogik.* Augsburg: Wißner.

Schneider, E. K. (1993). Lebensweltbezug. Eine Perspektive für den Musikunterricht. *Musik und Bildung, 6,* 1–4.

Schneider, E. K. (1995). Kein Schnee von gestern. Heinz Holligers »Schnee« aus Beiseit (1990/1991) in einem an der Grunderfahrung Kälte orientierten Unterricht, *Musik und Bildung,* 5, 26–31.

Schneider, H. (2012). *Neue Musik vermitteln. Ästhetische und methodische Fragestellungen*. Hildesheim: Olms.

Schneider-Binkl, S. (2018). Video-Stimulated Recall Interviews als methodischer Ansatz für die qualitative Unterrichtsforschung im Fach Musik. *Beiträge empirischer Musikpädagogik*, 9, 1–20.

Scholz, I. (2016). *Das heterogene Klassenzimmer: differenziert unterrichten.* Göttingen: Vandenhoeck & Ruprecht.

Schreier, M. (2014). *Varianten qualitativer Inhaltsanalyse: Ein Wegweiser im Dickicht der Begrifflichkeiten. Forum Qualitative Sozialforschung. Qualitative Social Research*, 15(1). Verfügbar unter: https://www.qualitative-research.net/index.php/fqs/article/view/2043 [09.05.2023].

Schrempf, R. M. (2002). Rubrics. Ein Instrument zur Qualitätsentwicklung und Qualitätssicherung in Unterricht und Schule. *Pädagogik,* 54 (9), 40–43.

Schütz, A. & Luckmann, T. (2003). *Strukturen der Lebenswelt*. Konstanz: utb.

Schurig, M. & Busch, V. (2014). Entwicklung der Musikpräferenz von Grundschulkindern. Individuelle, sozial und musikbezogene Einflüsse. In A. Lehmann-Wermser, V. Busch, K. Schwippert & S. Nonte (Hrsg.), *Mit Mikrofon und Fragebogen in die Grundschule: Jedem Kind ein Instrument – eine empirische Längsschnittstudie zum Instrumentalunterricht*. Münster: Waxmann.

Schwarzer, R. & Jerusalem, M. (2002). Das Konzept der Selbstwirksamkeit. In M. Jerusalem & D. Hopf (Hrsg.), *Selbstwirksamkeit und Motivationsprozesse in Bildungsinstitutionen* (S. 28–53). Weinheim: Beltz.

Seel, M. (2007). *Die Macht des Erscheinens.* Frankfurt a. M.: Suhrkamp.

Seel, M. (2016). *Ästhetik des Erscheinens* (5. Auflage). München u. a.: Suhrkamp.

Selting, M. et al. (2009). Gesprächsanalytisches Transkriptionssystem 2 (GAT2). *Gesprächsforschung – Online-Zeitschrift zur verbalen Interaktion*, 10, 353-402. Verfügbar unter: http://www.gespraechsforschung-ozs.de/heft2009/px-gat2.pdf [10.03.2022].

Sloboda, J. A. (1985). *The Musical Mind: The Cognitive Psychology of Music*. Oxford: Clarendon.

Sloboda, J. A. & Juslin, P. N. (2001). Psychological Perspectives on Music and Emotion. In P. N. Juslin, & J. A. Sloboda (Hrsg.), *Music and emotion: Theory and research* (S. 71–104). New York: Oxford University Press.

Smith, J. (2008). Compositions of elementary recorder students created under various conditions of task structure. *Research Studies in Music Education*, 30, 159–176.

Steincke, D. (2007). *Bildgestaltendes Verstehen von Musik. Entwurf eines Modells einer nonverbalen-verbalen Zugangsweise zur Musik als Beitrag zur didaktischen Interpretation*. Würzburg: Könighausen und Neumann.

Stöger, C. (2008). „Wag the dog" – das Lernen im Dienste der Leistungsbeurteilung? In H.-U. Schäfer-Lembeck (Hrsg.), *Leistung im Musikunterricht. Beiträge der Münchner Tagung 2008 (Musikpädagogische Schriften der Hochschule für Musik und Theater München, 2)* (S. 41–54). München: Allitera.

Strobach, T. (2020). *Kognitive Psychologie*. Stuttgart: Kohlhammer.

Strube, G. (1984). *Assoziation: der Prozeß des Erinnerns und die Struktur des Gedächtnisses*. Berlin u. a.: Springer.

Squire, L. R. (1987). *Memory and brain*. New York: Oxford University Press.

Tewes, U. & Wildgrube, K. (1999). *Psychologie-Lexikon*. München, Wien: Oldenbourg.

Theisohn, E. (2023). *Kreieren – Kollaborieren – Komponieren. Empirische und didaktische Perspektiven auf das gemeinsame Komponieren im Musikunterricht*. Bielefeld: transcript.

Theisohn, E. & Buchborn, T. (2020). Moldau oder Waschmaschine? Von kontroversen Aushandlungen zu einer konstruktiven kompositorischen Gruppenarbeit. Eine exemplarische Fallanalyse. In U. Kranefeld & J. Voit (Hrsg.), *Musikunterricht im Modus des Musik-Erfindens. Fallanalytische Perspektiven* (S. 67–80). Münster: Waxmann.

Thünemann, S. (2009). *Künstlerischer Selbstausdruck und kreative Wandlung: Eine biographieanalytische Studie zu Lebensgeschichten von Berufsmusikerinnen und Berufsmusikern.* Opladen: Budrich.

Tischler, B. (2013). *Musik spielend erleben. Grundlagen und Praxismaterialien für Schule und Therapie.* Mainz: Schott.

Tobinski, D. A. (2017). *Kognitive Psychologie. Problemlösen, Komplexität und Gedächtnis.* Berlin, Heidelberg: Springer.

Tulving, E. (1972). Episodic and semantic memory. In E. Tulving & W. Donaldson (Hrsg.), *Organization of Memory* (S. 382–404). New York: Academic Press.

Unger-Rudroff, A. (2020). *Bewegung und Musikverstehen. Leibphänomenologische Perspektiven auf die musikalische Begriffsbildung bei Kindern.* Bielefeld: Transkript.

Venus, D. (1969). *Unterweisung im Musikhören.* Wuppertal: Henn.

Voit, J. (2005). Persönliche Zugänge durch Kreative Rezeption. Ein Schulprojekt zu Wolfgang Rihms Départ. In Siemens Arts Program (Hrsg.), *kiss – Kultur in Schule und Studium: Neue Musik in der Schule* (S. 96–109). München: Siemens Arts Program.

Voit, J. (2016). Kälteklang und Tongestöber. Winterkompositionen mit Alltagsgegenständen selbst erfinden, *Musik in der Grundschule*, 4, 20–25.

Voit, J. (2018). Komponieren zu Bildern. Kompositionspädagogische Überlegungen zu Bildender Kunst als Auslöser für Gruppenkompositionsprozesse. In C. Rolle et al. (Hrsg.), *Handreichungen zur Kompositionspädagogik.* Verfügbar unter: https://www.kompaed.de/artikel/praxisbeispiele/johannes-voit-komponieren-zu-bildern/ [13.02.2011].

Voit, J. (2019). Transformationen zwischen Raum und Zeit: Gruppenkompositionsprozesse zu Yves Tanguys „paysages surréalistes" als ästhetischer Erfahrungsraum. In J. Oberschmidt & S. Zöllner-Dressler (Hrsg.), *Musik – Bild – Bewegung – Sprache. Zu Theorie und Praxis der ästhetischen Transformation* (S. 141–163). Essen: Die Blaue Eule.

Voit, J. (2021). Alles klingt! Improvisieren und komponieren mit Alltagsgegenständen. In H. Gembris, S. Herbst, J. Menze & T. Krettenauer

(Hrsg.), *Lebenslanges Lernen in der Musikpädagogik. Theorie & Praxis* (S. 281–298). Münster: LIT.

Volk, B. & Miller, D. (2013). Bedeutung von E-Portfolios für das Schnittstellenmanagement von Hochschulen. In D. Miller & B. Volk (Hrsg.), *E-Portfolio an der Schnittstelle von Studium und Beruf* (S. 11–35). Münster: Waxmann.

Waldenfels, B. (2010). *Sinne und Künste im Wechselspiel*. Frankfurt a. M.: Suhrkamp.

Wallas, G. (1926). *The art of thought*. New York: Harcourt Brace.

Wallbaum, C. (2009). *Produktionsdidaktik im Musikunterricht: Perspektiven zur Gestaltung ästhetischer Erfahrungssituationen* (2. Auflage). Kassel: Quecosa.

Weber-Krüger, A. (2013). Batman, Beatbox, Blinde Kuh. Versatzstücke als Ausgangspunkt für musikbezogene Bedeutungszuweisungen von Vorschulkindern. In A. Lehmann-Wermser & M. Krause-Benz (Hrsg.), *Musiklehrer(-Bildung) im Fokus musikpädagogischer Forschung* (S. 135–148) (Musikpädagogische Forschung, Band 34). Münster u. a.: Waxmann.

Webster, P. R. (1987). Conceptual bases for creative thinking in music. In J. C. Peery, I. W. Peery, & T. W. Draper (Hrsg.), *Music and child development* (S. 158–174). New York: Springer.

Webster, P. R. (2003). What Do You Mean, "Make My Music Different"?: Encouraging Revision and Extension in Children's Music Composition. In M. Hickey (Hrsg.), *Why and how to teach music composition. A new horizon for music education* (S. 55–65). Reston, VA: MENC.

Werner, H. (1965). »Intermodale Qualitäten (Synästhesien)«. In W. Metzger (Hrsg.), *Handbuch der Psychologie, Bd. 1: Allgemeine Psychologie: I. Der Aufbau des Erkennens* (S. 278–303). Göttingen: Hogrefe.

Wiedenhorn, T. (2006). *Das Portfolio-Konzept in der Sekundarstufe*. Mülheim an der Ruhr: Verlag an der Ruhr.

Wiehelhaus, B. (1987). Die Kinderzeichnung als Medium "ästhetischer" Kommunikation, *Semiosis 4647,* 12(2/3), 107–117.

Wienicke, J. (2019). *Welche Qualitätskriterien gelten für kompositionspädagogische Projekte?* Verfügbar unter: https://www.kompaed.de/artikel/projekt-management/julia-wieneke-welche-qualitaetskriterien-gelten-fuer-kompositionspaedagogische-projekte/ [21.04.2022].

Wiggins, J. H. (1992). *The nature of children's musical learning in the context of a music classroom*. Doctoral Dissertation, University of Illinois at Urbana-Champaign.

Winter, F. (2007). Fragen der Leistungsbewertung beim Lerntagebuch und Portfolio. In M. Gläser-Zikuda & T. Hascher (Hrsg.), *Lernprozesse dokumentieren, reflektieren und beurteilen. Lerntagebuch und Portfolio in Bildungsforschung und Bildungspraxis* (S. 107–129). Bad Heilbrunn: Klinkhardt.

Winter, F. (2010). Perspektiven der Portfolioarbeit für die Gestaltung des schulischen Lernens. In C. Biermann & K. Volkwein (Hrsg.), *Portfolio-Perspektiven. Schule und Unterricht mit Portfolios gestalten* (S. 10–28). Weinheim: Beltz.

Winter, F. (2017). Wir sprechen über Qualitäten. *Das Portfolio als Chance für eine Reform der Leistungsbewertung.* In I. Brunner, T. Häcker & F. Winter (Hrsg.), *Das Handbuch Portfolioarbeit. Konzepte, Anregungen, Erfahrungen aus Schule und Lehrerbildung* (S. 165–170). Seelze: Kallmeyer.

Winter, F. (2022). *Leistungsbewertung. Eine neue Lernkultur braucht einen anderen Umgang mit den Schülerleistungen* (8. Auflage). Baltmannsweiler: Schneider Hohengehren.

Younker, B. A. (2000). »Thought Processes and Strategies of Students Engaged in Music Composition 1'. *Research Studies in Music Education*, 14(1), 24–39.

Zembylas, T. & Niederauer, M. (2016). *Praktiken des Komponierens. Soziologische, wissenstheoretische und musikwissenschaftliche Perspektiven*. Wiesbaden: Springer Fachmedien.

Ziehen, T. (1898). *Die Ideenassoziation des Kindes*. Berlin: Reuter & Richard.

Zill, E. (2016). *Den eigenen Ohren folgen: musikalisch-ästhetische Erfahrungen im Kontext produktionsorientierter Schulprojekte*. Münster: LIT.

Zimmer, B. (2002). Das Konzept der Lebenswelt. Fluchtpunkt oder Verheißung für Musikpädagogik? In R.-D. Kraemer (Hrsg.), *Multimedia als Gegenstand musikpädagogischer Forschung* (S. 169–191). Essen: Die Blaue Eule.

## Anhang

### Interview-Leitfaden

Einführung: Es geht um deine Perspektive, deine Wahrnehmung im Vordergrund. Datenschutz: Lehrer*in & Klassenkameraden erfahren nichts aus diesem Interview; Name wird geändert. Kernthema erläutern: Wie zu einem Thema Musik erfunden wird? Zur Unterstützung das Skizzenbuch heranziehen.

I) Jetzt schauen wir zuerst einmal auf deine Ideensammlung:

1) Welche Ideen sind dir gekommen?
2) Erkläre mir zuerst einmal deine Ideen-Sammlung.
3) Wie bist du auf die einzelnen Ideen gekommen?
4) Gab es auch noch Ideen, die du hattest, aber nicht festgehalten hast?
5) Bei welchen Ideen hattest du bereits eine Klangvorstellung?
6) Mit deiner jetzigen Erfahrung… Bei welchen Ideen hast du jetzt eine Klangvorstellung?

II) Nun kommen wir zu deinem weiteren Prozess (Kompositionsprozess), um die einzelnen Schritte, die du durchlaufen hast.

1) Erkläre mir mit Hilfe deines Skizzenbuchs, wie du vorgegangen bist, anhand der einzelnen Schritte?
2) (Erläutern und kommentieren lassen)
3) Gab es auch Schritte oder Ideen, die du nicht dokumentiert hast?
4) Wenn ja, welche?
5) Worauf hast du bei der Sammlung deiner Klänge geachtet? Gab es Klänge, die du wieder verworfen hast?
6) Gab es etwas, was du umsetzen wolltest, aber nicht konntest?
7) Welche Ideen hast du wieder verworfen?

III) Kompositionsprodukt

1) Wenn wir uns deine Komposition anhören, was wolltest du damit darstellen?
2) Was an deiner Komposition ist deiner Meinung nach dir besonders gut gelungen?

Vorerfahrung:
Hast du dich schon Mal mit vergleichbaren Aktivitäten in der Schule oder außerhalb der Schule vorher auseinandergesetzt?

(Aufgabenniveau:
Ist dir das schwer gefallen, die Aufgaben umzusetzen?)

Das waren meine Fragen… Gibt es noch etwas, was du ergänzen möchtest zu deiner Komposition?

Was würdest du beim nächsten Mal anders machen?

## Abbildungsverzeichnis

# Tabellenverzeichnis